高等院校工商管理类创新课程体系教材

管理学

Management

吕 强 李文莲 主 编

东北财经大学出版社
Dongbei University of Finance & Economics Press
大 连

图书在版编目（CIP）数据

管理学 / 吕强，李文莲主编．—大连：东北财经大学出版社，2017.1（2017.7重印）
（高等院校工商管理类创新课程体系教材）
ISBN 978-7-5654-2557-8

Ⅰ．管…　Ⅱ．①吕…②李…　Ⅲ．管理学-高等学校-教材　Ⅳ．C93

中国版本图书馆CIP数据核字（2016）第302189号

东北财经大学出版社出版
（大连市黑石礁尖山街217号　邮政编码　116025）
网　址：http://www.dufep.cn
读者信箱：dufep@dufe.edu.cn
大连雪莲彩印有限公司印刷　　东北财经大学出版社发行

幅面尺寸：185mm×260mm　字数：296千字　印张：13.25　插页：1
2017年1月第1版　　2017年7月第2次印刷

责任编辑：王　莹　魏　巍　孙　平　　责任校对：郭海雷　魏　巍
封面设计：张智波　　版式设计：钟福建

定价：36.00元

教学支持　售后服务　联系电话：（0411）84710309

如有印装质量问题，请联系营销部：（0411）84710711

“高等院校工商管理类创新课程体系教材”

前言

“管理是一种实践，其本质不在于知而在于行，其验证不在于逻辑而在于成果。”当下，宏观经济环境、企业管理实践与管理理论都发生了深刻的变化，这要求管理学的研究、学习与应用必须做出相应的改变。本着适合为好的管理原则，本书遵循解读经典、关注前沿，系统阐述管理理论研究成果与应用的一般编写思路，依据我国普通高校的生源基础、培养目标与具体教学情况，力求编写一部概念清楚、层次分明、针对性强的实用教材。具体而言，本书的编写贯彻了“少而精”的原则，突出重点内容，精简次要内容；充分考虑了有关学科的分工和联系，既保证了管理理论的系统完整，又尽量避免重复。

实际上，从管理学的学科现状来看，在基本理论与主体内容上突破已有经典教材是不现实的，但在内容的组织与编排方式上本书力求独具特色。

1.定位于为缺乏社会阅历的大学新生编写的管理学入门教材

管理学通常是财经类专业学生学习的第一门专业类课程，教学效果的好坏将在很大程度上影响学生学习后续专业知识的兴趣。在保证管理学理论的系统完整与科学合理的前提下，本书力求简洁明了、通俗易懂，用学生能理解的语言阐述管理理论，传授管理知识。

2.注重结构体系的科学性与易读性

本书按照管理的基本职能进行结构设计，注重管理体系的完整性与科学性。每章都设置了“学习目标”“思考题”“案例分析”等栏目，以增强易读性，提高学生的学习兴趣，加深学生对管理知识的理解。

3.增强管理思想的本土化与管理理论的情境性

本书介绍了中国传统管理思想的形成及现实意义，分析了当下中国企业管理的现状与发展，尽量采用鲜活的中国企业管理案例，更好地体现管理的情境性，以进一步引导学生做到知行合一，即课堂上学管理、生活中用管理，将管理知识资源化、能力化。

本书共11章，分别为管理与管理者、管理思想的发展、管理道德与社会责任、决策、计划、组织结构与文化、人员配备、领导与领导者、激励、沟通、控制。

参与本书编写的有吕强（第1、2章）、胡保玲（第6、7章）、李文莲（第8、9、10章）、杨文红（第4、5、11章）、荆湘霞（第3章）。全书由吕强、李文莲担任主编，由胡保玲、杨文红、荆湘霞担任副主编，陶勇、魏兆连等也为本书的编写提供了有益思路与参考资料。

本书在编写过程中得到了作者所在单位领导及同仁的大力支持，参考并采纳了同类教材和有关论著的观点与内容，在此一并表示诚挚谢意。

由于水平所限，缺点与错误在所难免，敬请读者批评指正。

编　者

2016年11月

目　录

第1章/
管理与管理者

学习目标：在掌握人类活动的特征、管理的基本概念、管理者的作用与类型的基础上，系统学习管理的本质与职能，理解管理者的角色与技能，深入领会管理是科学与艺术的结合，为这门课程的学习奠定基础。

管理是一种特殊的社会实践活动，凡是有人群共同劳动的地方，就会有管理。在人类历史长河中，管理无处不在，无时不在。千百年来，人们对管理活动的思考与总结，形成了一些零散、朴素的管理思想。直到19世纪末，随着工业革命的发展，管理学才应运而生。随着社会的发展，组织规模持续扩大，人类活动日益复杂，人们之间的跨地区、跨文化合作不断加强，管理工作与管理科学对社会的影响不断加深。可以说，对于当今社会的任何伟大进步，管理学都做出了重要贡献。

“我们有机会学习和研究管理学将是人生的幸运，因为它将伴随我们一生。”

——周三多

1.1 管理活动

管理活动作为人类最重要的一项活动，它广泛地存在于社会现实生活中，大到国家、军队，小到企业、学校，凡是由多人所组成的、有一定目的的组织活动，都离不开管理。可以毫不夸张地说，人类社会的发展和进步与管理状况的改进和管理水平的提高密切相关。

人类历史上有据可考的最早的管理活动，可以追溯到公元前5000年生活在幼发拉底河流域的苏美尔人所进行的最原始的记录活动。从历史记载来看，素以“世界奇迹”著称的埃及金字塔、古巴比伦空中花园和中国的万里长城，其宏伟的建设规模都是人类管理和组织能力的有力见证。在当时的工程技术条件下，如果缺少有效的管理，要想完成如此浩大的工程是很难的。

古罗马在建立之初，就采取了较为分权的组织管理形式，最终古罗马从一个小城市发展成为一个世界帝国，并延续了几个世纪的统治。可以这么说，古罗马帝国的兴盛，在很大程度上应归功于其领导者卓越的管理才能。

公元前1772年，古巴比伦国王颁布的《汉谟拉比法典》被认为是世界上最早的一部比较完备的法典。法典全文用楔形文字铭刻，除序言和结语外，共有条文282条，包括诉讼手续、损害赔偿、租佃关系、债权债务、财产继承以及对奴隶的处罚等。法典肯定了两河流域在社会经济方面出现的新秩序，巩固了奴隶制经济的基础，促进了私有制和奴隶制经济的迅速发展。

公元前四五百年，古希腊苏格拉底、柏拉图、亚里士多德等人的著述与演讲中也蕴含了大量的社会行政管理思想。其中，柏拉图在其著作《对话录》中论述了管理的普遍性。可见，当时的管理实践活动已经相当频繁。

中国作为东方文明古国，不仅有着悠久的历史和璀璨的民族文化，而且有着丰富的管理思想和形式多样的管理实践。

公元前2000多年，禹将王位传给儿子启，标志着禅让制的结束，从此中国进入了奴隶制社会，真正拉开了王道治国的序幕，也演绎出了中国古代历史上无数的管理实践。公元前1066年左右，周朝建立后，所面临的政治形势相当严峻。为了巩固政权，适应新形势的需要，周武王论功行赏，调整统治集团的内部关系，实行以周王室为中心的分封制度。为了控制广阔的新征服区，周朝初期仍沿用商朝的分封制，把王族、功臣以及先代的贵族分封到各地做诸侯，建立诸侯国，先后分封的有鲁、齐、燕、卫、宋、晋、虢等71个诸侯国。周朝的分封制成功地稳定了当时的政治形势。公元前221年，秦始皇统一了中国。为了巩固政权，秦始皇采取了一系列措施：政治上建立中央集权的专制统治，经济上统一货币、度量衡，文化上统一文字，思想上焚书坑儒，北击匈奴，修筑长城。秦始皇的这些措施不仅在当时产生了重大的影响，而且对中国延续了2 000多年的封建制度也产生了重大的影响。蜀汉建立后，杰出政治家诸葛亮推行了“科教严明，赏罚必信，无恶不惩，无善不显”的政策，缓和了内部矛盾，使蜀汉的政治比较清明，政通人和，同时也促进了农业灌溉的发展。中国自古以来，战争就连绵不断，但其中也充分体现了我国古代丰富而优秀的军事管理思想。发生在公元383年的淝水之战，是东晋王朝同北方前秦政权之间进行的一次战略性大决战，也是中国历史上以弱胜强的著名战役之一。弱小的东晋军队临危不乱，利用前秦统治者苻坚战略决策上的失误和前秦军队战术部署上的不当而大获全胜。

人类社会的发展已经经历了许多历史阶段，随着生产力的提高和社会的进步，管理实践活动也逐渐由简单趋于复杂。

从18世纪到19世纪中期，随着工业革命以及工厂制度的发展，工厂以及公司的管理越来越复杂，出现了更新颖的管理实践。

1.1.1 人类活动的特点

自古以来，人类的一切活动，包括政治、经济、军事、宗教等，都具有以下几个基本特征：

1）目的性

“人类是万物之灵。”作为地球上唯一有智慧、能思维的动物，人类的一切活动都是经过大脑的思考、为了达到一定的目的而进行的。自然界中的一些动物都可以建造非常精巧复杂的巢穴，但其一切活动都是自发的、本能的，而不会有意识地进行规划、设计和组织施工。人类却不同，人类可以通过改变自然来为自己的目的服务。这也是人类同其他动物的本质区别。每个人都有自己的需求、理想，人们不仅要为自己的预期目的和理想去奋斗，而且需要与其他人共同努力。甚至可以说，正是在这种为实现预期目的而不断劳动、思考、探索、谋划和组织管理的过程中，人类才得以生存和进化。

2）依存性

人类的目的性来源于人对外部环境和人类自身的相互依存关系。人类为了生存和发展，必须通过适应和改造外部环境去取得必需的资源，必须通过个人或集体的劳动为自己或他人提供需要的产品和劳务。人从来就不是孤立的个体，从远古开始，人类在与自然的斗争中形成了部落，后来在漫长的岁月里逐渐发展为许多集团、民族和国家，以及各种各样的社会经济组织。随着社会生产力的发展，社会分工越来越细，人们之间的相互依存关系也越来越紧密。尽管在人类发展的历史中，各个集团、阶级、民族、国家之间经常充满着矛盾、冲突和斗争，但始终没有改变人类必须相互依存的特点，同时，经济、政治、军事、宗教等各种社会组织也日益增多。

3）知识性

人类活动的另一个基本特点是，人类能够从自己过去的实践中学习，能够从前人的经验中学习，并且能够把学到的知识加以记忆、积累、分析和推理，从而形成人类独有的知识体系。科技越发达，个人所掌握的知识就越专门化，这更加增强了人们之间的联系与合作。从另一个角度看，知识是文明的载体，人类活动离不开知识的指导和启示。只有掌握了一定的科学知识，人类才能继续探索，科学的脚步才不会停歇。随着知识的不断积累，人类对客观规律的认识逐步深化，人类社会的各种管理组织、制度和方法也日趋完善，人类终于有能力为达到各种目的而发展、建立起各种强大的社会组织。

人类活动的以上几个特点为人类的管理实践提供了客观条件，同时也回答了管理实践与人类历史同样悠久的原因。

1.1.2　管理的必要性

管理实践虽然与人类社会产生和发展的历史一样悠久，但直到工业革命以后，随着现代工业技术的广泛应用和工商企业的快速发展，管理才受到了普遍的重视，而全球性的管理发展热潮是在第二次世界大战以后形成的。

美国著名管理学家彼得·德鲁克（Peter F.Drucker，1909—2005）说过："管理层作为一种必要的、独特的和领导的机构出现于世是社会历史上一件举足轻重的事件。"的确，随着人类社会的进步，管理问题正在成为或已经成为全人类普遍关注的课题。

美国管理学界曾自豪地宣称：工业革命发生在英国，使英国成为第一个工业化国家，而管理革命发生在美国，使美国最先成为现代化国家。事实上，管理的成功的确是美国企业制胜的法宝。据美国权威人士估计，美国的经济发展水平之所以居世界首位，三分靠技术，七分靠管理。

第二次世界大战以后，世界各国急于为恢复经济寻找良方，美国制造业在战争中的绩效惊人，自然受到了全球关注而成为标杆，各国纷纷开始学习美国企业管理的理论和方法。在10多年的时间里，这股热潮席卷了整个欧洲和日本。20世纪60年代，许多发展中国家和地区也先后引进了先进的管理理论和方法，大力培养本国或本地区的管理人才，加强企业的管理工作，并在不同程度上取得了成效。

20世纪70年代末，随着中国改革开放政策的实施，中国各省、市纷纷成立企业管理协会，全国有120多所正规大学先后设置了管理专业，许多省、市政府部门组建了专门培训经济管理干部的经济管理干部学院或培训中心。1987年9月，南京大学与美国密苏里大学哥伦比亚分校合作举办了第一期MBA班。1990年10月，全国9所院校开始试点培养工商管理硕士（MBA）。中国的高层决策者已经充分认识到了管理的重要性。1994年，朱镕基同志在给清华大学经济管理学院成立10周年的贺信中说："建设有中国特色的社会主义，需要一大批掌握市场经济的一般规律、熟悉其运行规则、了解中国实情的经济管理人才。"1996年，朱镕基同志又指出："今天到了要大力提倡改善中国的管理和发展中国的管理科学的时候了，确实需要强调管理科学和管理教育也是兴国之道。"

最近几年来，中国政府和企业通过实践，更加迫切、深刻地认识到了加强管理的重要性。可以说，管理的重要性在中国已深入人心，但我们也应该深刻认识到中国目前的发展状况和管理水平。

当今世界，管理与科技已经成为促使一个国家经济腾飞的双翼和驱动现代社会文明加速前进的两轮。著名管理学家德鲁克指出："发展中国家并不是在发展上落后，而是在管理上落后。"中国作为当今世界上最大的发展中国家，随着改革开放的进一步深化，对管理的需求也会变得日益迫切和强烈。然而，管理一直是中国的弱项，是中国经济加速发展、社会全面进步的瓶颈。在全球经济动荡、国内经济进入"新常态"的形势下，中国只有迎难而上，进一步重视、研究并加强管理，才能促进经济的发展，快速增强综合国力，全面提高国际竞争力，进而屹立于世界现代化强国之林。

下列有关管理必要性的观点，已经成为人们的共识：

（1）对发展中国家而言，资源短缺将是一种长期的经济现象，特别是资金、能源、原材料，往往成为企业和社会经济发展的桎梏。如何将有限的资源进行合理的配置和利用，使其最大可能地形成有效的社会生产力，是管理应当解决的问题。如果管理不善，不仅资源得不到合理使用，社会经济不能迅速发展，而且可能导致行贿受贿、贪污腐败等一系列社会经济弊端的产生。

（2）对发展中国家而言，科学技术落后是阻碍生产力发展的重要因素之一。然而，无论是本国的科技发明，还是引进的科学技术，并不一定都能形成很高的生产力。许多科技发明被闲置，许多引进的项目技术水平一般，许多引进的先进设备得不到充分利用，伪劣产品充斥市场……各种各样不成功的事例随处可见。产生这些乱象的根源在于无效的管理，即宏观管理失控，微观管理又缺乏约束机制。实践一再证明，只有通过有效的管理，才能使科学技术真正转化为生产力。

（3）高度专业化的社会分工是现代国家和现代企业建立的基础。如何把不同行业、不同专业、不同分工的各种人员合理组织起来，协调他们相互之间的关系，协调他们与政府之间的关系，协调他们与各种资源之间的关系，从而调动起各种积极因素，都要靠有效的管理。

如果管理不善，不仅不能调动这些人的积极性或者只能调动一部分人的积极性，而且很可能引起社会或企业内部的矛盾和冲突，导致效率低下，从而阻碍社会或企业的发展。

（4）实现社会发展和社会组织发展的预期目标，要靠全体成员长期的共同努力。如何把每个成员千差万别的个人目标引向组织的目标，把无数分力组成一个方向的合力，也要靠管理。如果管理不善，组织就会成为一盘散沙，内耗不止、毫无活力，不仅预期目标无法实现，与强手的差距也会越来越大，最后可能因为找不到立足之地而被社会淘汰。

（5）目前，信息网络在中国各行各业得到了空前迅速的应用和普及。信息网络一方面大大推进了中国管理现代化的进程，另一方面使人们亲身感受到了现代管理的巨大能量。管理借助迅猛发展的信息技术和知识经济，正在改变世界。“搜百度”“上淘宝”“聊微信”……这些正深刻改变着中国的经济活动、社会活动及人们日常生活的方式、方法和内涵。工作质量、服务质量和生活质量的提高，都依赖于管理水平的提高。如果没有管理工作质的飞跃，人们就不可能得到现代科技和物质文明所给予的一切，贫穷、落后也将成为不可避免的事实。

1.1.3　管理的概念及特征

1）管理的概念

“管理”是一个含义极为广泛的概念，最通俗的说法是，“管理就是管人理事”。英文中表示“管理”的词最常用的有“management”和“administration”，前者多与“经营”相联系，后者多与“行政”相联系；此外还有“execution”，但偏重于“执行”“实施”之意。在中文中，管理有“管辖”“处理”“理事”之意，即对一定范围内的人员及事物进行安排、处理，但是这种字面的解释并不能严格表达出管理本身所具有的完整含义。

管理学界对于管理的概念，至今仍没有统一的解释。多年来，西方许多管理学者从不同的角度对管理的概念做出了不同的阐释，比较有代表性的观点包括以下几种：

（1）管理就是确切地知道要别人干些什么，并使他们用最好、最经济的方法去干。这是古典管理理论的代表人物、科学管理的创始人弗雷德里克·温斯洛·泰勒的定义。

（2）管理是由计划、组织、指挥、协调和控制等职能为要素组成的活动过程。这是古典管理理论的代表人物、管理过程学派的创始人亨利·法约尔于1916年提出的观点。法约尔对管理基本思想的阐述反映在后来许多管理学家给管理所下的定义中。

（3）管理是一种实践，其本质不在于“知”，而在于“行”；其验证不在于逻辑，而在于成果；其唯一权威就是成就。管理是一门学科，管理学科把管理当作一门真正的综合艺术。这是美国管理学大师彼得·德鲁克于1954年和1989年提出的观点。德鲁克对管理的看法充分反映了经验主义学派的观点，他一再强调管理是实践的综合艺术，认为无论是经济学、计量方法还是行为科学，都是管理人员的工具。

（4）管理就是决策。这是1978年诺贝尔经济学奖获得者、美国管理学家赫伯特·西蒙（Herbert A.Simon）的观点。

（5）管理就是一个人或更多的人来协调他人的活动，以便收到个人单独活动所不能收到的效果而进行的各种活动。这是美国的小詹姆斯·唐纳利（Donnelly）等人的阐释。

（6）管理就是设计和保持一种良好环境，使人在群体里高效率地完成既定目标的过程。这是管理过程学派的代表、美国管理学家哈罗德·孔茨（Harold Koontz）于1993年提出的观点。这一定义强调了设计与保持良好环境，满足了组织行为学和管理伦理学对管理提出的最基本的要求，体现了管理对人的起码尊重和关怀，是时代进步的标志。

（7）管理是通过协调其他人的工作，有效率和有效果地实现组织目标的过程。这是斯蒂芬·罗宾斯（Stephen P.Robbins）于2005年在《管理学》（第8版）中所表达的观点。

随着研究范围的不断扩大，以及各相关学科的研究成果日益丰富，人们对管理概念的认识越来越宽泛。有人从系统论的角度出发，认为管理就是对整个系统的运动、发展、变化做出的有目的、有意义的控制行为；还有人从信息论的角度出发，认为管理就是信息不断输入、输出和反馈的过程。这些不同的认识或是从不同的侧面揭示了管理的含义，或是深化了管理在某一方面的属性，对于管理理论的发展都是有益的。

综上所述，本书认为，管理是指管理者在特定的环境下，对组织的各类资源进行有效的计划、组织、领导和控制，使组织成员高效率地实现既定目标的活动过程。

2）管理的特征

上述定义从不同侧面、不同角度揭示了管理的含义，充分体现了管理的基本特征。综合来说，管理的特征有以下几个方面：

（1）管理是为实现组织目标服务的，是一个有意识、有组织的群体活动过程。所以，管理的基本原理适用于一切组织，无论是营利性的工商企业，还是非营利性的群体组织，如学校、科研单位、政府机关、军队或慈善救济会等。虽然不同的组织可能需要不同的管理技术和管理方法，但是管理的基本原理都是相同的。

（2）管理过程是由一系列相互关联的基本职能构成的，这些基本职能包括计划、组织、领导和控制。各级管理者都要通过计划工作、组织工作、领导工作和控制工作来确定组织目标，从而创造一种良好的环境，使组织成员高效率地实现既定目标。

（3）管理的对象是组织的各类资源，管理的有效性集中体现在组织资源的投入产出比上。所以，管理者必须把提高效益作为管理目标。营利性的组织固然要讲究效益，追求盈利；非营利性的组织也必须力争完成预期目标，使投入的资源（人、财、物）越少越好，或者以现有的资源完成更多的工作。然而，要提高效益，就必须提高工作效率。任何一个组织要想留住并诱导组织成员高效率地完成工作，就必须使组织成员认识到实现组织目标与实现个人目标是一致的，同时要满足组织成员各种合理的物质需要和精神需要，通过提高组织成员的满意度，激发组织成员的工作热情。

（4）管理活动是在一定的环境下进行的，管理者应善于发现环境为组织提供的机会和对组织构成的威胁。管理者不是在一个孤立的、封闭的组织内开展管理活动的，而是在一个开放的、与外界有着千丝万缕联系的组织中进行管理活动的。管理者要适应外部环境的变化，并能充分利用外部环境提供的各种机会，管理的方法和形式也要因环境条件的不同而改变。

1.2 管理的职能与性质

1.2.1 管理的职能

管理的职能是指管理过程中各项活动的基本功能。管理本来是一种综合的、动态的系统活动，划分管理的职能，只是为了从理论上更清楚地描述管理活动的整个过程，也可以使管理人员更容易接受这些概念。一般来说，考察管理职能的目的有两个：第一，回答管理是要干什么的问题；第二，回答管理的既定目标是如何达成的。

最早系统地提出管理的各种具体职能的是法国著名管理学家亨利·法约尔（Henri Fayol，1841—1925）。他认为，管理具有计划、组织、指挥、协调和控制五种职能。此后，有关管理的职能，又有“三职能说”、“四职能说”或“七职能说”等。虽然提法各不相同，但都是表1-1中所列各种职能的不同组合而已。其中，常见的提法是计划、组织、领导、控制。

表1-1　**管理职能列表**

<table>
<tr><th>管理职能</th><th>古典的提法</th><th>常见的提法</th><th>本书的提法</th></tr>
<tr><td>决策（decision making）</td><td></td><td></td><td rowspan="2">计划</td></tr>
<tr><td>计划（planning）</td><td>◆</td><td>◆</td></tr>
<tr><td>组织（organizing）</td><td>◆</td><td>◆</td><td rowspan="2">组织</td></tr>
<tr><td>用人（staffing）</td><td></td><td></td></tr>
<tr><td>指导（directing）</td><td></td><td></td><td rowspan="7">领导</td></tr>
<tr><td>指挥（commanding）</td><td>◆</td><td></td></tr>
<tr><td>领导（leading）</td><td></td><td>◆</td></tr>
<tr><td>协调（coordinating）</td><td>◆</td><td></td></tr>
<tr><td>沟通（communicating）</td><td></td><td></td></tr>
<tr><td>激励（motivating）</td><td></td><td></td></tr>
<tr><td>代表（representing）</td><td></td><td></td></tr>
<tr><td>监督（supervising）</td><td></td><td></td><td rowspan="3">控制</td></tr>
<tr><td>检查（checking）</td><td></td><td></td></tr>
<tr><td>控制（controlling）</td><td>◆</td><td>◆</td></tr>
</table>

随着科学技术的迅猛发展，社会经济活动空前活跃，市场需求瞬息万变，社会关系也日益复杂，管理者每天都会遇到新情况、新问题，如果因循守旧、墨守成规，就无法应对新形势的挑战，也无法完成肩负的任务。现在已经到了不创新就无法维持的地步，创新自然成为管理过程中不可或缺的活动。因此，一些学者认为，创新也是管理的重要职能。

然而，各项管理职能都有自己独特的表现形式。例如，计划职能通过目标的制定和行动的确定表现出来；组织职能通过组织结构的设计和人员的配备表现出来；领导职能通过领导者和被领导者的关系表现出来；控制职能通过偏差的识别和纠正表现出来。创新与上述各种管理职能不同，它本身并没有某种独特的表现形式，它总是在与其他管理职能的结合中表现自身的存在与价值，是贯穿整个管理过程、推动所有管理活动的原动力与总原则。

综上所述，我们将管理职能划分为计划、组织、领导、控制四种职能。本书将围绕这四个基本职能进行论述。

1）计划

人们对计划的理解，有静态和动态两种。从静态来看，计划是未来行动的方案，包括未来行动所要达到的目标及相应的措施；从动态来看，计划是一种联系现在与未来的行动，通过对过去和现在情况的分析，对未来进行预测，描绘未来的图景，并努力实现预定的目标。

管理科学研究的是计划的动态过程，也就是说，要研究计划是如何产生的这一过程，从而探索制订计划的一系列科学程序和方法，为管理提供科学的计划决策。

计划是组织在科学预测的基础上，根据环境的需要和自身的特点，对未来一定时期内的工作做出安排的活动，从而为管理活动提供基本依据。具体来看，计划工作一般要解决两个问题：一是干什么，即目标或任务；二是怎么干，即方法和手段，这里包括时间、地点和任务承担者。

我们常说“做事要有头绪”，“头绪”即强调任何工作都要有计划。通过计划工作，管理者为工作设计了一个蓝图，组织的一切工作都必须紧紧围绕这个蓝图来进行。计划为管理者的管理活动提供了原则和方法，它能纠正组织活动的偏差，并促使组织目标顺利实现。因此，计划职能是管理的首要职能，是从现在通向未来的桥梁。

2）组织

计划的实施需要依靠其他人的合作，组织工作正是为了满足人们对合作的需要而产生的。管理的组织职能是保证决策目标实现和计划有效执行的一种功能。为了使组织的各级成员围绕着组织目标和计划任务有效工作，管理者必须按照目标和计划的要求，把组织经营的各个环节和要素密切结合起来，具体包括划分部门、划分层次，正确规定各级机构和各级管理人员的职责，协调各级机构和各类人员的工作，力求使组织结构合理、人尽其才、协调高效，真正形成一个有机整体。

组织活动的中心工作是设计健全的组织结构，它涉及确立各项工作、将有关工作归入同一部门、确立管理跨度和管理层次等内容。组织职能是管理活动的根本职能，是一切管理活动的根本保障。

3）领导

所谓领导，就是指挥、带领、引导和鼓励部下为实现目标而努力的过程，它包括行使组织所赋予的职权、实行监督和控制，但更主要的是个人（领导者）依据组织环境，运用领导技能，采取正确的领导方式与行为，团结和带领职工高效率地实现组织目标。如果组织中的所有成员不能很好地工作，即使计划、决策和组织工作做得再好，也不能保证组织目标的实现。这里存在一个关键问题，那就是组织中需要一个有权威的领导者，指导人们的行为，沟通人们之间的信息，增强人们之间的理解，统一人们的思想和行动，激励每个成员自觉为实现组织的共同目标而努力。

管理中的领导职能是一门艺术，它体现在整个管理活动之中。随着社会的发展，领导又被赋予了新的含义，我们一定不能忽视。

4）控制

人们在执行计划的过程中，由于受到各种因素的干扰，常常会使实践活动偏离原来的计划。为了保证计划顺利执行，预期目标顺利实现，管理中就需要有控制职能。“控制”一词源自希腊语“kyber”，意思是“舵手”，舵手的作用就是操纵舵轮，使航向不会偏离目标。因此，所谓控制，就是以预定的目标为准绳，衡量实际活动中所产生的偏差，并分析其原因，在此基础上采取措施修正偏差的过程。控制有前馈控制和反馈控制之分。控制职能与计划职能密不可分：计划是控制的前提，为控制提供目标和标准，没有计划就不存在控制；控制是实现计划的手段，没有控制，计划就不能顺利实现。当然，无论从纵向还是横向上看，管理的各个层次、各项活动以及各个要素都需要进行控制。可以说，没有控制，就没有管理。

对管理职能的划分为人们研究管理问题提供了一个理论框架或理论体系。有关管理的概念、理论、原则、方法和程序，都可以按照不同的管理职能加以分类归纳并予以系统论述，但是这并不意味着这些管理职能是互不相关、孤立存在的。管理的四项职能是相互联系、相互依存的，同时又各自发挥着自身的作用。

计划职能是管理的首要职能，没有计划，组织、领导和控制都无从谈起；但没有组织、领导和控制，计划也不能有效落实，特别是控制职能，它能够对前三项职能的有效实施起到很好的反馈作用。

所以，不能说管理者在某一个时间里是在执行计划职能，在另一个时间里却在执行组织职能，或者领导职能、控制职能；同时，把管理职能按一定顺序论述，并不意味着管理者在实际工作中也必须按这样的顺序执行管理职能。管理者在某一个时间、处理某一个问题时，可能同时执行几项职能，甚至全部职能。

此外，虽然组织中的所有管理者都要执行管理的四项基本职能，但是处于不同层次的管理者在这四项职能上耗费的时间是不一样的。例如，高层管理者要花更多的时间考虑组织的发展战略，基层管理者则要花更多的时间考虑如何激励下属；如果管理职位晋升，那么管理者将从事更多的计划工作和更少的直接领导工作。

组织中不同层次的管理者每种管理职能的时间分布见表1-2。

表1-2　**组织中不同层次的管理者每种管理职能的时间分布**

管理职能 管理人员	计　划	组　织	领　导	控　制
高层管理者	28%	36%	22%	14%
中层管理者	18%	33%	36%	13%
基层管理者	15%	24%	51%	10%

资料来源：罗宾斯. 管理学［M］. 4版. 北京：中国人民大学出版社，Prentice Hall出版公司，1997：13.

1.2.2　管理的性质

管理，从它最基本的意义来看，一是指挥劳动，二是监督劳动，即同时具有同生产力、社会化大生产相联系的自然属性和同生产关系、社会制度相联系的社会属性。从管理过程的要求来看，管理既要遵循管理过程中客观规律的科学性要求，又要体现灵活协调的艺术性要求，这就是管理所具有的科学性和艺术性。

1）管理的自然属性和社会属性

管理的自然属性和社会属性也被称为管理的二重性。明确这一点，有助于我们进一步深入认识和了解管理的本质，更有效地开展管理活动。通常，我们把管理中的“指挥劳动”称为管理的自然属性，把管理中的“监督劳动”称为管理的社会属性。

有关“指挥劳动”，马克思曾说：“凡是有许多人进行协作的劳动，过程的联系和统一都必然要表现在一个指挥的意志上，表现在各种与局部劳动无关而与工场全部活动有关的职能上，就像一个乐队要有一个指挥一样，这是一种生产劳动，是每一种结合的生产方式中必须进行的劳动。”

这种管理活动是同生产力直接相联系的，是由共同劳动的社会化性质决定的，是进行社会化大生产的一般要求和组织劳动协作过程的必要条件，这种必要性随着生产力的发展、生产社会化程度的提高而增加，由此产生的管理职能，即一般职能，就是合理组织生产力。为了实现这种管理职能而形成的管理技术和方法，是由生产力发展水平所决定的，其不会随着生产关系或社会制度的变化而变化，因此体现了管理的自然属性。

管理的自然属性表明，凡是社会化大生产的劳动过程都需要管理，管理的自然属性不取决于生产关系的性质，而主要取决于生产力的发展水平和劳动社会化的程度，所以它是管理的一般属性，体现了在任何社会制度中管理的共性。

“监督劳动”这种管理活动是同生产关系直接相联系的，是由共同劳动所采取的社会结合方式的性质决定的，是维护社会生产关系和实现社会生产目的的重要手段。也就是说，社会生产总是在一定的生产关系下进行的，管理要体现生产资料所有者的意志，维护所有者的利益，为巩固和发展一定的生产关系服务，从而体现了管理的社会属性。管理的社会属性主要取决于生产关系的性质，并随着生产关系性质的变化而变化，所以它是管理的特殊属性，体现了在不同的生产关系条件下管理的不同个性。

学习和掌握管理的二重性对我们学习和理解管理学、认识我国的管理问题、探索管理活动的规律以及运用管理原理来指导实践，都具有重要的现实意义，具体说明如下：

（1）管理的二重性体现了生产力和生产关系的辩证统一关系。把管理仅仅看作生产力或仅仅看作生产关系，都不利于我国管理理论和管理实践的发展。我国的管理科学虽然还很不成熟，但也经历了漫长的探索和积累的过程。因此，我们应认真总结我国经济社会发展中的经验和教训，遵循管理自然属性的要求，在充分体现传统文化与我国特色社会主义生产关系的基础上，分析和研究我国的管理问题，建立具有我国特色的管理科学理论与方法。

（2）西方的管理理论、技术和方法是人类长期从事生产实践的产物，是人类智慧的结晶，其同生产力的发展一样，具有连续性，是不分国界的，是全人类的财富。因此，我们要在继承和发展我国科学的管理经验和管理理论的同时，虚心学习，运用国外先进的管理理论、技术和方法，不能动辄“中国特色”，过分强调国情差异。

（3）由于管理总是在一定的生产关系下进行的，体现着统治阶级的意志，因此我们要科学鉴别管理的社会属性。对待国外的管理理论、经验，首先要鉴别哪些内容与其社会制度有关，哪些内容是纯粹的科学技术和方法问题。我们的管理理论与实践不能简单地照抄照搬西方的一切，而要在分析文化、历史与制度的前提下，有选择地取我所用，走自己的道路，充分发挥后发优势。

2）管理的科学性和艺术性

管理究竟是一门科学还是一门艺术，管理学界一直是有争议的。一般认为，管理是科学性与艺术性的统一。

管理的科学性是指管理作为一种活动过程，其间存在着一系列基本的客观规律。人们通过社会实践和科学研究，不断总结经验、提出问题、验证推理，从中抽象、总结出一系列反映管理活动客观规律的管理理论和一般方法。人们利用这些理论和方法来指导自己的社会实践，又依据管理活动的结果来衡量管理过程中所使用的理论和方法是否正确，使管理的科学理论和方法在实践中得到不断验证和丰富。承认管理具有科学性是基于以下几个认识：

（1）管理具有系统性。管理过程中发生的各种现象不是孤立存在的，是有其活动的客观规律的。人们经过长期经验总结和理论升华，已经形成了一整套反映管理过程客观规律的、合乎逻辑的理论体系及管理方法。管理者可以运用这些理论、方法和技术解释管理工作中过去和现有的变化，并根据其运行规律预测未来的变化。

（2）管理的基本理论和方法像其他科学领域的理论和方法一样，是可以通过课堂传授或阅读而掌握的知识，也是可以用于指导管理实践的知识。早在管理理论形成的初期，古典管理理论的创始人亨利·法约尔就指出："管理能力也应该像技术能力一样首先在学校里得到，然后在车间里得到。"20世纪以来，西方发达国家兴办了各类管理学校，培养出了大批管理人才。这些人才在管理实践中，运用所学知识取得了举世公认的成绩，成为促进社会进步的一种力量。

（3）作为研究管理过程中客观规律的学说，管理学已经形成了完整、独立的学科体系，人们运用多种研究方法使管理学不断发展进步。特别是在近现代，管理学的完善性还体现在能够吸纳并运用其他相关学科（如心理学、社会学、系统科学、哲学、经济学等）的研究成果、理论知识和分析方法方面。

同时，管理也体现了其艺术性的一面，这是因为：

首先，任何组织的管理者在管理活动中所开展的各项工作都是以人为核心的，而人的心理素质和行为方式各不相同。管理者是在具体情境中进行管理活动的，为了进行有效的管理，必须既要考虑具体情境的特点，又要考虑执行者的个性特点，不能生搬硬套地使用管理理论和原则。这就要求管理者具有现代管理理念、良好的专业素养和有效的管理手段，从而实现管理工作的有效协调。

其次，管理的艺术性是指管理者在掌握一定理论和方法的基础上，灵活运用这些知识和管理技能的能力。管理的艺术性强调管理人员必须在管理实践中发挥积极性、主动性和创造性，充分利用个人的智慧、知识和经验，因地制宜地将管理理论与具体的管理活动相结合，最终实现有效管理。

再次，管理活动中的各类影响因素是不断变化的，不仅有确定的因素，还有非确定的因素；不仅有相对稳定的因素，还有突发性、偶然性的因素。这些影响因素的复杂多变决定了管理者不仅要制定具有普遍意义的科学原则，运用能解决规律性问题的科学方法，而且要具有随机应变的能力。

最后，管理的艺术性表明，仅仅学习书本上的管理理论，能够熟记管理的原理与原则，是不可能成为成功的管理者的。成功的管理者必须善于在实践中应用管理理论，善于发现问题、总结经验，并通过实践创造和发展管理理论。正如人们把文学、音乐和绘画创作称为艺术一样，如果作家、音乐家和画家不懂得有关理论，或者只懂得有关理论而没有创造性，是绝对不会有好作品的。

管理的科学性和艺术性并不是相互对立、相互排斥的，而是相互补充、相互印证的。管理理论和管理艺术研究的都是管理实践，所不同的是，管理理论研究的是管理活动中普遍的、必然的规律，而管理艺术研究的是在具体情境中管理活动的特殊性和随机性。所以，管理理论和管理艺术都是管理学的有机组成部分，二者缺一不可。由此可以说，管理既是一门科学，又是一门艺术。管理的这一特性，对于学习管理学和从事管理工作的主管人员来说都是十分重要的，它要求人们既要注重管理基本理论的学习，又不能忽视在实践中灵活运用管理理论，这也可以说是管理成功的一项重要保证。

1.3 管理者的角色与技能

研究、学习与应用管理学的目的首先是解决组织的管理问题，提高管理绩效。一般认为，管理绩效是组织内外各种因素综合作用的结果，这些因素可以归纳为三个方面，即管理者、被管理者与管理环境。其中，管理者作为管理活动的主体，对组织管理的成败起主导作用。因此，我们有必要了解管理者在组织中的角色及其应具备的技能。

1.3.1 管理者

1）管理者的定义

关于管理者的定义，管理学家的说法不一，但是将组织成员分为两类是没有异议的，即一类是操作者，另一类是管理者。

所谓操作者（operatives），是指在组织中直接从事具体业务，但对他人的工作不承担监督职责的人，如学校讲台上的专任教师、汽车装配线上的工人、保险公司的保险推销员等。操作者的任务就是做好组织所分配的具体操作性事务。

所谓管理者（managers），是指在组织中指挥别人活动，且对他人的工作负有责任的人，如工厂的车间主任、部门经理，医院的院长，政府机关的处长、科长等，有时也包括组织中各职能部门内的具有一定管理权的一般工作人员。管理者承担着对他人的工作进行计划、组织、领导和控制的责任，通过他人来实现组织的目标。

管理者虽然有时也做一些具体的事务性工作，但其主要职责是指挥下属工作。管理者区别于操作者的一个显著特点，就是有下属向其汇报工作。

2）管理者的重要性

管理者的重要性在各类组织乃至国家的历史中都已得到了体现：同样的市场条件，一些企业由盛转衰，另一些企业却由弱转强；同样的资源和环境，一些国家富强，另一些国家却贫穷。

（1）管理者的重要性是由管理活动的重要性决定的。管理是人类活动有效进行的必要保证之一，是决定一个组织兴衰存亡的关键因素；管理是使科学技术转化为生产力的必要条件之一，是实现社会物质文明、精神文明和政治文明的助推器。管理活动不可能自发进行，它必须由管理者精心组织、实施。因此，管理活动的重要性足以显示管理者的重要作用。

（2）管理者的重要性是由其在管理活动中的主体地位决定的。在管理活动中，管理者处于主体地位，管理者对组织的管理活动进行计划、组织、领导和控制，甚至要不断进行协调和创新，操作者作用的发挥在很大程度上取决于管理者。因此，管理者在管理过程中的主导地位和主观能动性决定了管理者的重要性。

（3）管理者的重要性是由管理的艺术性决定的。管理活动本身要求管理者必须掌握系统管理理论，同时应有丰富的实践经验和灵活的应变能力。管理活动对管理者的各种要求表明，做一名称职的管理者很不容易。正如彼得·德鲁克所言："管理者是事业的最基本、最稀有、最昂贵，而且最易消逝的资源。"因此，管理的艺术性更能凸显出一个优秀管理者的重要地位。

3）管理者的层次

根据管理者在组织中所处地位的不同，管理者可以分为高层管理者、中层管理者和基层管理者三类。

（1）高层管理者。高层管理者（top manager）是指一个组织中最高领导层的组成人员。高层管理者对外代表组织，对内拥有最高职权，并对组织的总体目标负责，侧重组织长远发展计划、战略目标和重大政策的制定，拥有对人事、资金等资源的控制权，以决策为主要任务，因此他们也被称为决策层，如公司的董事长、总经理、副总经理，学校的校长、副校长等。

（2）中层管理者。中层管理者（middle manager）是指一个组织中中层机构的负责人员。中层管理者是高层管理者的决策执行者，负责制定具体的政策，行使高层管理者授予的指挥权；负责监督和协调基层管理者的工作，在组织中具有承上启下的作用。由于中层管理者的主要任务是贯彻执行高层管理者的决策，因此他们也被称为执行层，如工厂的车间主任、公司的部门经理等。

由于现在许多组织已发展为集团，因此这些组织的中层管理者的权限相对较大，近似于小组织的高层领导。又如，在大学里，院长虽然是中层领导，但其拥有相当大的经济自主权，并能相对独立地开展工作。

（3）基层管理者。基层管理者（first-line manager）是指面向基层操作人员，并负责管理基层组织日常活动的人员。基层管理者的主要职责是接受上级领导并将任务落实到基层，直接指挥和监督现场作业活动，保证各项任务顺利完成。由于基层管理者主要工作在第一线，因此他们也被称为一线管理者，如企业的班组长、生产车间的工段长等。

以上三个层次的管理者统一决策、分级管理，共同保证组织的正常运行，以实现组织的目标。管理者无论处于组织的哪一个层面上，都要履行计划、组织、领导和控制的职能。不同层次的管理者在工作上的差别，不是管理职能本身不同，而是各项管理职能履行的程度和重点略有差别。

1.3.2　管理者的角色

20世纪五六十年代，一些研究者从领导者行为的角度来探讨"管理者干什么"的问题。其中，加拿大学者亨利·明茨伯格（Henry Mintzberg）的研究具有较大的影响，并为后来的学者所推崇。明茨伯格通过对总经理的工作进行研究，发现管理者扮演着十种不同但是高度相关的角色（见表1-3），归纳起来主要有三类：一是正式权威和特殊地位产生了人际关系方面的角色；二是获得信息独特地位的信息传递方面的角色；三是决策制定方面的角色。

表1-3 **管理者的角色**

类　别	角　色	工作内容
人际关系	• 挂名首脑（figurehead） • 联络者（liaison） • 领导者（leader）	• 执行礼仪性或象征性的工作 • 建立内部和外部的信息网络 • 指挥、协调群体的工作
信息传递	• 监听者（monitor） • 传播者（disseminator） • 发言人（spokesperson）	• 搜寻、接收和筛选信息 • 传递信息给他人 • 通过演讲、报告等向外部提供信息
决策制定	• 企业家（entrepreneur） • 障碍处理者（disturbance handler） • 谈判者（negotiator） • 资源分配者（resource allocator）	• 制订计划，建立秩序 • 解决员工或部门中的各种冲突、问题 • 在谈判中代表部门或公司 • 决定资源分配的对象和数量

1）人际关系方面的角色

人际关系方面的角色是指管理者履行的具有礼仪性和象征性的角色。此时，管理者的职责是设计自己与其他人的关系。明茨伯格认为，人际关系方面的角色包含三个具体角色，即挂名首脑、联络者和领导者。

（1）挂名首脑。所有管理者都要从事本部门或组织中礼仪性或象征性的活动，如作为学院院长出席学生的毕业典礼、作为企业经理参加颁奖仪式等，他们都在扮演挂名首脑的角色。

（2）联络者。管理者需要在不同的人群中充当联络员。这种角色的工作内容是建立内部和外部的信息网络。例如，人事经理从销售经理那里获得信息，属于内部联络关系；人事经理与外部的人才招聘机构发生联系时，他就有了外部联络关系。

（3）领导者。管理者的职能角色是指挥、领导他人，这一角色的工作内容是指挥、协调群体的工作，包括招聘、培训、奖励和惩罚员工等。这一角色在组织内部的作用极为重要。

2）信息传递方面的角色

信息传递方面的角色是指管理者履行的从外界收集信息和传递信息的角色。明茨伯格认为，管理者在信息传递方面也扮演了三种角色，即监听者、传播者和发言人。

（1）监听者。通过各种公众媒体或与他人谈话来了解公众兴趣的变化或竞争对手的情况，就是监听者的角色。

（2）传播者。向组织成员传递信息，就是传播者的角色。

（3）发言人。当管理者代表组织向外界表态时，就扮演着发言人的角色。

3）决策制定方面的角色

决策制定方面的角色是指管理者履行的在组织各层次中进行决策指挥的角色。此时，管理者的基本职责是完成组织或组织内各层次的全面管理任务，管理者拥有直接调动下级人员、安排各种资源的权力，通常是各管理层的“一把手”。明茨伯格将决策制定方面的角色分为四种类型，即企业家、障碍处理者、谈判者和资源分配者。

（1）企业家。当管理者发起那些改进组织绩效的新项目时，他就扮演着企业家的角色。

（2）障碍处理者。当管理者采取纠正行动，应付那些未预料到的问题时，他就扮演着障碍处理者的角色。

（3）谈判者。当管理者为了本组织的利益与其他团体议价和商定成交条件时，他就扮演着谈判者的角色。

（4）资源分配者。管理者有分配人力、物质和金融资源的责任。

明茨伯格的角色划分理论得到了后继研究者的支持。一般来说，无论在何种类型的组织中或者组织的哪个层次上，管理者都可能扮演或履行不同的角色。研究发现，管理者角色强调的重点会随着其所在组织层次的不同而发生变化，如信息传播者、挂名首脑、谈判者、联络者和发言人的角色主要表现在组织的高层管理者身上，而领导者的角色在低层管理者身上表现得更加显著。

1.3.3 管理者的技能

由于管理者的职责是复杂的，并且处于不断变化之中，因此要想实现组织的预期目标，管理者除了要具备上述基本素质外，还必须掌握一定的管理技能。那么，管理者到底应该具备哪些技能呢？现在管理学界普遍认可美国管理学家罗伯特·卡茨（Robert L. Katz）的研究成果，即无论什么组织的管理者，也无论哪个层次的管理者，都必须具备技术技能、人际技能和概念技能三个方面的基本技能。

1）技术技能

所谓技术技能（technical skills），是指管理者熟悉和精通特定专业领域的知识，并用其解决实际问题的能力。对于基层管理者来说，技术技能是最基本、最重要的工作能力，因为他们要直接处理操作人员的相关工作。对于中、高层管理者来说，他们只要熟悉相关技术和方法即可，不苛求精通。因为中、高层管理者要将大量的精力放在管理活动上，难以在专业技能方面达到精湛的程度；同时，若中、高层管理者在工作中遇到技术难题，还可以借助专家的作用。

2）人际技能

所谓人际技能（human skills），是指管理者在与组织内外的人打交道时，处理人际关系的能力。具有良好人际技能的管理者能够使员工做出最大的努力，知道如何与员工沟通，如何激发员工的工作热情和信心，从而使员工踏实认真地工作；具有良好人际技能的管理者善于说服上级领导，能够与其他部门的同事紧密合作，能及时疏通组织外部的各种关系。因此，人际技能是各级管理者都必须具备的一项技能。

3）概念技能

所谓概念技能（conceptual skills），是指管理者对复杂情况进行抽象和概念化的能力，即对组织发展的远大目标、战略方向的把握及判断力，具体地说是指洞察组织与环境之间的相互影响因素的能力、确定和协调各方面关系的能力，以及权衡不同方案优劣势的能力。具有这方面能力的管理者能够站在一定的高度，从整个组织的角度理解和促进组织的运行；能够快速、敏捷地从混乱而复杂的动态情况中辨别出各种因素的相互作用，准确把握问题的实质以及可能出现的后果等。管理者概念技能的高低，显示了其能否从整体的角度来理解组织各部分之间的相互关系。因此，管理者所处的层次越高，其面临的问题越复杂，就越需要掌握概念技能。

上述三种技能对任何层次的管理者来说，都是应当具备的。然而，不同层次的管理者由于所处的地位、看问题的角度、在组织中发挥的作用不同，因此他们对三种技能的需求程度也明显不同。各层次的管理者对三种管理技能的需求程度可用图1-1表示。

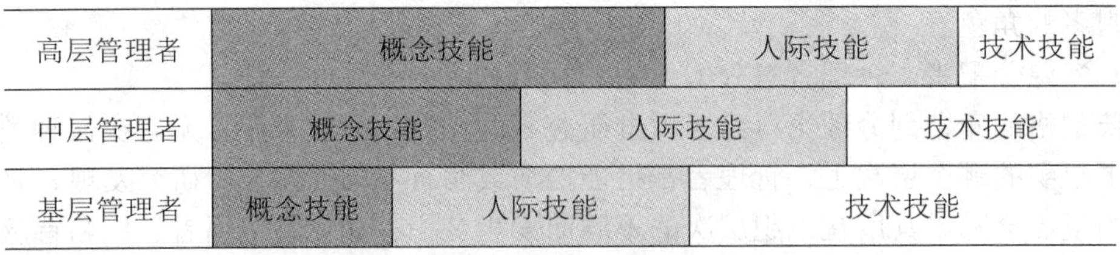

图1-1 各层次的管理者对三种管理技能的需求程度

一般而言，高层管理者应主要掌握概念技能，这样才能很好地理解组织各部分之间的关系，对组织的战略发展方向和战略目标有一个清晰的把握和准确的定位，从而使组织更好地适应不断变化的环境；基层管理者则需要具有很强的技术技能，其没有条件且没有必要站在组织全局的高度把握或关注组织的方向性问题，但是要在基层作业环节有效带领团队实现企业的既定目标。研究表明，无论是基层管理者、中层管理者还是高层管理者，对他们同等重要的就是人际技能。

1.3.4 成功的管理者与有效的管理者

弗雷德·卢桑斯（Fred Luthans）与其助手通过对管理者主要从事的四种管理活动的分析研究，发现不同类型的管理者所从事的管理活动的侧重点不同，并且这会影响管理者的工作绩效。卢桑斯研究的四种管理活动主要包括：

（1）传统管理：决策、计划和控制。

（2）沟通：交流例行信息和处理文书工作。

（3）人力资源管理：激励、惩罚、调节冲突、人员配备和培训。

（4）网络联系：社交活动、政治活动和与外界交往。

研究发现，一般意义上的管理者花费32%的时间从事传统管理活动，花费20%的时间从事人力资源管理活动，花费19%的时间从事网络联系活动，花费29%的时间从事沟通活动；成功的管理者（研究者以管理者在组织中晋升的速度作为划分标志）分配在这四种管理活动上的时间与一般意义上的管理者不同，13%的时间用在传统管理活动上，28%的时间用在沟通活动上，11%的时间用在人力资源管理活动上，48%的时间用在网络联系活动上；有效的管理者（研究者以管理者工作成绩的数量和质量以及下级对其满意和承诺的程度作为划分标志）用于传统管理活动的时间为19%，用于网络联系活动的时间为11%，用于人力资源管理活动的时间为26%，用于沟通活动的时间则占到44%。不同类型的管理者分配在四种管理活动上的时间如图1-2所示。

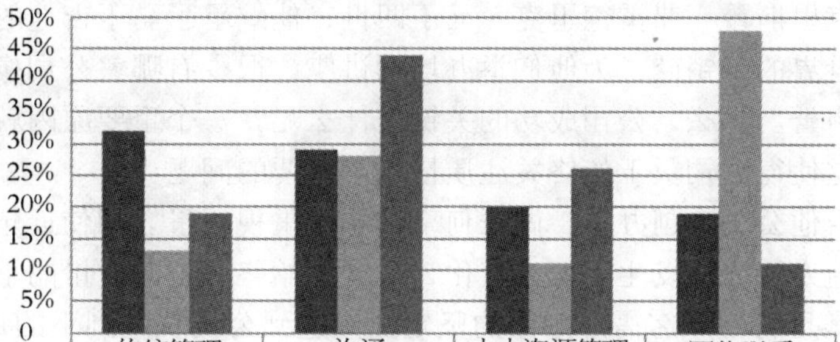

	传统管理	沟通	人力资源管理	网络联系
一般意义上的管理者	32%	29%	20%	19%
成功的管理者	13%	28%	11%	48%
有效的管理者	19%	44%	26%	11%

图1-2　不同类型的管理者分配在四种管理活动上的时间

资料来源：罗宾斯．管理学［M］．4版．北京：中国人民大学出版社，Prentice Hall出版公司，1997.

从图1-2中我们可以发现，一般意义上的管理者对传统管理活动最关注，所用时间也最多；成功的管理者将主要精力集中在网络联系活动上；有效的管理者则将主要时间用于沟通活动。

成功的管理者与有效的管理者的管理风格有显著区别。两者的不同主要表现为：对成功的管理者而言，网络联系活动的贡献最大，人力资源管理活动的贡献相对较小；对有效的管理者而言，沟通活动的贡献最大，网络联系活动的贡献最小。

这说明：管理者关注交流与沟通，不仅可以得到部下的拥戴，而且确实可以提高管理绩效；社交和施展政治技巧对于管理者在组织中的晋升起着十分重要的作用。

思考题

1.简述管理的必要性。为什么现阶段我国加强管理工作更加迫切？

2.怎样理解人类活动的特点？

3.怎样理解管理的概念？管理的职能有哪些？

4.为什么说管理既是一门科学，又是一门艺术？

5.怎样理解管理的二重性？

6.试述管理者的角色及技能要求。

案例分析

马丁吉他公司的管理

马丁吉他公司于1833年成立于宾夕法尼亚州拿撒勒市，其被公认为是世界上最好的乐器制造商之一。就像施坦威（Steinway）的大钢琴、劳斯莱斯（Rolls-Royce）的轿车，或者布菲（Buffet）的单簧管一样，每把马丁吉他的价格超过10 000美元，马丁吉他是你能买到的最好的东西之一。这家家族式企业历经艰难岁月，已经延续了六代。目前的首席执行官是克里斯琴·弗雷德里克·马丁四世，他继承了马丁吉他的制作手艺，他甚至遍访公司在全世界的经销商，为他们举办培训讲座。很少有哪家公司像马丁吉他公司一样有这么持久的声誉。那么，公司成功的关键是什么呢？一个重要原因就是公司管理者杰出的领导技能，这使得公司员工始终关注质量这个重要的问题。

马丁吉他公司自创办起，做任何事都非常重视质量。即使近年来在产品设计、分销系统以及制造方法方面发生了很大变化，公司仍始终坚持对质量的承诺。公司在坚守优质音乐标准和满足特定顾客需求方面的坚定性渗透到公司从上到下的每一个角落。不仅如此，公司在质量管理中还长期坚持生态保护政策。因为制作吉他需要用到天然木材，公司非常审慎和负责地使用这些传统的天然材料，并鼓励引入可再生的替代木材。基于对顾客的研究，马丁吉他公司向市场推出了采用表面有缺陷的天然木材制作的高档吉他，而这在其他厂家看来几乎是无法接受的。

马丁吉他公司使新老传统有机地整合在一起。虽然设备和工具逐年更新，但雇员始终坚守着高标准的优质音乐原则。制作出的吉他要符合这些严格的标准，要求雇员极为专注和耐心。家族成员弗兰克·亨利·马丁在1904年出版的《公司产品目录》的前言里向潜在的顾客解释道："怎样制作出具有如此绝妙声音的吉他并不是一个秘密，它需要细心和耐心。细心是指要仔细选择材料，巧妙安排各种部件，关注每一个使演奏者感到惬意的细节。耐心是指做任何一件事都不要怕花时间。优质的吉他是不能用劣质产品的价格造出来的，但是谁会因为买了一把价格不菲的优质吉他而后悔呢？"虽然100年过去了，但这些话仍然是对公司理念的准确表述。

虽然公司深深地植根于过去的优良传统，但是首席执行官马丁四世毫不迟疑地推动公司朝新的方向前进。例如，在20世纪90年代末，他做出了一个大胆的决策，公司开始在低端市场上销售每把价格低于800美元的吉他。低端市场在整个吉他产业的销售额中占65%。公司的DXM型吉他是1998年引入市场的，虽然这款产品在外观、品位、感觉方面都不及公司的高档产品，但顾客认为它比其他同类价格的绝大多数吉他产品的音色都要好。马丁四世为他的决策解释道："如果马丁公司只是崇拜自己的过去而不去尝试任何新事物的话，恐怕就不会有值得崇拜的马丁公司了。"

由于马丁吉他公司首席执行官马丁四世的管理表现出色，因此公司的销售收入持续增长。2000年，公司销售额接近6亿美元。位于拿撒勒市的制造设施得到了扩展，新的吉他品种亦不断推出。雇员们描述他的管理风格是友好的、事必躬亲的，但又是严格的、直截了当的。虽然马丁吉他公司不断将其触角伸向新的方向，但其从未放松过对尽其所能制作顶尖产品的承诺。在马丁四世的管理下，这种承诺也不会动摇。

资料来源：刘勤. 管理学实训教程［M］. 上海：上海财经大学出版社，2013：12-13.

问题：

（1）根据罗伯特·卡茨的管理者技能理论，你认为哪种管理技能对马丁四世最重要？请说明你的理由。

(2) 根据明茨伯格的管理者角色理论，阐释当马丁四世访问马丁吉他公司在全世界的经销商时，他扮演着哪种管理角色。

(3) 马丁四世宣布："如果马丁公司只是崇拜自己的过去而不去尝试任何新事物的话，恐怕就不会有值得崇拜的马丁公司了。"这句话对全公司的管理者履行计划、组织、领导和控制职能意味着什么？

第2章/ 管理思想的发展

学习目标：了解传统管理思想的发展历程，对不同时期管理理论产生的历史背景、理论内容有一个整体把握，在此基础上更好地理解中国传统管理思想的基本内容、泰勒制与人际关系学说。

在人类历史上，自从有了群体活动，就有了管理活动。管理活动的出现促使一些人对来自这种活动的经验加以总结，并形成了一些朴素的、零散的管理思想。我们可以从现有的文字记载中寻觅到中外思想家所提出的丰富的管理思想，但遗憾的是直到19世纪末，管理理论才得以在西方出现。

管理理论是对管理思想的提炼和概括，管理理论本身是管理思想，只不过是较成熟、系统化程度较高的管理思想。学习管理理论，需要从学习管理思想发展的历史开始。历史的长河中包含着无数成功的经验，也包含着许多失败的教训；历史是前人深邃智慧的结晶和反复实践的沉积。以史为鉴，我们才能站在巨人的肩上超越前人，才能看清管理学发展的方向，才能把管理学不断向前推进。

2.1 传统管理思想

我们知道，管理思想是伴随着管理实践而产生和发展起来的，人类的管理思想几乎和人类的社会实践活动一样历史悠久。在19世纪以前的漫长岁月里，管理思想是蕴含在哲学、政治学、经济学及历史学等学科思想之中的，并没有形成自己独立的学科体系。虽然如此，这些早期的管理思想对于人类近代管理理论的发展和完善仍具有重要的作用，是近代管理思想的萌芽。

2.1.1 中国传统管理思想

一提起管理思想的发展历史，人们自然会想到亚当·斯密（Adam Smith，1723—1790），罗伯特·欧文（Robert Owen，1771—1858），弗雷德里克·温斯洛·泰勒（Frederick Winslow Taylor，1856—1915），亨利·法约尔（Henri Fayol，1884—1925）等许多先驱者的名字，而对中国的传统管理思想却知之甚少。似乎人类的管理实践和管理思想是从18世纪才开始的，并且只有西方才是管理思想的发源地。其实，管理实践和管理思想是与各个民族的文明史和各个国家的社会文化背景相联系的。各个国家和民族对管理思想的发展都具有各自的贡献和价值，“西方中心论”不符合人类历史发展的事实。

中国是人类历史最悠久的文明古国之一，早在5 000多年前就产生了氏族部落，就有了部落首领，也有了最初的管理实践和管理思想的萌芽。大约在公元前17世纪，从夏启改禅让制为世袭制开始，中国出现了真正意义上的帝国，从而产生了组织严密的奴隶制和封建制国家，同时相应地出现了从中央到地方高度集权、等级森严的金字塔形权力结构。到了商、周时期，管理体制进入相对成熟阶段。相传周朝著名政治家周公著《周礼》，为周朝确定了整套官僚组织与政治制度。到了春秋战国时期，不同学术思想对流激荡，形成了百家争鸣的局面。各种管理思想蕴含于各种思想流派之中，是对以往管理经验的总结和升华，是我国近代管理思想的源流之一。因此，在介绍现代管理思想之前，我们必须对我国的传统管理思想有一个大致的了解。

儒家思想是中国传统文化的主流，儒家思想的特点是着重于对人际关系的研究。中国早期的思想家，如孔子、孟子、庄子、墨子、管子等，他们在浩如烟海的著作中，反复论述的基本主题就是人的本性以及人们之间的社会关系。他们提出“三纲”，即“君为臣纲，父为子纲，夫为妻纲”，作为处理君臣、父子、夫妻之间相互关系的道德规范；提出“五常”，即“仁、义、礼、智、信”，作为处理个人和国家、社会、家庭及其他人之间相互关系的行为准则。儒家思想在中国封建社会——长达数千年的“超稳定组织”的形成过程中起到了极其重要的作用。对于中国的传统文化，既不能全部继承，走上国粹主义的道路，也不能全盘否定，陷入虚无主义的泥潭，而应批判地继承，去其糟粕，取其精华，结合时代的发展，古为今用，使中华文化青春永葆。

儒家思想不仅在中国具有深远的影响，而且至少在1 000多年以前的唐朝就已走出国门，传播到了日本、朝鲜和东南亚各国，成为世界东方文化的渊源之一。近100多年来，日本、韩国和许多东南亚国家如新加坡、泰国等，以及中国的香港和台湾地区，都相继走上了现代化的道路，社会经济得到了高度发展，企业管理也达到了世界先进水平。这些国家和地区都没有走否定儒家思想、实行全盘西化的道路，而恰恰是在吸收东西方文化中有益的东西与本国或本地区的实际和传统文化相结合的方面取得了成功，即成功地把儒家思想中最核心的家庭观引入了企业，把“企业大家庭”作为企业的理想目标，把对君和父的忠诚作为企业中上下级关系的楷模，把“仁、义、礼、智、信”作为企业文化的精髓，最终形成了与西方企业文化截然不同的特色。

实际上，任何管理思想都是根植于一定的社会文化土壤之中的，而一定的社会文化又割不断其与历史传统的联系，并且总是在继承中发展，在发展中继承。只有这样，才能符合本国国情，才能具有强大的生命力。

概括起来，中国传统管理思想大致集中于三个领域：一是根据治国需要而建立的关于各种规章制度、伦理规范、行为理念的思想；二是针对得人、用人、培养人才的思想；三是对管理哲学的思考，如军事管理中的战术战略、全局管理、弹性管理等思想。从总体趋势上看，中国传统管理思想还体现在各个思想家的思想传记中，并没有形成独立完整的体系，具体可以总结为以下几个方面：

1）顺道

中国历史上的“道”有多种含义。属于主观范畴的“道”，是指治国的理论；属于客观范畴的“道”，是指客观经济规律，又称为“则”“常”。所谓“顺道”，是指管理要顺应客观规律。

老子认为，“道法自然”，天有天道，人有人道，自然界和社会都有其固有的规律。就自然界来说，“天不变其常，地不易其则，春秋冬夏，不更其节”（《管子·形势》），其运行规律是不以人的意志为转移的。社会活动也是如此，生产、市场、人事、财务、农村和城市治理，都有“轨”可循，“不通于轨数而欲为国，不可”（《管子·山国轨》）。

人们要取得自己行为的成功，必须顺乎万物之“轨”，万物按自身之“轨”运行，对人毫不讲情面。“万物之于人也，无私近也，无私远也。”你的行为顺乎它，它必“助之”，你的事业就会“有其功”，并且“虽小必大”；反之，你若逆它，它对你也必“违之”，你必“怀其凶”，并且“虽成必败”，甚至“不可复振也”。（《管子·形势》）

司马迁把社会经济活动视为个人为了满足自身的欲望而进行的自然过程，在商品交换过程中，价格贵贱的变化也受客观规律检验。司马迁认为，“贱之征贵，贵之征贱”，人们为求自身利益，“以得所欲”。“各劝其业，乐其事，若水之趋下，日夜无休时，不召而自来，不求而民出之。岂非道之所符，而自然之验邪?”对于社会自发的经济活动，司马迁认为国家应顺其自然，少加干预，“故善者因之”，顺应客观规律，符合其“道”，乃治国之善政。（《史记·货殖列传》）

“顺道”，或者“守常”、“守则”、“循轨”，是中国传统管理活动的重要指导思想。

2）重人

“重人”包括两个方面：一是重人心向背；二是重人才归离。要夺取天下、治理好国家、办成事业，人是第一位的，所以我国历来讲究得人之道、用人之道。

得民是治国之本，欲得民必先为民谋利。先秦儒家提倡行仁德之政，“因民之所利而利之”（《论语·尧曰》），“修文德以来之”（《论语·季氏》），使“天下之民归心”（《论语·尧曰》），“近者说（悦），远者来”（《论语·子路》），“天下大悦而将归己”（《孟子·离娄上》）。管子说：“政之所兴，在顺民心。政之所废，在逆民心。”国家必须“令顺民心”，乃“政之宝也”。（《管子·牧民》）西汉贾谊说：“闻之于政也，民无不为本也。国以为本，君以为本，吏以为本。”（《贾谊新书·大政上》）这些思想历代都有，逐渐成为管理国家的准则。

得人才是得人的核心。要得人才，必须先得民心；众心所归，方能群才荟萃。因此，管子将从事变革事业、注重经济建设、为人民办实事视为聚拢优秀人才的先决条件，即“德以合人”，或者“人以德使”。（《管子·枢言》）

我国素有“求贤若渴”一说，表示对人才的重视。能否得贤能相助，关系到国家的兴衰和事业的成败。“得贤人，国无不安，名无不荣；失贤人，国无不危，名无不辱。”（《吕氏春秋·慎行论·求人》）诸葛亮总结汉代的历史经验说：“亲贤臣，远小人，此先汉之所以兴隆也；亲小人，远贤臣，此后汉之所以倾颓也。”（《前出师表》）《晏子春秋》中则把“有贤而不知”“知而不用”“用而不任”视为国家的“三不祥”，其害无穷。

治国如此，在治生方面，我国也有重视人才的传统。唐代陆贽说：“夫财之所生必因人力，工而能勤则丰富，拙而兼惰则篓空。”（《陆宣公集·均节赋税恤百姓六条》）凡能工巧匠，或对生产建设有重大贡献者，如春秋时期发明木作工具的鲁班，战国时期主持修建都江堰的李冰父子、主持修建郑国渠的郑国，汉代时期发明二牛耦耕法和三脚条播器（三脚楼）的赵过、发明和改进炼铁鼓风器（水排）的杜诗和韩暨，宋末元初对发展纺织技术有重大贡献的黄道婆等，都传颂千古，流芳百世。

3）求和

和能兴邦，和气生财。“和”强调的是人际关系融洽、和谐。我国历来把天时、地利、人和当作事业成功的三个要素。其中，人和是发挥天时、地利的先决条件，即“天时不如地利，地利不如人和”（《孟子·公孙丑下》）。所以孔子提倡：“礼之用，和为贵。”（《论语·学而》）管子说：“上下不和，虽安必危。”（《管子·形势》）“上下和同”，并且“和协辑睦”，是事业成功的关键。（《管子·五辅》）战国时期将相和的故事，妇孺皆知，被传颂为从大局出发、讲团结的典范。

求和的关键在于当权者，只有当权者严于律己、严禁宗派、不任私人、公正无私，才能团结大多数人。管子提出“无私者容众”，要求君主切不可有“独举”“约束”“结纽”等宗派行为，不可“以爵禄私有爱”，要严禁“党而成群者”。（《管子·五辅》《管子·法法》等）北宋思想家李觏认为，国家的统治者必须“无偏无党”，“徇公而灭私”，或者“天子无私人”，从国家机构中清除那些嫉贤妒能、钻营利禄、大搞宗派、戕害民生的“恶吏”，以改善官民关系。

求和不仅要团结同志，而且要善于团结持不同意见者。在这方面，唐太宗李世民堪称楷模。他不仅重用拥护自己的人，而且重用曾经反对自己的人。例如，李世民救下了曾反对其父李渊的李靖，并委以重任。魏徵曾力劝李建成除掉李世民，李世民即位后不计前嫌，照样重用，且平时能“从谏如流”，思己短，知己过，使群臣乐于献策、齐心治国。正因为李世民广泛团结人才，形成了一个效能很高的人才群体结构，才有了贞观之治。

同样，成功的企业家也注重求和。创办申新纺织厂的大企业家荣德生治厂以“《大学》之‘明德’，《中庸》之‘明诚’”对待属下，“管人不严，以德服人”，从而“使其对工作不心存意外”。他认为，用人“必先真心诚意，实事求是，庶几有成。若一味唯利是图，小人在位，……不自勤俭，奢侈无度，用人不当，则有业等于无业也”（《乐农自订行年纪事续编》）。刘国钧办大成纺织印染股份有限公司，以“忠信笃敬”为厂训。宋棐卿在公司悬挂孔子名言“己所不欲，勿施于人”作为厂训，他说：“你愿人怎样待你，你就先怎样待人。”这些皆反映了从自我管理入手实现人和，从而实现系统管理以协力推进事业发展的管理思想。

4）守信

信誉是人类社会人与人之间建立稳定关系的基础，是国家兴旺和事业成功的保证。治理国家、办企业和做人都要把守信放在第一位。守信是我国人民在长期社会实践中形成的信条。

“君子信而后劳其民。”（《论语·子张》）孔子对其弟子注重“四教：文、行、忠、信”（《论语·述而》）。治理国家，言而无信，政策多变，出尔反尔，从来都是大忌。管子十分强调取信于民，提出国家行政应遵循一条重要原则——“不行不可复”。人们只能被欺骗一次，第二次就不信你了。“言而不可复者，君不言也；行而不可再者，君不行也。凡言而不可复，行而不可再者，有国者之大禁也。”（《管子·形势》）

治生亦然，商品质量、价格、交货期，以及借贷往来，都要讲究一个“信”字。我国有提倡“诚工”和“诚贾”的传统，商而不诚苟取一时，终致瓦解，成功的商人多是信誉高的人。明代徽商唐祁，其父曾借某人钱，对方借据丢失，唐祁照付父债；后来有人捡得借据，向唐祁讨债，他又照付。别人嘲笑他傻，他说：“前者实有是事，而后卷则真也。”（《安徽通志》第196卷）徽州另有一个商人叫翁生，经商“巧而不贼”，取得社会的信任，“虽不矜于利，而贾大进，家用益富”。（《王遵岩文集·黄梅原传》）可见，守信是进财之道。

5）利器

生产要有工具，打仗要有兵器，中国历来有利器的传统。孔子说：“工欲善其事，必先利其器。”（《论语·卫灵公》）使用利器可达到“其用日半，其功可使倍”（《吕氏春秋·士容论·任地》）的效果。我国古代的四大发明（造纸术、印刷术、指南针、火药）极大地推动了社会经济、文化和世界文明的发展，并使“利器说”成为中国管理思想的重要内容。我国历史上还有许多重大发明，都提高了工具和兵器的质量。例如，西汉出现的新式粮食加工机械——水碓，“役水而舂，其利百倍”；明清时代在长江下游乃至全国推广的松江地区先进的纺车和纺技，多是由地方官员出面主持的，说明“利器”思想已引起了当时国家管理机构的重视。

近代以来，我国一再出现“机器兴邦说”。例如，郑观应主张维护民族独立要靠“商战”，商战必赖机器，机器生产，“工省价廉”，并且“精巧绝伦”，可与外货竞争，因此必须自制各种机器；魏源提出了“师夷长技以制夷”的口号；孙中山实业救国的核心是技术革命，实现现代化，“用机器去制造货物，……把国家变富庶”。

可见，“利器说”贯穿古今，是兴邦立业的重要思想。

6）求实

实事求是，办事从实际出发，是思想方法和行为的准则。儒家提出“守正”原则，看问题不要偏激，办事不要过头，也不要不及。过了头，不符合客观形势，就会犯冒进错误；不及于形势又会错过时机，流于保守。两种偏向都会坏事，应该防止。

管子提出了“量力”原则和“时空”原则。

凡事要量力而行，“动必量力，举必量技”（《管子·戒》），“不为不可成，不求不可得”（《管子·牧民》）。指挥作战，要知道自身兵力、装备的承受能力，“量力而知攻”（《管子·霸言》），“不知任，不知器，不可”（《管子·乘马》）。切不可不顾主观条件地“妄行”或“强进”，“妄行则群卒困，强进则锐士挫”（《管子·制分》）。用人也应注意扬其所长，避其所短，不可求全责备，“毋与不可，毋彊（强）不能”（《管子·形势》）。

“时空”原则就是办事要注意时间（时机）和地点等客观条件。“动静开阖，诎信浧儒，取与之必因于时也。时则动，不时则静。”（《管子·宙合》）不顾时间的变化，用老一套的办法，不注意“视时而立仪”（《管子·国准》）和“审时以举事”（《管子·五辅》），必然会招致失败。空间不同，政策措施也应有异，不可将一套办法到处运用，治家、治乡（农村）、治国（城市）各有特殊性，“以家为乡，乡不可为也。以乡为国，国不可为也。以国为天下，天下不可为也”（《管子·牧民》）。韩非子说：“圣人不期修古，不法常可，论世之事，因为之备。……事异则备变。”（韩非子·五蠹）他以守株待兔的故事，告诫治理国家者不能成为“守株之类也”。这是一切管理者都应引以为戒的。

7）预谋

“夫运筹策帷帐之中，决胜于千里之外。”（《史记·高祖本纪》）这说明一切活动都必须统筹谋划，正确研究对策，以智取胜。预谋有两个要点：一是预测；二是谋划。

“凡事豫（预）则立，不豫（预）则废”（《礼记·中庸》），“无过在于度数，无困在于豫（预）备”（《尉缭子·十二陵》）。预者，预测、预谋、预备，核心是预谋。为了预谋，必须先预算，谋划出方案，就应当落实到人力、物力的预备。孙子主张未战先算，“以虞待不虞者胜”（《孙子兵法·谋攻》）。管子主张“以备待时”（《管子·霸言》），要有预见，才能备患于无形而立于不败之地。“惟有道者，能备患于未形也”（《管子·牧民》），“有道”即能遵守客观规律，由此产生了重视调查和预测的传统。政情预测、军情预测、年景预测、商情预测、气象预测等广泛运用于管理实践，并成为预谋策划的基础。商鞅变法中留意于掌握人、马、粮、草等十三数，“不知国十三数，地虽利，民虽众，国愈弱至削”（《商君书·去强》）。范蠡经商注重预测年景变化规律，推知粮食供求和价格的变化趋势，“论其有馀（余）不足，则知贵贱。贵上极则反贱，贱下极则反贵”；进行“时断”和“智断”，及时收购和发售，并提出了“旱则资舟，水则资车”的“待乏”原则。（《史记·货殖列传》）诸葛亮准确地考察了敌方的政治军事态势及其将士的素质，预测气象趋势，经过缜密谋划，才得以草船借箭，最终取得了战术上的胜利。

我国古代还有许多通过运筹、谋划取得成功的实例。宋朝丁谓奉命修复焚毁的皇宫，需要从远处运土和建材，他挖开大路取土，引水成河，船运各种建材，宫室修好后又以建筑垃圾填河恢复道路，使取土、运料、处理垃圾有效结合起来，“一举而三役济，计省费以亿万计”（《梦溪笔谈·补笔谈卷二》）。在军事上，孙权、刘备对曹操的赤壁之战，诸葛亮的空城计，孙膑的“减灶骄敌”，都是运用谋略以弱胜强的典范。

8）节俭

在治国、理家方面，我国人民历来提倡开源节流，勤俭建国，勤俭持家。

“节用”思想源于孔子和墨子，孔子说：“节用而爱人，使民以时。”（《论语·学而》）墨子说：“其用财节，其自养俭，民富国治。”（《墨子·辞过》）荀子说，“臣下职，莫游食，务本节用财无极”（《荀子·成相》）；“强本（生产）而节用，则天不能贫，……本荒而用侈，则天不能使之富”（《荀子·天论》）。陆贽说：“桀用天下而不足，汤用七十里而有馀（余），是乃用之盈虚，在节与不节耳。不节则虽盈必竭，能节则虽虚必盈。”（《陆宣公集·均节赋税恤百姓六条》）纵观历史，凡国用有度，为政清廉，不伤财害民，则国泰民安；反之，凡国用无度，荒淫奢费，横征暴敛，必滋生贪官污吏，戕害民生，招致天下大乱。

节俭也是经商、理家的要诀。司马迁说，“薄饮食，忍嗜欲，节衣服”，“夫纤啬筋力，治生之正道也”。（《史记·货殖列传》）汉初有一个经营农业的任氏，一反当时“富人争奢侈”之风气，力行“折节为俭”，以致“富者数世”，成为“闾里率”，受人赞颂。（《史记·货殖列传》）。

9）法治

我国的法治思想起源于先秦法家学说和管子的学说，后来逐渐演变成一整套法制体系，包括田土法制、财税法制、军事法制、人才法制、行政管理法制、市场法制等。韩非子在论证法治优于人治时，举传说中舜的例子，舜事必躬亲，亲自解决民间的田界纠纷和捕鱼纠纷，花了3年时间纠正3个错误。韩非子说这个办法不可取，“舜有尽，寿有尽，天下过无已者，有尽逐无已，所止者寡矣”（《韩非子·难一》）。如果制定法规公之于众，违者以法纠正，治理国家就方便了。韩非子还主张法应有公开性和平等性，即实行“明法”和“一法”原则。“明法”，就是“编著之图籍，设之于官府，而布之于百姓者也”（《韩非子·难三》），使全国皆知。“一法”，即人人都得守法，在法律面前，人人平等，“刑过不辟（避）大臣，赏善不遗匹夫”（《韩非子·有度》），各级政府官员不能游离法外，“能去私曲就公法者，民安而国治”（《韩非子·有度》）。

2.1.2　西方传统管理思想

西方传统管理思想也是从哲学开始对人类的活动，包括管理活动进行思考的。苏格拉底从很早开始就将管理活动分为公共事务与私人事务。他说：“私人事务管理与公共事务管理的区别仅在于量的不同……没有人的作用，两者都无法进行……懂得如何雇用（人）者，便能成为私人事务及公共事务的成功指挥者，而不懂得如何雇用人者，则会在指挥两者时犯错误。”亚里士多德在探讨家庭管理时，也谈到了管理一个国家和管理一个家庭是相通的，不同的只是管理范围。此外，柏拉图关于“哲学王”的主张、西塞罗关于政治体系的主张，尽管从传统上看属于政治学的内容，但它们对近代科学管理以及国家管理都具有重要的影响。

在古代，希腊、罗马、埃及、巴比伦等西方国家在文化、艺术、哲学、数学、物理学、天文学、建筑等方面都取得了辉煌的成就，如埃及的金字塔、罗马水道、巴比伦的空中花园等，都浓缩着西方传统管理思想的精华。这些古代国家在国家管理、军事、法律等方面也积累了丰富的管理经验。公元3世纪以后，随着奴隶制的衰落，基督教神学逐渐占据统治地位。《圣经》中包含的一些管理思想在西方封建社会的管理实践中具有统治作用。

从西方早期管理思想的萌芽来看，这些思想包含在丰富的管理实践之中，而且范围宽阔，既有国家管理，也有关于人民生活的管理。这些管理思想虽然散见于各种文化思想中，没有形成体系，但其对西方管理思想的继续发展起到了重要的累积作用。

18世纪开始的产业革命，将整个世界推向了工业化大生产的轨道。在新生的资本主义迅速扩张的同时，工业化大生产也出现了许多新的问题，这些问题可以分为三类：

第一，使生产资料、技术、组织和生产过程有效结合起来的组织问题。

第二，为了实现企业目标，招募、训练、监督（严格约束）和激励等调节人的行为的人事问题。

第三，为了实现组织生存与发展的目标，将上述两个方面有机融合起来的管理问题。

这些问题的出现，迫使西方管理思想的先驱们从实践和一般规律的层面提出了许多解决之道。其中，具有代表性的学者有以下几位：

1）亚当·斯密的劳动分工理论和“经济人”假设

亚当·斯密被喻为最早对经济管理思想进行系统论述的学者。他在1776年出版的《国富论》一书中，系统地阐述了劳动价值论及劳动分工理论。劳动分工，即将工作分解成一些单一的和重复性的作业。在对比了一些工艺和手工制造业实行分工前后的变化后，他认为，劳动分工的益处包括以下几点：第一，劳动分工可以使工人重复完成单项操作，从而提高劳动熟练程度，提高劳动效率；第二，劳动分工可以减少由于变换工作而损失的时间；第三，劳动分工可以使劳动简化，使劳动者的注意力集中在一种特定的对象上，有利于创造新工具和改进设备。他的这些思想和主张，不仅符合当时生产发展的要求，而且成为现代管理理论的重要基础。

亚当·斯密的另一个重要贡献是他的“经济人”假设。他认为，人们在实施经济行为的过程中，追求的完全是私人利益。经济现象是基于以利己为主要目的的活动而产生的，但每个人的利益又被其他人的利益所限制，这就使得人们在追求自己利益的同时必须顾及其他人的利益。他曾经这样描述人们之间个人利益和共同利益的关系：“人类几乎随时随地都需要同胞的协助，但是要想仅仅依赖他人的恩惠，那是绝对不行的。他如果能够刺激他人的利己心，使其有利于他，并告诉其他人，给他事做是对他们自己有利的，那么他要达到目的就容易多了。不论是谁，如果他要与旁人做交易，他首先就要这样提议：请给我所要的东西吧；同时，你也可以获得你所要的东西。这句话是交易的通义。我们所需要的互相帮助，大部分是依照这个方法取得的。”这些观点是斯密“经济人”假设的重要内涵。“经济人”假设对于资本主义管理的实践和理论思想都有重要影响。

2）罗伯特·欧文的人事管理思想

罗伯特·欧文（Robert Owen）是一位杰出的空想社会主义者，也是一位具有丰富管理经验的企业家。他于1800—1829年在苏格兰纽兰纳克经营了一家纺织厂，进行了一场具有划时代意义的实验。在工业革命时期，英国的工厂对待工人是残酷的。工作时间长、劳动强度大、工资低、生活条件恶劣等是当时英国工人生存状态的写照。为了改变这种状况，欧文进行了一系列改革：停止了对10岁以下童工的雇用，让他们上学接受教育；缩短了工人的劳动时间，并禁止对工人进行惩罚；提高工人的工资；改善工人的生活居住条件，设立工人医院、幼儿园、学校，发给工人抚恤金。欧文认为，工人不只是一个“由许多零件组成的系统”，而是活的生命，需要把他们有效组织起来，彼此合作，以便创造更大的成果。由于欧文是最早在企业管理中重视人的地位和作用的思想家，因此，很多管理学家将他称为“现代人事管理之父”。

3）查尔斯·巴贝奇的作业研究和报酬制度

巴贝奇是英国著名的数学家和机械学家，他在《论机器和制造业的经济》一书中发展了亚当·斯密关于劳动分工的思想。巴贝奇认为，在实行劳动分工后，可以按照不同工序所要求的技术水平雇用不同的工人，支付不同的工资。一个体质较弱的人如果所使用的铲子在形状、重量、大小等方面都比较适宜，那么他在工作中可能比体质较强但使用工具不当的人更有效率。因此，在工作中要提高效率，就必须研究工作方法。在工作报酬方面，巴贝奇主张按照对生产率贡献的大小来确定工人的报酬。他认为，工人与工厂所有者之间是能够存在利益共同点的。他鼓励工人对工厂的发展提出有益的建议，主张工人的工资分为固定工资、利润和奖金三个部分。按照工作效率来分配工资的制度是巴贝奇在管理方面的重要贡献。

这个时期的管理思想除了上述提到的，比较著名的还有理查·阿克莱特（Richard Arkwright）在他所开办的工厂中实践的大机器集体分工合作模式、小瓦特和博尔顿在工厂中实行的一套科学管理方法和管理制度。此外，丹尼尔·麦卡勒姆（Daniel McCallum）的管理制度、亨利·汤尼的收益分享制度与哈尔西的奖金方案等，对西方传统管理思想的发展也提供了许多有益的经验。

以上各种管理思想是随着生产力的发展，为了适应资本主义工厂制度发展的需要而产生的。这些管理思想虽然还不系统、不全面，也没有形成系统的理论和学派体系，但其对促进生产及后来科学管理理论的产生和发展具有重要的累积作用。

2.2 古典管理理论

19世纪末20世纪初是管理理论和管理思想发展的重要时期，这个时期的管理理论被称为“古典管理理论”。由于泰勒的科学管理思想在这段时间占有重要位置，因此这个时期也被称为“科学管理理论”时期。

工业革命以后，针对工厂制度发展的需要，人们开始探索科学管理的规律。从19世纪末20世纪初开始，这种理论探索逐步从零散的感性认识上升为较系统的理性知识。其中，比较有代表性的是泰勒的科学管理思想、法约尔的一般管理理论、韦伯的行政管理理论等。

2.2.1 泰勒的科学管理理论

1）泰勒对科学管理理论的探索

弗雷德里克·温斯洛·泰勒于1856年出生在美国费城一个富裕的律师家庭。他年幼时就很爱好科学研究和实验，对任何问题都想找出一种最好的解决办法。1881年，泰勒开始在米德维尔钢铁厂进行劳动时间和工作方法的研究，这为他以后创建科学管理理论奠定了基础。他的著作主要有《计件工资制》《科学管理原理》《在美国国会听证会上的证词》等。泰勒是科学管理理论的主要倡导者，被称为“科学管理之父”。

泰勒之所以能够创造出科学管理理论，并不完全是因为他的个人天赋，科学管理理论更是那个特定历史时代的杰作。科学管理理论的产生具有深刻的时代背景。美国经过南北战争以后，资本主义经济得到了较快的发展，许多工厂发展成为生产产品的大企业。可是由于企业管理水平落后，许多工厂的产量远低于其额定生产能力，能达到60%的都很少；工人的劳动生产率和工资都很低，每周平均劳动时间在60小时以上。当时美国有人认为，如果改进管理方式，使用美国企业中同样的人力和设备，产量可以提高好几倍。这种情况引起了同企业管理有关又具有科学技术知识的一批工程技术人员和管理人员的注意。他们进行各种试验，努力把当时科学技术的最新成就应用于企业的生产和管理，以便大幅度提高劳动生产率，从而形成了一套科学管理的理论和方法，泰勒就是其中最突出的代表。

2）泰勒科学管理理论的主要内容

泰勒倡导的科学管理理论主要有以下几个观点：

（1）科学管理的根本目的是谋求最高的工作效率。泰勒认为，最高的工作效率是雇主和工人共同达到富裕的基础，它能使较高的工资与较低的劳动成本统一起来，从而使雇主得到较多的利润，使工人得到较高的工资。这样，便可以提高他们扩大再生产的兴趣，促进生产的发展。所以，提高劳动生产率是泰勒创立科学管理理论的基本出发点，是泰勒确定科学管理原理、方法的基础。

（2）实现最高工作效率的重要手段，是用科学的管理方法代替旧的经验管理。泰勒认为，管理是一门科学。在管理实践中，建立各种明确的规定、条例、标准，使一切科学化、制度化，是提高管理效能的关键。

（3）实施科学管理的核心问题是，管理人员和工人双方要在精神上和思想上来一个彻底变革。1912年，泰勒在美国众议院特别委员会所做的证词中强调：科学管理是一场重大的精神革命。他要求工人树立对工作、对同伴、对雇主负责任的观念；同时，要求领工、监工、企业主、董事会改变对同事、对工人以及对一切日常问题的态度，增强责任观念。泰勒强调科学管理是一种“完全的思想革命”或称“精神革命”的目的是，使资本家和工人双方都把注意力从盈余的分配上转到增加盈余的数额上来。当他们用友好、合作和互相帮助来代替对抗和斗争时，他们就能够生产出比过去多的盈余，从而并肩向同一方向努力。劳资双方共同努力所创造的盈余的确是令人震惊的，它不仅有助于大量增加工人工资，而且有助于大量增加雇主的利润。

根据以上观点，泰勒提出了以下管理制度：

（1）对工人提出科学的操作方法，以便合理利用工时提高工效。在制定工作定额时，泰勒认为应当以第一流的工人“能在不损害其健康的情况下维持很长年限的速度、能使其更愉快而健壮的速度”为标准。具体做法是从执行同一种工作的工人中，挑选出身体最强壮、技术最熟练的一个人，把他的工作过程分解为许多个动作，在其最紧张劳动的时候，用秒表测量并记录其完成每一个动作所消耗的时间，然后按照经济合理的原则加以分析研究，对其中合理的部分加以肯定，对其中不合理的部分进行改进或删掉，最终制定出标准的操作方法，制定出完成每一个标准操作或动作的标准时间，即劳动时间定额。

（2）在工资制度上实行差别计件制。按照作业标准和时间定额，规定不同的工资率。对于完成和超额完成工作定额的工人，按较高的工资率计件支付工资；对于完不成定额的工人，则按较低的工资率支付工资。

（3）对工人进行科学的选择、培训和提高。泰勒认为，健全的人事管理的基本原则是使工人的能力同工作相匹配。企业管理当局的责任在于为工人找到最适合的工作，将工人培训成“第一流的工人”，激励工人尽最大的努力来工作。那些能够工作而不想工作的人不能成为“第一流的工人”，但人具有不同的禀赋和才能，只要工作对他而言是适合的，他就能成为“第一流的工人”。例如，心灵手巧的女工虽然不能做重活，但干精细活是第一流的。对经过科学选择的工人用上述科学的作业方法进行训练，使他们按照作业标准进行工作，改变了过去凭个人经验选择作业方法及靠师傅带徒弟的办法培养工人的落后做法。这样改进后，生产效率大为提高。例如，在搬运生铁的劳动试验中，经过选择和训练的工人，每人每天的搬运量从12.5吨提高到47.5吨；在铲铁的劳动试验中，每人每天的平均搬运量从16吨提高到50吨。

（4）制定科学的工艺规程，并用文件形式固定下来，以利推广。泰勒用了10年多时间进行金属切削试验，制定出了切削用量，使工人选用机床的转数和走刀量都有了科学标准。

（5）使管理和劳动分离，把管理工作称为计划职能，把工人的劳动称为执行职能。

（6）例外原则。泰勒提出规模较大的企业不能只依据职能原则来组织和管理，而必须应用例外原则。所谓例外原则，就是高层主管人员为了减轻处理纷繁事务的负担，把处理一般日常事务的权力授予下级管理人员，高层主管人员只保留对例外事项（即重要事项）的决策和监督权，如基本政策的制定和重要人事的任免等。这种以例外原则为根据的管理控制原则，以后发展成了管理上的分权化原则。

3）科学管理理论的其他代表人物

科学管理理论还有很多追随者，他们或是继承了泰勒的管理思想，或是在与泰勒同时代的管理改革中做出了重要贡献。其中，比较有代表性的人物有亨利·甘特、弗兰克·吉尔布雷斯夫妇、亨利·福特等。

（1）亨利·甘特。亨利·甘特是泰勒在创建和推广科学管理制度时的紧密合作者，是科学管理运动的先驱者之一；同时，他还非常重视工作中人的因素，因此他也是人际关系理论的先驱者之一。甘特在科学管理思想方面的贡献主要有：

①提出了一种“工作任务和奖金”的工资制度。

②制定了用于生产控制的各种图表，特别是甘特图，即生产计划进度图。

③强调对工人进行培训，强调工业民主，重视对人的领导方式。

（2）弗兰克·吉尔布雷斯夫妇。弗兰克·吉尔布雷斯是泥瓦工出身的工程师和管理学家；莉莲·吉尔布雷斯是一位心理学家和管理学家，也是美国第一位获得心理学博士学位的妇女，是弗兰克·吉尔布雷斯的夫人，被称为“管理学的第一夫人”。弗兰克·吉尔布雷斯夫妇的研究成果主要有：

①提出了动作研究和动作经济的原则。

②强调进行制度管理。

③探讨工作、工人和环境之间的相互影响。

④提出了管理人员发展计划。

弗兰克·吉尔布雷斯夫妇不但在动作研究、疲劳研究、制度管理等方面做出了杰出的贡献，而且重视企业中人的因素，这对以后行为科学的出现产生了重要影响。

（3）亨利·福特。亨利·福特是著名的第一条流水生产线——福特汽车流水生产线的缔造者。为了利于企业向大量生产发展，亨利·福特进行了诸多方面的标准化工作，包括产品系列化、零件规格化、工厂专业化、工具专用化及作业专门化等。

泰勒及其他同期先行者的理论和实践也被称为“泰勒制”。可以看出，泰勒制着重解决的是用科学的方法提高生产现场的生产效率问题。所以，人们称以泰勒为代表的这些学者形成的学派为科学管理学派。

4）对泰勒制的评价

在今天看来，泰勒的方法是一套科学的管理方法，但其在推广过程中并不顺利。当时，资本家是反对的。他们认为，这套办法给了工人更多的好处，提高了工资；管理人员分离出来，增加了非生产人员的开支；用科学化、标准化的管理方法取代资本家按个人旨意、经验进行管理的传统方法后，会影响资本家的权威。工人同样是反对的。当时的工会领袖们把科学管理当作对劳工的一种威胁，认为泰勒把工作执行与工作计划分开的做法损害了劳动者的权益；劳动分工越来越细，一个工人的工作很容易被其他人代替；实行差别计件工资制，工人的工资完全由管理人员根据产量确定，工人无法“集体同资本家谈判决定工资”。工会组织同泰勒主义者之间的冲突在1909年达到了最激烈的程度。当时，美国联邦政府宣布在沃特顿兵工厂推行一项刺激经济的制度，工会就发动工人罢工，并得到了美国劳工联合会的支持。由于各方面的反对，政府也怕事态扩大，美国国会就通过了一项法律，禁止在军工企业和政府企业采用泰勒的管理方法，并不准用钟表测定工人的劳动和操作。这项法律直到1949年才被废止。

从客观角度来说，泰勒制在实行中遭到反对，一方面是由于社会上传统意识的影响，另一方面是由于它本身存在着不足。但在当时的历史条件下，泰勒的科学管理方法在管理方式上是一种创新。其特征主要表现为以下几个方面：

（1）它冲破了百年沿袭下来的传统的落后的经验管理方法，将科学引进了管理领域，并且创立了一套具体的科学管理方法来代替运用个人经验进行作业和管理的旧方法。这是管理理论上的进步，也为管理实践开创了新局面。

（2）由于采用了科学的管理方法和可操作的程序，生产效率提高了2～3倍，从而推动了生产的发展，适应了资本主义经济在这个时期的发展需要。

（3）由于管理职能与执行职能的分离，企业中开始有一些人专门从事管理工作，这就使管理理论的创立和发展有了实践基础。

（4）泰勒把工人看成会说话的机器，只能按照管理人员的决定、指示、命令进行劳动，工人的体力和技能受到了最大限度的压榨。泰勒的“标准作业方法”“标准作业时间”“标准工作量”都是以身体最强壮、技术最熟练的工人进行最紧张的劳动时所测定的时间定额为基础的，这是大多数工人所无法忍受和坚持的。因此，泰勒的科学管理方法是资本家最大限度压榨工人血汗钱的手段。这种方法把人看成纯粹的“经济人”，认为人的活动仅仅出于个人的经济动机，忽视了企业成员之间的交往及工人的感情、态度等社会因素对生产效率的影响。泰勒认为，工人的集体行为会降低工作效率，只有使“每个工人个别化”，才能达到最高效率。此外，泰勒所强调的“科学管理”是“精神变革”，而且“对劳资双方都有利”，掩盖了早期资本主义制度对工人进行剥削的实质。

从总体上说，泰勒制是适应历史发展的需要而产生的，也受到了历史条件和个人经验的限制。由于泰勒本人长时间从事现场的生产和管理工作，因此泰勒的一系列主张主要是解决工人的操作问题、生产现场的监督和控制问题，管理的范围比较小，管理的内容也比较狭窄，企业的供应、财务、销售、人事等方面的活动基本上没有涉及。

2.2.2 法约尔的一般管理理论

亨利·法约尔提出的一般管理理论对西方古典管理理论的发展具有重大的影响，是后来管理过程学派的理论基础，也是以后西方各种管理理论和管理实践的重要依据之一。法约尔长期担任公司的总经理，由于所处地位的关系，他研究的对象与泰勒有所不同，泰勒着重于研究车间的生产管理，而法约尔着重于研究企业的全面经营管理。

1）管理的职能

法约尔认为，经营与管理是两个不同的概念。经营活动可以分为技术活动、商业活动、财务活动、安全活动、会计活动、管理活动六大类。管理活动是经营活动的一种。

法约尔认为，每种经营都包含六种活动。技术活动是指生产、制造；商业活动是指采购、销售和交换；财务活动是指资金的取得和控制；安全活动是指商品和人员的保护；会计活动是指盘存、会计报表、成本核算、统计等；管理活动是指计划、组织、指挥、协调和控制等。其中，管理的每一项职能都有其独特的内容：

（1）计划。这是指对有关事件进行预测，并以预测的结果为根据，拟订出工作（操作）方案。所订计划，应尽量顾及将来，组织甚至需要长达5～10年的计划。

（2）组织。这是指建立执行工作任务和管理职能的机构，由管理机构进一步确定各种机器、材料、人员等资源的有效协调。简要来讲，组织是为了使机构中的各项资源达到有效协调。

（3）指挥。这是指有关领导的艺术，以促进组织产生期望的行为为目的。如何能够实现有效指挥呢？法约尔列出了若干建议，如自己以身作则、对组织进行不断检查、淘汰不合格人员、不为细枝末节所困等。

（4）协调。这是指维持必要的统一，以达到组织的目标。法约尔认为，主管人员与下属经常举行会谈是协调的一个方法。

（5）控制。这是为了使各项工作按既定计划进行。每项活动的任何一个方面，如人力、物力等，都必须进行控制。

从以上分析可知，管理既是经营中不可缺少的一种活动，又有其自成体系的职能。经营与管理的概念是有区别的。经营就是努力确保技术、商业、财务、安全、会计、管理六种活动的顺利运转，从而实现经营成果；管理只是通过经营而得以运转的职能。法约尔说："管理职能只有通过社会组织的成员才能派上用场。其他活动使材料和机器处于运动状态，而管理活动只对人起作用。"因此，从本质上看，法约尔的管理理论是社会组织的理论。

2）管理的原则

法约尔认为，管理的原则不是固定不变的，而是随着形势的变化而改变的。法约尔根据自己的工作经验，归纳出了十四条管理原则，具体如下：

（1）劳动分工原则。根据传统的"劳动专业化"的原则，劳动分工的好处是可以减少浪费，提高劳动效率。法约尔认为，劳动分工不仅适用于技术性劳动，而且适用于管理方面的工作，适用于职能的专业化和权限的划分。

（2）权力与责任原则。权力指的是发布命令并使人服从的力量。法约尔把管理人员的职务权力与个人权力相区别。职务权力是由职位产生的，个人权力则来源于个人的智慧、经验、道德、领导能力、资历等方面。后者是前者不可缺少的条件。一个好的管理人员应能够以他的个人权力来补充他的职务权力。法约尔还提出了"权力与责任对等的概念"，即两者必须随时保持相等。行使权力就必然会产生责任，权力与责任应该相一致。

（3）纪律原则。法约尔认为，纪律就是服从企业中各方达成的协议。但是，有了纪律还不能保证组织机构有良好的秩序，另一个重要的条件就是需要有效的领导人，当遇到不服从、不遵从纪律的情况时，要执行惩罚措施。用法约尔的话来说，纪律是领导人“生产”的产品，纪律能否有效实行，还要看领导人在纪律遭到破坏时能否明确而果断地采取惩罚措施。

（4）统一指挥原则。法约尔主张，在任何活动中，一个职工都只能接受一个上级的指挥。正如一个人不能同时伺候两个主人一样，双重指挥对于权力、纪律和稳定性来说都是一种威胁。

（5）统一领导原则。统一领导是指凡具有同一目标的各种活动，只能在一个领导和一个计划下进行。它是统一行动、协同力量、集中力量的重要条件，没有统一领导，就谈不上统一指挥。

（6）个人利益服从整体利益原则。组织的目标包括个人的目标和群体的目标。为了实现这一原则，个人要克服愚昧、野心、自私、懒惰、软弱和一切企图把个人或小集团置于组织之上从而导致冲突的个人情绪。法约尔认为，实现这一原则的办法，就是领导层要有坚定性，要经常监督、以身作则，协议要尽可能公正。

（7）职工的报酬原则。在职工的报酬方面，法约尔并没有提出一个明确的报酬制度。他认为，任何良好的工资制度，均无法取代优良的管理。他还认为，报酬制度必须具备以下几个条件：能确保公平的待遇；应对有贡献的职工进行奖励；奖励不得超过合理的界限。法约尔以这个尺度讨论了当时的报酬制度，如计时工资制、任务工资制、计件工资制、奖金制和分红制等，并分析了这些制度的优缺点。

（8）集权化原则。集权化作为一种管理制度，本身无所谓好坏。实际上，一个组织机构必然有某种程度的集权化，问题是究竟应该集权到什么程度，对本组织机构才最合适。法约尔认为，集权化程度不是千篇一律的，它应该根据组织的规模、条件、管理人员以及职工的素质而定。因此，一个组织机构“最适当”的集权化和分权化程度也往往是变化的，不是固定不变的，但目标都是最大限度地发挥职工的能力。

（9）组织等级原则。所谓组织等级，是一个组织机构由最高层到最基层所经历的层次结构。这种组织结构，实际上是一条权力线，是自上而下和自下而上确保指挥统一、传递信息有效的必要途径。为了克服由于统一指挥而产生的信息传递延误，法约尔提出了一项“跳板原则”，又称“法约尔桥”，即可以横跨过执行权力的路线而直接联系。但法约尔也指出，这种直接联系只有在有关各方面同意且上级知情的情况下才能进行。

（10）秩序原则。法约尔认为，凡事都各有其位，并且都各在其位。所谓秩序原则，即每一件物品都有一个最适合它存放的地方，每一个人都有一定的职位，各得其所。每个职工都必须处在他能最好地做出贡献的职位上。

（11）公平原则。合情加上合理即为公平。用这一原则对待已建立的规则，对待职工，可以鼓励职工倾其全部的忠诚和热心履行他们的职责。组织的领导人应该对各级主管灌输公平的意识。

（12）职工的稳定原则。法约尔认为，如果人事不断变动，工作将永远不能较好地完成。上级管理人员应该鼓励职工特别是管理人员长期承担分配的任务。

（13）首创精神原则。法约尔认为，这是行动的动力，必须大力提倡，充分鼓励创新精神，但是应该以不违背职权和纪律为限。

（14）团队精神原则。一个组织机构中的团队精神，应该视其集体成员之间的协调和团结程度而定。在法约尔看来，增强团队精神的最有效方法，在于严格的统一指挥。

3）法约尔一般管理理论的特点

从总体上说，法约尔的管理方法与泰勒制相比更具有概括性。从整个理论结构上看，他从管理实施的目的出发，非常具有原则性。法约尔把管理看作特有的概念范畴，看作理论研究的对象，提出了管理的职能和原则，强调了实施管理教育的必要性和可能性。他认为，在一个企业中，重要职位的管理人员必须具有管理能力。法约尔曾公开批评当时的工业学校缺乏管理教育，虽然管理教育无法使每个人都成为一流的管理人才。第二次世界大战以后，美国很多大学的工商管理系根据法约尔的思想编写了很多管理方面的教材。

法约尔的十四条管理原则，内容相当庞杂，但是绝大部分内容都与组织有关。因此，就这一点来说，他的管理原则基本上属于组织原则。在十四条管理原则中，统一指挥原则是判断组织的管理是否合理的重要标准。当然，我们也应看到，法约尔的一般管理理论只考虑到了组织的内在因素，而忽视了组织同周围环境的关系，这是一个很大的缺陷。

2.2.3 韦伯的行政组织理论

德国的马克斯·韦伯（Max Weber，1864—1920）是现代社会学的奠基人，他的观点对社会学家和政治学家都有着深刻的影响。韦伯研究了工业化对组织结构的影响，他不仅研究组织的行政管理，而且广泛分析了社会、经济和政治结构。韦伯在组织管理方面有关行政组织的观点，是其社会学理论的重要组成部分，因此在管理思想发展史上，韦伯又被称为“组织理论之父”。

韦伯认为，理想的行政组织是通过职务和职位来管理的，而不是通过传统的世袭地位来管理的。要使得行政组织发挥作用，管理应以知识为依据进行控制，管理者应有胜任工作的能力，应该依据客观事实而不是主观意志来领导。韦伯理想的行政集权组织的主要特点如下：

（1）任何组织都应该有确定的目标。机构是根据明文规定的规章制度组成的，并具有确定的组织目标，人员的一切活动都必须遵守一定的程序，其目的是实现组织的目标。

（2）组织目标的实现，必须依靠劳动分工。组织为了实现目标，必须把有关的一切活动一一进行划分，然后落实到组织中每一个成员的身上。组织中的每一个职位都有明文规定的权利和义务，这种权利和义务是合法化的，在组织工作的每个环节上都是由专家来负责的。

（3）按等级制度形成指挥链。这是一个井然有序且权责相互对应的组织，各种职务和职位按等级制度的体系进行划分，每一级的人员都必须接受其上级的控制和监督，下级服从上级，同时每一级的人员都必须为自己的行为负责。

（4）在人员关系上，这是一种非人格化的关系。也就是说，人与人之间是一种指挥和服从的关系，这种关系不是由个人决定的，而是由不同的职位和职位的高低来决定的，个人之间的关系不能影响到工作关系。

（5）每一个职位的人都是经过挑选的。也就是说，必须根据职位的要求来确定该职位应该由什么样的人来担任，人员必须经过考试和培训，接受一定的教育，获得一定的资格，同时不能随便免职。

（6）人员实行委任制，所有管理人员都是任命的，而不是选举的（一些必须通过选举产生的特殊职位除外）。

（7）管理人员负责管理企业或组织，但管理人员不是这些企业或组织的所有者。

（8）管理人员有固定的薪金，并且有明文规定的升迁制度和严格的考核制度。管理人员的升迁完全由他的上级来决定，下级不得发表任何意见，以防止破坏上下级的指挥系统。组织通过这种制度来培养成员的团队精神，要求管理人员忠于组织。

（9）管理人员必须严格遵守组织中的法规和纪律，这些规则不受个人感情的影响，适用于一切情况。组织对每个成员的职权和协作范围都有明文规定，以使其能正确行使职权，从而减少内部的冲突和矛盾。

韦伯认为，这种理想的行政组织是最符合理性原则的，其效率也是最高的，其在精确性、稳定性、纪律性和可靠性等方面都优于其他组织形式。此外，这种组织形式适用于各种管理形式的组织，包括企业、教会、学校、国家机构和其他各种团体。

从历史发展的角度来看，韦伯的行政组织理论是对传统管理模式的一种颠覆，也就是说，要发展生产力，提高生产效率，就必须打破传统管理模式，用一种科学的分析方式对组织进行科学的管理。同时，这也是历史发展的必然，当生产力发展到一定阶段，人们要进一步提高生产力时，就必须寻求新的管理理论来指导实践。

尽管韦伯的行政组织理论在当时没有被广泛承认，但是随着生产力的发展，以及组织规模的不断扩大、复杂性的不断提高，人们在开始探索大型行政组织的管理时，终于发现了韦伯行政组织理论的重要性。

2.3 现代管理理论

现代管理思想与理论的形成是西方社会科技进步、生产力迅速发展的结果。20世纪初，资本主义世界经济发展进入一个新的时期，生产规模扩大，社会化大生产程度提高，新技术广泛应用于工业部门，新兴工业不断出现。同时，资产阶级剥削工人加剧，阶级矛盾加深，工人运动进一步发展。在这种情况下，古典管理理论忽视人的因素、对职工采取自上而下的“管理”，已不能适应新的形势。一些管理学家和企业家也看到了古典管理理论的缺陷，他们从进一步提高劳动生产率的目的出发，开始进行有关新的管理理论和方法的研究。

2.3.1 人际关系理论

以泰勒为代表的科学管理理论的广泛应用，大大提高了生产效率，但是这些理论多着重于生产过程、组织控制方面的研究，较多地强调科学性、精密性、纪律性，对人的因素则关注较少。20世纪 20 年代前后，一方面，工人针对工作的单调性及把其视为“活机器”的行为日益表现出了不满；另一方面，经济的发展和经济危机的加剧使得人们意识到，继续采用传统的管理理论和方法已不可能实现提高生产效率的目标。于是，生理学、心理学、社会学等方面的专家开始对人的工作动机、情绪、行为与工作之间的关系进行研究。这些研究中最有影响力的是“霍桑实验”，梅奥等人在此基础上创立了行为科学的前身——人际关系理论。

1）霍桑实验

乔治·埃尔顿·梅奥（George Elton Mayo，1880—1949）是人际关系理论的创始人。他出生在澳大利亚，早年学医，以后又学习心理学，曾任昆士兰大学讲师，讲授伦理学、哲学和逻辑学。他到美国以后，执教于宾夕法尼亚大学的华登金融商业学院。1926年，他在哈佛大学工商管理学院专事工业研究。梅奥的著作多是从工业文明的角度探讨社会问题。1927年到1932年间，梅奥应美国西方电器公司的邀请，参加了该公司设在芝加哥附近霍桑地区的工厂进行的实验。

霍桑实验是一项由美国国家科学委员会赞助的研究计划，共分四个阶段进行。

（1）车间照明实验。车间照明实验是要证明工作环境与生产率之间有无直接的因果关系。研究人员将接受实验的工人分成两组：一组采用固定照明，称为控制组；另一组采用变化的照明，称为实验组。研究人员原以为实验组的产量会随着照明的变化而发生变化，但结果是：当实验组的照明强度增加时，实验组的产量提高了，但控制组的产量也提高了；当实验组的照明强度减弱时，实验组的产量非但没有减少，反而还有所提高，而控制组的产量也相应提高了。实验结果说明，照明度与生产率之间并无直接的因果关系，照明灯光仅是影响产量的一个因素，还有其他因素对工人的劳动生产率产生影响。两组的产量都得到提高，是因为被测试人员对实验产生了莫大的兴趣所致。

（2）继电器装配室实验。继电器装配室实验的目的是，通过实验发现各种工作条件变动对生产率的影响。研究人员将装配继电器的6名女工从原来的集体中分离出来，成立单独的小组，同时改变原来的工资支付办法，以小组为单位计酬；取消工头监督；增加工作的休息时间，每周工作5天；工作休息时免费供应咖啡等。采取这些措施以后，女工们的日产量提高了30%以上。实验一段时间后，梅奥取消了这些优待，但是生产率并没有因此而下降，反而仍在上升。这是为什么呢？梅奥等人发现，社会条件和督导方式的改变导致女工们的工作态度发生了变化，因此产量仍在增加；同时也说明，各种工作条件，包括福利待遇，并不是提高工人劳动生产率的唯一因素。

（3）大规模访问研究。梅奥还进行了另一方面的实验，即用两年多的时间对20 000多名职工进行了调查。调查涉及的问题很广泛，允许职工自己选择话题，提建议、发牢骚，结果收到了很好的效果，生产率大幅度提升。通过这个实验，梅奥等人又一次发现，物质条件的变化对生产率的影响往往不大，人们的工作成绩还会受到其他人的影响，即不仅仅取决于个人自身，还取决于群体成员。

（4）观察研究。梅奥又组织了接线板小组观察室实验，目的是想搞清楚社会因素对激发工人积极性的重要性。研究人员选择了14名接线板工人，通过6个月的观察，发现许多行为准则会影响工人的行为。这些行为准则包括：工作时干多少活，如活不应干得太多，也不应干得太少等；与管理人员的信息交往，如不应向上司告密等。梅奥等人由此得出结论：在实际生产中，存在着一种“非正式团体”，它决定着每个人的工作效率，对每个职工来说，在群体中的融洽性和安全性比工资、奖金等物质因素具有更重要的作用。

通过以上实验，梅奥等人认识到，人们的生产效率不仅会受到生理条件、物质条件等因素的影响，而且会受到社会环境、心理活动等因素的影响。这个结论对于只重视物质条件对工人的影响的科学管理理论来说，无疑是一个很大的进步。根据霍桑实验，梅奥于

1933年出版了《工业文明中人的问题》一书，提出了与古典管理理论不同的新观点——人际关系学说。

2）人际关系理论的主要观点

（1）职工是“社会人”。在人际关系学说产生以前，西方社会流行的观点是把职工看成“经济人”，梅奥等人以霍桑实验的成果为依据，提出了与“经济人”观点不同的“社会人”观点，强调金钱并非激发职工积极性的唯一动力，新的激励重点必须放在社会、心理方面，从而使人们之间更好地合作并提高生产率。

（2）企业中存在着“非正式组织”。由于人是社会的高级动物，在共同工作的过程中，人与人之间必然会产生联系，共同的社会感情形成了非正式组织。这种非正式组织具有特殊的感情、规范和倾向，并且左右着组织中每一位成员的行为。古典管理理论仅注重正式组织的作用，忽视了“非正式组织”对职工行为的影响，显然是不全面的。梅奥认为，在正式组织中，组织成员是以效率逻辑作为自己的行动准则的，为了提高效率，组织成员之间保持着形式上的协作；在非正式组织中，组织成员是以感情逻辑为自己的行动准则的，这是出于某种感情而采取行动的一种逻辑。非正式组织对组织来说，既有利，也有弊。管理者应充分认识到非正式组织的作用，在正式组织的效率逻辑与非正式组织的感情逻辑之间搞好平衡，协调好各方面的关系，充分发挥每个人的作用，以提高生产率。

（3）领导能力在于提高职工的满足度。生产率的高低主要取决于职工的士气，即职工的积极性、主动性，士气的高低则主要取决于职工的满足度。这种满足度首先表现为人群关系，如职工在工作中的社会地位，是否被上司、同事和社会承认，其次才是金钱的刺激。职工的满足度越高，士气越高，生产效率也就越高。因此，领导者要转变管理方式，重视“人”的因素，采用以“人”为中心的管理方式，改变古典管理理论以“物”为中心的管理方式。

3）人际关系理论与行为科学

梅奥的人际关系理论对于行为科学的产生起到了重要作用。行为科学是研究人的行为的一门综合性的科学，它主要研究人的行为产生的原因和影响行为的因素，目的在于激发人的积极性、创造性，最终实现组织的目标。行为科学运用心理学、社会学、社会人类学等学科的理论以及自然科学的实验和观察方法，对人的个体行为、群体行为、组织行为、领导行为进行研究。其中，比较有代表性的理论有：马斯洛的需要层次理论、赫茨伯格的双因素理论、弗鲁姆的期望理论、麦格雷戈的X理论和Y理论等。自霍桑实验以来，行为科学受到普遍重视。近年来，行为科学发展的一个重要特点是，不仅注重基本理论研究，而且注重应用研究，特别是在培训领导人的实践中起到了很大的作用。

2.3.2　现代管理流派

1）现代管理“丛林”的出现

第二次世界大战以后，随着现代科学技术的不断发展，生产和组织规模不断扩大，生产的社会化程度日益提高，这引起了人们对管理理论的普遍重视。除了从事管理工作和管理学研究的人，一些从事心理、社会、人类、经济、生物、哲学、数学等研究的科学家们也从不同的角度，用不同的方法对管理问题进行研究，这一现象带来了管理理论的空前繁荣，从而形成了许多管理学派。美国著名管理学家哈罗德·孔茨把这一现象形象地描述为管理理论的“丛林”。由于这些学派都是从各自的背景出发，以不同的理论为依据来研究同一对象——管理过程，因此出现了人们在管理的概念、原理和方法上众说纷纭、莫衷一是的混乱局面。此后，许多学者都力求将各派的观点兼容合并，为走出“丛林”、建立统一的管理理论寻求新的出路。

1961年，孔茨将各种管理理论划分为六大主要学派：

（1）管理过程学派，以法约尔为代表。

（2）经验学派，以彼得·德鲁克为代表。

（3）行为科学学派，以梅奥为代表。

（4）社会系统学派，以巴纳德为代表。

（5）决策理论学派，以西蒙为代表。

（6）数理学派，以伯法为代表。

到1980年，管理理论学派增至十一个，增加的五个学派分别是：组织行为学派、社会技术系统学派、权变理论学派、管理者工作学派、经营管理理论学派。

2）现代管理理论的主要学派

对于管理理论学派，学术界还有其他划分方法。综观这些观点，本书将其归纳为八大学派。学派的划分主要是为了方便理论上的归纳和研究，并非意味着各学派彼此独立、截然不同，各学派在内容上是相互影响、交叉融合的。

（1）管理过程学派。管理过程学派的理论基础是法约尔的管理思想，代表人物是美国的哈罗德·孔茨和西里尔·奥唐奈，他们合著的《管理学》一书是这一学派的代表作。

该学派的主要思想是将管理看作一种过程和许多相互关联的职能，这为研究管理提供了框架式结构。通过对这些职能的分析，组织可以提出相应的有效措施，从而更好地实现组织目标；同时，一些新的管理方法和思想也可以包含在计划、组织、指挥、控制、协调等各个职能中。

（2）权变理论学派。权变理论是20世纪70年代在西方形成的一种比较新的管理思想，代表人物是英国的伍德沃德，其代表作为《工业组织：理论和实践》。

权变理论认为，组织成员的行为是复杂的，组织环境也是复杂多变的，因此没有一种理论和方法适用于所有情况，管理者应当根据内外条件随机应变，具体问题具体分析。该学派通过对大量事例的观察和分析，找出了管理思想、技术和方法与组织环境的各种因素之间的相互关系，将众多的管理情况归纳为几种基本类型，并分别建立不同的模式，最后根据实际情况选用合适的管理方式。可以说，权变理论继承了各种管理思想，尤其强调在具体的情况下要找到适用的理论和方法。

（3）经验主义学派。经验主义学派的代表人物是美国的德鲁克。这一学派主要研究大企业的管理经验，并加以概括和理论化，从而向企业管理人员提供实际的建议。该学派认为，成功者的经验是最值得借鉴的，应该从企业管理的实际出发，研究企业的成功经验和失败教训，并加以概括、找出共性，据此为管理者提供有益的建议。

德鲁克认为，作为组织主要管理者的经理，有两项别人无法替代的职责：

①经理必须创造一个“生产的统一体”，以提高生产力。为此，经理要协调组织的各项活动，使各种资源得到充分运用。

②经理在制定每个决策或采取每个行动时，都必须统筹考虑组织的长期利益和短期利益。

（4）行为科学学派。该学派的理论基础是人群关系理论，主要代表人物有：马斯洛，提出了需要层次理论，代表作为《动机与人格》；赫兹伯格，提出了双因素理论，代表作为《工作的激励因素》；布莱克和穆顿，提出了管理方格理论。

该学派的主要思想是，管理工作是通过人去完成的，因此要重视人的因素。该学派重点研究人的动机、行为、人际关系等方面，倡导创造宽松民主的氛围、变命令为帮助、变监督为引导、关心非正式组织等，以调动人的积极性，激励人们更好地工作。

（5）社会系统学派。社会系统学派的主要代表人物是美国的巴纳德。

该学派主要从社会学的角度来研究管理，主要观点包括：

①社会的各级组织都是一个由有意识进行相互协调的个人组成的协作系统。

②正式组织的协作基础是：成员相互协作的意愿、共同的目标和相对稳定的信息联系。

③一个组织中不仅有正式组织，也有非正式组织。非正式组织同正式组织相互创造条件；在某些方面和时刻，非正式组织能对正式组织的目标产生积极的影响。

④经理是协作系统中的关键因素，经理在该系统中的作用就是对协作进行有效的协调，以便协作系统能够维持运转。

（6）系统管理学派。系统管理学派是在系统论和控制论的理论基础上发展起来的。该学派的代表人物是美国的卡斯特，其代表作为《系统理论与管理》。

这一学派的主要思想是用系统理论来分析组织结构和管理的基本职能，认为组织是由相互影响、相互联系的要素构成的系统，系统可以层层分解为若干个子系统，对系统的研究可以从研究子系统和子系统之间的相互关系入手。同时，系统是在环境中生存的，它不断与环境进行物质、能量和信息的交换，从环境中输入资源，通过转化过程变为产出物，一部分产出物为维持系统而被消耗掉，其他产出物又输出到环境中，系统就是在这种投入、转化、产出的不断循环中进行自我调节，从而实现自身发展的。

（7）决策理论学派。决策理论学派的思想是在社会系统学派思想的基础上发展起来的，它结合了系统理论、运筹学和计算机技术等科学技术，是关于决策和决策方法的较为完整的理论体系。决策理论学派的代表人物是曾获得1978年诺贝尔经济学奖的赫伯特·西蒙，其代表作是《管理决策的新科学》。

该学派的主要思想为：

①管理的关键在于决策，决策贯穿于管理的全过程，因此要制定科学的决策方法和决策程序。

②决策是一个复杂的过程，在做出最终决策之前有许多准备工作要做，如收集信息、拟订方案、对方案进行选择和评价等。

③决策可分为程序化决策和非程序化决策。程序化决策是指那些反复出现的或例行的决策；非程序化决策是指突发的或非例行的决策。对于不同的决策问题，组织应采用不同的决策程序和决策方法。

④满意准则代替最优准则。这是因为：一方面，受到客观条件的限制，组织根本无法

使决策达到最优；另一方面，有时为了使决策方案有微小的改进而要花费大量的人力、时间和经费，也是不经济的。

（8）管理科学学派。管理科学学派是对泰勒的科学管理理论的继承和发展。该学派的代表人物是美国的伯法，其代表作为《现代生产管理》。

该学派的主要思想是将定量方法运用于管理科学的研究，用程序和数学模型提高决策的科学性，力求减少决策中的个人艺术成分，所以通常也称为数量学派或运筹学派。该学派发展了许多数量分析方法和决策技术，如盈亏平衡分析、决策树、网络计划技术、线性规划法、动态规划法、排队论、对策论等。在利用这些方法解决管理问题时，一般要遵循以下程序：

①观察和分析，发现组织中存在的问题。

②透过问题的表面现象，确定问题的实质，了解影响问题的诸多因素。

③根据对各影响因素之间关系的分析，建立数学模型。

④从模型中得出解决方案，即通过不断试算找出最优解。

⑤对模型和得出的最优解进行验证，包括用实际情况来检验，并将实际的结果与预计的结果进行比较。

⑥制定针对解决方案的控制措施，包括采取必要的手段监视各项数据的变化，以及制订在发生重要变化时可采取的修正方案。

⑦将解决方案付诸实施，即将方案转化为可操作的作业程序，在执行过程中及时发现偏差并予以纠正。

当然，上述七个步骤并不是孤立进行的，而是相互联系、相互作用的。

2.3.3 现代管理理论的新思潮

20世纪80年代末期以来，信息化和全球化浪潮迅速席卷世界，跨国经营成为大公司发展的重要战略，跨国投资不断增加。知识经济的到来使信息与知识成为重要的战略资源，而信息技术的发展又为获取这些资源提供了可能；顾客的个性化、消费的多元化决定了企业只有合理组织全球资源，在全球市场上争得顾客的投票，才会有生存和发展的可能。20世纪90年代以后，特别是进入21世纪以来，以互联网为代表的信息技术高速发展，全球竞争日趋激烈，经济一体化程度大大提高，这些变化也触及了管理学的一些根本问题，预示着管理理论体系也将迎来一场革命。这一时期，现代管理理论的最新思潮不断出现，较为成熟的有：

1）企业再造

企业再造的思想是迈克尔·哈默和詹姆士·钱皮合著的《再造企业：经营革命宣言》一书中首先系统表述的。哈默与钱皮认为，自亚当·斯密以来的企业运营，都是建立在社会分工论的基础上的，这种效率低下的功能组织已经不能适应以顾客主导、竞争激烈、变化迅速为特征的现代企业经营环境，必须彻底摈弃大工业时代的企业模式，将硬性拆开的组织架构，如市场开发、生产、营销、人事、财务、后勤等功能性部门，按照自然跨部门的作业流程重新组装回去，从协作的角度出发，用整体思想重新塑造企业的所有流程，使企业模式与当今的信息化、全球化相适应，这样才能大幅度提高企业的生产率。显然，这种重新组装是对组织过去赖以运作的体系与程序的一种革命。

企业再造的核心是业务程序（或业务流程）的再造。流程再造的最终目标是通过改变工作结构和工作方法来培养企业独特的个性，使企业取得绩效的巨大飞跃。企业再造的思想将导致传统管理理论与实践出现全面革新，必将迎来全新的管理天地。虽然在实践中通过流程重新塑造为企业带来惊人变化的例子有很多，但由于流程再造失败而给企业带来很大损失的例子也不少。

2）学习型组织

学习型组织是彼得·圣吉在《第五项修炼》中所倡导的一种新理论。《第五项修炼》的出版在全世界引起了巨大反响，该书于1992年荣获世界企业学会的最高荣誉——“开拓者奖”。彼得·圣吉从全新的视角分析了组织危机的出现是组织及组织成员片面和局部的思维方式以及由此所产生的行动造成的，因此，组织及组织成员需要突破习惯的思维方式，排除学习障碍，重新塑造组织的价值观念、管理方式及方法。为此，彼得·圣吉提出要建立学习型组织，并认为“五项修炼”是建立学习型组织的技能。所谓修炼，对于组织而言，就是通过学习和训练，提高组织的内部结构和机能对社会、市场变化的适应能力。对个人而言，就是通过学习提高自身素质。

第一项修炼：自我超越。“超越”一词含有“超过”“胜过”的意思。“自我超越”就是不断认识自己，认识外界的变化；不断赋予自己新的奋斗目标，突破过去，超越自己。这是学习和成长方面的“修炼”，也是学习型组织的精神基础。

第二项修炼：改善心智模式。心智模式是一种思维方法和行为模式，是人们长期实践经验的总结。通常，人们的一言一行都会受到多年形成的固有思维和逻辑的影响。比如，随着外部环境和人们需求的急剧变化，如今越来越多的企业发现年复一年的传统做法已经不灵了，往昔帮助企业成功的方法和手段在今天则成了企业失败的原因。所以，改善心智模式，就是改善认知模式，企业必须能够不断随着外部环境的变化适时调整甚至革新企业内部的习惯做法，只有思想和逻辑改变了，才能使行为发生根本的转变。

第三项修炼：建立共同愿景。愿景是期望的未来远景和愿望。建立共同愿景就是建立一个组织成员共同的远景和愿望，并以这个共同愿景感召全体组织成员，使之为这个共同愿景而奋斗。显然，共同愿景是组织产生活力和勇气的源泉。

第四项修炼：团队学习。团队学习是发展团队成员整体合作与实现共同目标的过程，团队学习的主要形式为“深度汇谈”。彼得·圣吉将学习型组织的交谈称为“深度汇谈”。通过深度汇谈，组织内的成员能够互相帮助，有效沟通，达成共识，从而使集体思维变得越来越默契，使团队智商的优势充分发挥出来。

第五项修炼：系统思考。通常，人作为整体的一部分，想要看清整体的变化非常困难，久而久之，就形成了“见木不见林”的思考模式。系统思考的修炼就是要使人与组织形成系统观察、系统思考的能力，以系统的观点、动态的观点观察世界，从而决定如何行动。

要进行这五项修炼，必须建立学习型组织。学习型组织是更符合人性的组织模式。学习型组织由一些学习团队组成，团队成员具有正确的核心价值和崇高的使命，具有顽强的生命力与实现共同目标的动力，不断创新，持续蜕变。在学习型组织中，成员胸怀大志，心手相连，相互反省求真，脚踏实地，勇于挑战极限及过去的成功模式，不为眼前近利所诱惑；同时，组织通过令成员振奋的共同愿望以及与整体搭配的政策与行动，充分发挥成员的潜能，从而使成员创造出超乎寻常的成果，在真正的学习中体悟工作的真义，追求心灵的满足与自我实现，并与周围的世界产生一体感。彼得·圣吉认为，判断一个组织是否是学习型的组织，有以下四条基本标准：

第一，人们能不能不断检验自己的经验。

第二，人们有没有生产知识。

第三，大家能否分享组织中的知识。

第四，组织中的学习是否和组织的目标息息相关。

3）虚拟组织

1990年，《哈佛商业评论》刊载了《公司核心能力》一文，作者建议公司将经营的焦点放在不易被抄袭的核心能力上，由此引发了后来的“虚拟组织热”。虚拟组织与传统的实体组织不同，它是这样一种组织：企业围绕核心能力，利用计算机技术、网络技术及通信技术与全球企业进行互补、互利的合作，合作目的达到后，合作关系随即解散。采用虚拟组织，企业不仅能够快速获取处于全球各处的资源为我所用，从而缩短“观念到现金流”的周期，而且可以避免环境的剧烈变动给企业带来的冲击。1994年出版的由史蒂文·L.戈德曼、罗杰·N.内格尔及肯尼思·普瑞斯合著的《灵捷竞争者与虚拟组织》一书，是反映虚拟组织理论与实践的较有代表性的著作。近年来，大量“互联网思维”公司的成功，大都得益于虚拟组织理论的启发与指引。

思考题

1.中国传统管理思想对现代企业的管理有何启示？

2.泰勒制为什么会在19世纪末的美国产生？

3.试分析泰勒的科学管理理论的主要观点。

4.怎样评价泰勒的科学管理理论？

5.法约尔的主要贡献有哪些？为什么孔茨等人认为法约尔是现代管理理论的“真正创始人”？

6.简述梅奥人际关系学说的主要内容。

7.根据德鲁克的观点，经理应执行哪些职能？

8.简述现代管理理论的新思潮。

案例分析

章华经理的发展困惑

章华创办了一家物流公司，他本人任经理。起初，公司雇员只有5人，他们的工作任务和薪水均由章华一人决定。经过几年的艰苦奋斗，公司已经发展到一定规模，业绩猛增，在同行中站稳了脚，雇员也增加到20人。

随着人们生活水平的日益提高、网购业务的发展，以及国家对物流业发展的重视，物流业迎来了发展的春天。章华公司的业务量也由原来的每天派送约300件包裹发展到每天派送约800件包裹，并且拥有了自己的仓库。同时，随着以客户为导向的时代的到来，反应速度成为取得成功的关键。为了实现“在物流业中提供最快捷的运送”的宗旨，章华决定对公司员工进行系统的培训，希望员工能够比竞争对手更快抵达市场，以尽可能高的效率开展工作。为此，章华专门请来了流程再造方面的工程师对公司每一位员工的行驶路线、途中运货、暂停和取货活动进行研究，并设立了标准。员工必须严格遵循工程师设计的程序，包括仪表整洁、安全出车、货单对照确认、途中安全行驶、服务礼貌、速度最快、顾客满意等。

经过两年的经营，公司的营业收入有了大幅度增长，一家家分公司在各地纷纷成立。章华每天很早就上班，事无巨细地过问和解决每一件事情。为了调动员工的积极性，进一步提高员工的工作效率，章华实施了以个人绩效为基础的工资制度改革，力争让员工参与某些重要问题的决策。章华引进了高级小组制度，从每一个物流分公司挑选一名非管理者，总共挑出6人，公司主管人员每月和他们开一次会，讨论各种问题的解决方法和执行策略。章华本以为凭着自己的实干精神和不断提高的工资待遇，可以带动员工同心协力，使公司更快发展起来，以便赚取更多的利润。然而，令章华意外的是，员工的积极性非但没有被充分调动起来，还出现了一些不利于公司发展的现象和问题。第一，无论大事小事，章华均要亲自过问，这使得他没有更多的时间去考虑战略层面的问题，很多机会没有抓住，从而阻碍了公司的发展壮大；第二，章华把过多精力放在一些具体事务上，而忽略了另一些事务，导致管理上出现漏洞；第三，员工士气低落，他们抱怨老板管得过死，民主气氛受到抑制，工作没有成就感。

虽然在过去几年里，每年的物流量都稳步递增，但今年的情况却发生了变化，高级小组为了维护自己群体的利益，自发地形成了一些规范：谁也不能干得太多，突出自己；谁也不能干得太少，影响全组的物流运送量。同时，小组成员约法三章，不准向公司领导告密。

高级小组之所以维持中等水平的物流量，不愿再拓展业务量，是担心业务量提高，公司领导会改变现行的激励政策，甚至辞退员工，使部分员工失业。

结果，公司的税前利润增长并不快，累计物流配送量下降，缺勤率提高，迟到早退现象也有所增加，这给主管人员带来了很大的烦恼。章华感到很困惑，但他知道这些情况可能与管理方法有关，于是他准备去请教管理专家。

资料来源：王小合，张萌．管理学基础案例与实训教程［M］．杭州：浙江大学出版社，2016：14-15.

问题：

（1）章华治理公司取得了哪些经验？存在哪些主要问题？

（2）本案例体现了哪些管理理论？这些理论分别由谁提出？各自的主要内容有哪些？

（3）如果你是章华，在应用上述管理理论治理公司时应该注意什么？

第3章/ 管理道德与社会责任

学习目标：了解道德的定义、基本道德观；了解社会责任的定义、社会责任观；掌握影响管理者道德行为的因素、提升员工道德修养的途径及组织应承担的社会责任。

管理者在组织中从事的管理工作，会受到组织内部因素和外部竞争环境的影响。组织在社会中生存和发展，也必然会受到整个社会、行业、社区的法律、规范、文化、习俗等众多因素的影响。当组织的管理者、组织的目标与这些影响因素产生冲突时，管理的道德和社会责任问题就产生了。

3.1 管理道德

3.1.1 道德的概念

道德通常是指那些用来明辨是非的规则或原则。根据这个定义可知，道德从本质上来说是规则或原则，这些规则或原则旨在帮助决策者判断某种行为是正确的还是错误的，或这种行为是否能为组织所接受。不同组织的道德标准可能不一样，即使是同一个组织，在不同的时期也可能有不同的道德标准。此外，组织的道德标准要与社会的道德标准兼容，否则这个组织很难为社会所接受。

管理者与组织的道德也常被称为管理伦理。

这里的“伦”是指人、群体、社会、自然之间的利益关系，包括人与他人的关系、人与群体的关系、人与社会的关系、人与自然的关系、群体与群体的关系、群体与社会的关系、群体与自然的关系、社会与社会的关系、社会与自然的关系等；“理”即道理、规则和原则。“伦”与“理”合起来就是处理人、群体、社会、自然之间利益关系的行为规范。

“道德”与“伦理”这两个概念，严格来讲，并不完全相同，但在习惯用语中，人们并不对“道德”与“伦理”做很严格的区分，它们经常可以互换使用，特别是作为“规范”讲时，更是如此。例如，“应该讲道德”与“应该讲伦理”是同一个意思，“道德规范”与“伦理规范”的意思也是相同的。在本书中，“道德”与“伦理”是可以互换的概念。

3.1.2 伦理道德与经济管理

一般认为，企业之所以需要企业伦理与管理道德，是因为如果企业没有良好的伦理形象与管理道德，就会引起社会的负面评价，使企业因深陷伦理困境与道德风险而导致经济运行效率和效益的降低。实际上，这是一种似是而非的、狭隘的企业伦理观和管理道德观，因为它不能经受这样的追问：如果与经济运行的效率和效益无关，那么是否还需要企业伦理与管理道德？这种狭隘的企业伦理观与管理道德观的直接后果是，造就了现代企业管理中的诸多伪伦理与伪道德，形成了企业伦理与管理道德中的伪善。

伦理道德到底具有怎样的经济意义与管理意义呢？20世纪西方学术的发展提供了几个不断递进的解释和实践模式。

德国著名社会学家马克斯·韦伯在研究中发现，在欧美资本主义国家中，在工商活动中有杰出表现的企业家大都是新教徒，由此演绎出了一个在世界范围内具有重大影响的结论：现代资本主义成功的最大秘密在于其独特的伦理——新教伦理。

“新教伦理+资本主义市场经济”，就是现代资本主义乃至现代文明的“理想类型”，由此演绎出了“新教资本主义”的命题。那么，新教伦理对欧美资本主义经济发展的根本意义是什么呢？新教伦理形成了一种独特的“经济气质”或“经济精神”，即“资本主义精神”，这种“经济精神”或“经济气质”从以下三个方面影响了现代企业尤其是企业家：

一是“天职”的观念与独特的劳动价值观；

二是“蒙恩”的观念与独特的财富观；

三是“节俭”的观念与独特的消费观。

按照新教伦理的观念，企业家经营和工人劳动的根本目的不是利润和工资，而是向上帝尽天职，以便得到上帝的终极关怀，由此，世俗的“职业”便成为追求终极目的和终极关怀的“天职”，从而造就了一批兴奋异常且永无止境的经营者和劳动者，培育出了企业家的经营精神与生产者的劳动精神。在经营和劳动中，财富不是经营和劳动的结果，而是上帝恩宠的标志，因此只有符合道德的财富才具有“蒙恩”的意义，才可以得到上帝的拯救，从而赋予人的行为以道德的合理性与合法性。新教伦理以“天职”和“蒙恩”的观念最大限度地释放了人们的谋利冲动，同时以“节俭”的观念束缚着人们的消费，尤其是人们对奢侈品的消费，它要求人们过一种节俭乃至禁欲的生活。然而，当创造财富的冲动与消费尤其是对奢侈品的消费融于一体时，不可遏制的后果便是财富的增加和经济的增长。新教伦理就是欧美资本主义企业独特的“经济气质”，也是欧美资本主义企业成功的秘密。

20世纪70年代，美国哈佛大学教授丹尼尔·贝尔发现，经过半个多世纪的发展，西方资本主义已经陷入困境，这个困境的本质是一种“文化矛盾”。文化矛盾的核心是经济冲动与宗教冲动或道德冲动的分离与背离。在资本主义初期，企业和企业家的经济冲动与道德冲动结合在一起，但是随着市场经济的发展，二者发生了分离，企业和企业家只剩下一个冲动，即经济冲动，分期付款等制度的建立将人们的经济冲动释放到极致，而新教伦理所造就的道德冲动则耗尽了能量。因此，资本主义的复兴及西方资本主义企业发展的前途，在于重新构建经济冲动与道德冲动之间的和谐。

20世纪末期，最强动力-最好动力论由德国著名经济伦理学家科斯洛夫斯基提出。该理论认为，无论在社会、企业，还是个人的身上，都存在两种动力，一种是谋利或经济活动的“最强的动力”，另一种是道德的“最好的动力”。这两种动力往往处于矛盾之中：最强的动力往往不是最好的，最好的动力往往不是最强的。企业管理与社会管理的目的和境界，在于将这两种动力进行有机整合，形成“最强的动力-最好的动力”的合理冲动体系。科斯洛夫斯基提出了一种见解：道德是对“市场失灵”的补偿措施，宗教是对“道德失灵”的补偿措施。

综上所述，无论企业伦理还是管理道德，都不是企业经济运行和企业家管理活动中的“价值附加”，而是企业品质与管理素质的内在构成，并且具有十分重要的管理学意义。

诚然，企业伦理与管理道德也会给企业带来经济方面的利益和效益，尤其是在企业的长远发展中，但是正如前面所指出的，如果只局限于实用主义这种狭隘的理解，势必会将企业引向伪善。一种可以被社会接受并能经受经济学家和伦理学家共同检验的观点是：财富创造是一种道德行为。

3.1.3 四种道德观

有关企业的管理道德，有四种基本观点，即功利道德观、权利道德观、公平理论道德观和社会契约整合理论。

1）功利道德观

这种观点要求管理者完全按照管理结果或后果制定伦理决策。功利道德观通过分析如何为绝大多数人提供最大的利益这种量化的方法来制定伦理决策。按照功利道德观的观点，一个管理者可以认为，解雇20%的工人是合理的，因为这将增加企业的利润，提高留下的80%雇员的工作保障，并使股东获得最佳收益。一方面，功利主义鼓励效率和生产力，符合利润最大化的目标；另一方面，功利主义会造成资源配置的扭曲，尤其是在那些受决策影响的人没有参与决策的情况下。此外，功利主义也会导致一些利益相关者的权利受到损害。

2）权利道德观

这种观点认为，决策要在尊重和保护个人基本权利，如隐私权、言论自由和游行自由等的前提下做出。例如，当雇员揭发雇主违反法律时，应当对他们的言论自由加以保护。权利道德观的积极方面是保护了个人的自由和隐私，但它也有消极的方面（主要是针对组织而言的），如接受这种观点的管理者把对个人基本权利的保护看得比工作完成的质量更加重要，从而会在组织中产生对生产效率有不利影响的工作氛围。

3）公平理论道德观

这种观点要求管理者公平地实施规则。接受公平理论道德观的管理者可能决定向新来的员工支付比最低工资高一些的工资，因为在这类管理者看来，最低工资不足以维持该员工的基本生活。按公平原则行事，也会有得有失：得是指保护了那些未被充分代表的利益相关者的利益；失是指可能不利于培养员工的风险意识和创新精神。

4）社会契约整合理论

这种观点认为，应当根据实证因素（是什么）和规范因素（应当是什么）制定道德伦理决策，其基础是两种“契约”的整合，这两种契约分别是：允许企业处理并确定可接受的基本规则的社会一般契约；处理社区成员之间可接受的行为方式的更为具体的契约。社会契约不是一种正式的书面合约，它是一种关于行为准则的非正式协议，这些行为准则是从人群或社会共有的目标、观念和态度中产生的。

社会契约整合理论与其他三种观点的区别在于，它要求管理者分析各行业和各公司现有的道德准则，以决定什么是对的、什么是错的。

研究表明，大多数生意人对道德行为持功利主义态度，因为功利主义与效率、生产率、高额利润之类的目标相一致。例如，在追求利润最大化的过程中，管理者可以从容地说他正在为尽可能多的人谋取尽可能多的好处。

随着个人基本权利和社会公平日益受到重视，功利主义遭到了越来越多人的非议，因为它在照顾大多数人利益的时候忽视了个人和少数人的利益。对个人基本权利和社会公平的考虑，意味着管理者要在非功利标准的基础上建立道德标准。这对当今的管理者来说，无疑是一个严峻的挑战，因为使用个人基本权利、社会公平和社区准则之类的标准进行决策要比使用对效率和利润的影响之类的标准进行决策，更让管理者感到迷惑。其结果是，管理者不断发现自己处在道德困境中。

3.1.4　影响管理者道德行为的因素

管理者的行为既反映了管理者的道德水平，也是企业管理伦理的基本构成要素。管理者的行为是否符合本组织和社会的伦理规范，直接影响着企业的经营业绩。那么，哪些因素会影响管理者和组织在道德困境中的决策呢？

管理者在面临道德困境时，即面临前文所提的贿赂、胁迫、欺骗、偷窃、歧视等问题的两难选择时，最后做出的决策会受到道德发展阶段、个人特征、组织结构与组织文化、道德问题的强度等因素的综合影响。

缺乏强烈道德感的人，如果他们被那些反对非道德行为的规则、政策、职务说明或强文化准则所约束，那么做错事的可能性就会小很多；相反，非常有道德的人，也可以被一个组织的结构和允许或鼓励非道德行为的文化所腐蚀。此外，管理者更可能对道德强度很高的问题制定出合乎道德的决策。让我们进一步分析一下那些影响管理者道德行为的各种因素。

1）道德发展阶段

劳伦斯·科尔伯格（Lawrence Kohlberg）在对美国的男孩进行了20年的研究后提出，道德发展要经历三个层次，每个层次又分为两个阶段。随着道德发展阶段的上升，个人的道德判断越来越不受外部因素的制约。科尔伯格的道德发展阶段学说见表3-1。

科尔伯格认为，对小孩子来说，正确的行为是由外部法规和标准决定的。随着孩子的成熟，对正确行为的指导逐渐发展为内部控制。

道德发展的最低层次是前惯例层次，在这一层次，个人只有在其利益受到影响的情况下才会做出道德判断；道德发展的中间层次是惯例层次，在这一层次，道德判断的标准是个人是否维持平常的秩序并满足他人的期望；道德发展的最高层次是原则层次，在这一层次，个人试图在组织或社会的权威之外建立道德准则。

有关道德发展阶段的研究表明：

（1）人们渐进地通过道德发展的六个阶段，而不能跨越。

（2）道德发展可能中断，可能停留在任何一个阶段。

（3）多数成年人的道德发展处于第四阶段。个人的道德按照六个阶段顺序发展，很少有人能够达到最高的两个阶段。

表3-1　　科尔伯格的道德发展阶段学说

层　次	阶　段
前惯例层次：只受个人利益的影响。决策的依据是个人利益，这种利益是由不同行为方式带来的奖赏和惩罚决定的	①有形后果决定行为正确与否。正确的行为是为了避免惩罚 ②满足个人需要的就是正确的。正确的行为是为了满足自己的需要
惯例层次：受他人期望的影响。这包括对法律的遵守、对重要人物期望的反应，以及对他人期望的一般感觉	③得到他人同意的就是正确的。正确的行为是为了让他人认为自己是个好人 ④合法的就是正确的。正确的行为是为了遵守法律和权威
原则层次：受个人用来辨别是非的道德准则的影响。这些道德准则可以与社会的规则或法律一致，也可以与社会的规则或法律不一致	⑤尊重个人权利和社会契约的就是正确的。正确的行为是为了遵守社会契约 ⑥普遍原则决定什么是正确的。正确的行为符合公正原则、公平原则和普遍人权原则

科尔伯格的道德发展阶段学说为正确的道德行为提供了理论基础，这个理论基础从以自我为中心转变为以团体为中心，进而转变为原则性的。从哲学的角度来看，以原则性为理论基础是最佳的，但是六个阶段都为道德行为提供了理论基础。于是我们可以得出这样的观点：处于较高道德发展阶段的人比处于较低道德发展阶段的人更易于做出符合道德的决策。

2）个人特征

经营管理是由个人和团体做出的，因此管理伦理事实上是组成组织的每个人的伦理，对管理伦理的讨论就是对管理决策者伦理的讨论。

每个人在进入组织时，都带着一套相对稳定的价值准则。这些价值准则是个人早年从父母、老师、朋友和其他人那里继承、发展起来的，是关于什么是对、什么是错的基本信念。组织的不同管理者常常有着不同的价值准则。需要注意的是，尽管价值准则和道德发展阶段看起来相似，但它们其实并不一样：前者牵涉面广，包括很多问题；后者专门用于衡量个人行为独立于外部影响的程度。

道德水准是通过决策者解决环境中出现的商业问题等行为来揭示的，这些行为源自决策者对产生问题的环境条件的态度。决策者的价值观体系是其态度的基础。因此，价值观是行为的先导，更是道德决策的关键。

“价值观是一种观念，在这种观念的基础上，人们按照偏好行事。”罗基奇说。他认为，价值观是一种约定俗成的观念，因此，伦理价值观是一种关于是非的约定俗成的观念。价值观的依据可以是一些规则或法规，还可以是预计的结果或目的。

价值观作用于管理者的决策行为时，会受到两种个人特征的影响，它们是自我强度和控制中心。

（1）自我强度。自我强度用来衡量一个人的自我信念强度。自我强度与个人观念相联系。一个人的自我强度越高，克制冲动并遵守其信念的可能性越大，其行为更多地依靠自己的价值观和是非观念，受他人的影响较少。这就是说，自我强度高的人更可能做他们认为正确的事。可以推断，自我强度高的管理者，其道德判断和道德行为会更加一致。

（2）控制中心。控制中心用来衡量人们在多大程度上是自己命运的主宰，反映了一个人如何理解自己对生命中事件的控制能力。"外部控制"认为，生命中的事件是由命运、天命或运气控制的；"内部控制"认为，生命中的事件是由自己的行动控制的。内部控制论者更容易对后果产生责任感，因为他们更多地依赖自己的价值观和是非观念来指导自己的行动。外部控制论者对行为后果的责任感较差，因此更容易受组织内其他力量的影响。

综上可知，决策者的行为对其个人价值观的反映程度主要取决于决策者的自我强度和控制中心。例如，一个自我强度较高且不依赖环境的内部控制论者甲，其行为往往较彻底地反映了他的价值观；一个自我强度较低且依赖环境的外部控制论者乙，其行为往往与他的价值观关系很弱。因此，我们可以认为，组织力量在决策过程中对甲的价值观的中和作用比对乙的价值观的中和作用要小。

3）组织结构与组织文化

组织方面的因素，如组织目标、行为规范、部门结构、道德风气等，对其管理者的道德行为决策也会产生巨大的影响。这里我们把这些因素归纳为组织结构和组织文化两个方面。

（1）组织结构。组织结构有助于形成管理者的道德行为。有些组织结构为管理者提供了强有力的指导，有些组织结构只能给管理者制造困惑。组织结构如果能够使模糊性和不确定性最小，并不断提醒管理者什么是道德的，就有可能促进道德行为。

正式的规章制度可以减少模糊性，职务说明和明文规定的道德准则这类正式的指导可以促进行为的一致性。研究表明，上级的行为对个人在道德或不道德行为的选择上具有最强有力的影响。人们注视着管理当局在做什么，并以此作为什么是可接受的行为标准。有些绩效评估系统仅集中于成果，也有一些绩效评估系统既评价结果，也评价手段。如果仅以成果评价管理者，他们就可能迫于压力而"不择手段"地追求成果指标。与绩效评估系统密切相关的是报酬的分配方式。奖赏或惩罚越依赖于具体的目标成果，管理者为了实现那些目标而在道德标准上妥协的压力就越大。此外，不同的组织结构在时间、竞争、成本等方面施加给雇员的压力也是不同的，压力越大，管理者就越有可能在道德标准上妥协。

（2）组织文化。组织文化像胶水一样，能够使组织的普遍同一性和共同行为结合在一起。组织文化影响着决策者的思想和感情，并提供行动指导；组织文化体现在组织内的规范、仪式、传说、故事和惯例中；组织文化的内容和强度也会影响道德行为。

最有可能形成高道德标准的组织文化，是一种高风险承受力、高度控制，并对冲突高度宽容的文化。处在这种文化中的管理者，将被鼓励进取和创新，将意识到不道德的行为会被揭露，并对他们认为不现实的或不理想的期望自由地提出公开挑战。

强文化比弱文化对管理者的影响更大。如果文化的力量很强并且支持高道德标准，那么文化会对管理者在道德和非道德行为之间的决策产生非常强烈和积极的影响。而在一种较弱的文化环境中，管理者更可能将工作群体和部门准则作为行为指南。

开放性质和民主性质的文化会将权和责授予低层管理者，从而增加了低层管理者参与非伦理决策行为的机会，但是如果公司文化中的共同价值观反对在伦理方面可疑的行为，那么这种机会就减少了；相反，较专制并且伦理价值观较放任的文化会导致管理者做出道德水平低下的行为。

4）道德问题的强度

把管理者或组织带入道德困境，也会对道德行为决策产生极大的影响。一些组织或管理者认为商业活动中的回扣、贿赂是可以接受的或者持默许态度，而对制造伪劣产品，特别是假药的行为深恶痛绝；同样是造假，有些管理者和组织认为盗版光碟、虚假广告并没有那么可恶。这些例子描述了影响管理者道德行为的最后一个方面的因素——道德问题本身的强度。罗宾斯教授认为，决定道德问题强度的因素有以下六个：

（1）某种道德行为对受害者的伤害有多大或对受益者的利益有多大。例如，使1 000人失业的行为比仅使10人失业的行为伤害更大。

（2）有多少人认为这种行为是邪恶的或善良的。例如，较多的美国人认为对得克萨斯州的海关官员行贿是错误的，而较少的美国人认为对墨西哥的海关官员行贿是错误的。

（3）行为实际发生并造成实际伤害（或带来实际利益）的可能性有多大。例如，把枪卖给武装起来的强盗，比卖给守法的公民更有可能带来危害。

（4）行为及其预期结果之间的时间间隔有多长。例如，减少目前退休人员的退休金，比减少目前年龄在40～50岁的雇员的退休金带来的直接后果更严重。

（5）你觉得行为的受害者（或受益者）与你（在社会上、心理上或身体上）挨得多近。例如，自己工作单位的人被解雇，比远方城市的人被解雇对你内心造成的伤害更大。

（6）道德行为对有关人员的影响的集中程度如何。例如，担保政策的一种改变——拒绝给10人提供每人10 000元的担保，比担保政策的另一种改变——拒绝给10 000人提供每人10元的担保的影响更加集中。

根据这些原则，受到伤害的人越多，认为该行为是不可取的舆论越强，该行为将要造成危害的可能性越大；人们越能够直接地感觉到行为后果，或者人们感觉与受害者越近，该行为对受害者的影响越集中，道德问题的强度就越大。当一个道德问题很重要时，也就是说，当道德问题的强度比较大时，我们更有理由期望管理者采取道德的行为。

3.1.5 改善员工道德行为的途径

如果管理者确实想减少组织中的不道德行为，那么他们有许多事情可以做。例如，他们可以努力挑选高道德标准的人，制定道德准则和决策规则，通过模范来影响大家，描述工作目标和绩效评估机制，提供道德培训，实施社会审计，以及向那些面临道德困境的人提供支持等。孤立地看，这些行动可能不会产生多大的影响，但如果将它们全部或它们中的绝大部分作为综合计划的一部分来实施，便具有明显改善组织道德风气的潜力。

1）雇员甄选

假设个人处于不同的道德发展阶段并拥有不同的个人价值体系和个性，那么一个组织的雇员甄选过程应当用来剔除那些在道德上不符合要求的求职者。甄选过程应被视为了解个人道德发展水平、个人价值观、自我强度和控制中心的一个机会，但这并非易事。即使在最好的情况下，是非标准很成问题的人也可能被录用。然而，如果能够适当加强其他方面的控制，由此产生的问题便不会很严重。

2）制定道德准则、决策规则

雇员可能会对道德是非问题产生困惑。道德准则是表明一个组织期望雇员遵守的基本价值观和道德规则的正式文件，是减少困惑的一种流行做法。例如，在《财富》发布的世界500强企业中，将近95%的企业都有自己的行为准则。从全球范围来看，道德准则日益流行起来。对22个国家的企业进行的一项调查发现，78%的企业已经正式颁布了自己的道德标准和道德准则。

然而，这些道德准则能够发挥怎样的作用呢？事实上，它们并不总是能够有效地鼓励组织中的道德行为。对美国企业雇员及其道德准则的一项调查发现，75%的雇员在过去12个月中曾经目睹过不道德的或违法的行为，包括销售欺诈、不安全的工作条件、性骚扰、利益冲突以及破坏环境的行为等。这是否意味着不应当建立道德准则呢？答案当然是否定的。

3）高层管理的领导

道德准则要求高层管理者以身作则。因为高层管理者建立了文化基调，他们在言行上是表率，而且他们所做的可能比所说的更重要。例如，如果高层管理者将公司的资源挪为己用，给予朋友优待，就等于向全体雇员暗示这些行为是可以接受的。

高层管理者还可通过奖惩行为来建立文化基调。选择谁作为晋升或奖励的对象，将向雇员传递强有力的信息。例如，当错误的行为被揭露时，那些希望强调道德行为的管理者必须惩罚做错事的人，并公布事实真相，让组织中的每个人都看到结果。这就传递了一条信息，即做错事就要付出代价，行为不道德不是雇员的利益所在。

4）工作目标和绩效评估

雇员应该有明确的和现实的目标。如果对雇员的要求是不现实的，即使是明确的目标，也可能引起道德问题。在不现实的目标的压力下，即使讲道德的雇员也会持“不择手段”的态度。如果目标是清楚的、现实的，就可以减少雇员的困惑，并使雇员受到激励而不是惩罚。

通常，绩效评估中的一个关键问题是：个人能否实现自己的工作目标。如果一个组织希望雇员保持高的道德标准，就必须在绩效评估过程中包括这方面的内容。例如，管理者的年度评价中不仅应当包括工作目标的实现程度，还应逐点评估其决策符合公司道德准则的程度。

5）道德教育与培训

越来越多的组织正在设立研讨会、专题讨论会和类似的道德培训项目来鼓励道德行为。道德研究人员估计，超过40%的美国公司提供了某种类型的道德培训，但人们对这些培训项目并非没有争议，其中最主要的争议围绕着是否能够真正教授道德而进行。例如，批评者强调，由于人们在年轻时就已经形成了自己的价值体系，教授道德的努力是无意义的；支持者却指出，价值观可以经过童年后的学习获得，他们还引用了一些证据，表明教授解决道德问题的方法能使人的道德水平产生实质性的提高。

其实，道德培训可以带来很多好处：第一，可以灌输组织的行为标准；第二，可以阐明什么行为是可以接受的，什么行为是不可以接受的；第三，当雇员在讨论他们共同关心的问题时，他们可以确信并不是只有自己遇到了道德困境，这种强化能够提高他们在必须做出令人不快但合乎道德的行为时的自信。

6）进行独立的社会审计

能够制止不道德行为的一个重要因素是人们害怕被抓住的心理。按照组织的道德准则对决策和管理行为进行评价的社会审计，提高了人们发现不道德行为的可能性。这种审计可以是一种常规性评价，就像财务审计一样定期实施，也可以是在没有预先通知的情况下随机抽查。一个有效的道德评价计划或许应同时包括这两种方式。审计员应对公司的董事会负责，并且应直接将审计结果呈交给董事会。这就赋予了审计员一种职权，并且能够减少那些被审计的组织对审计员施加报复的可能。

7）建立正式的保护机制

组织应建立正式的机制，以保护那些处于道德困境的雇员能够按照自己的判断行事，而不必担心受到惩罚。例如，组织可以聘请道德顾问，使雇员在面对道德困境时，能够向道德顾问寻求指导。道德顾问的角色就是一块共鸣板，一个让雇员开口唠叨自己的道德问题并发表意见的渠道。当各种选择明确后，道德顾问就可以扮演促成“正确”选择的倡议者的角色。还有些组织任命了道德官员，由道德官员设计、指导和修改组织所需的道德计划。此外，组织可以设立一个专门的渠道，使雇员能够放心地利用这个渠道举报道德问题或告发践踏道德准则的人。

3.2 社会责任

上一节我们探讨了影响管理者道德水平的因素，以及改善员工道德行为的途径，这些研究主要从微观层次中管理者与组织利益相关者的角度来分析管理伦理问题。这一节我们将从宏观层次中组织与社会的角度来分析管理伦理问题，这就是企业的社会责任。

3.2.1 社会责任的含义

从企业发展的角度来看，一个企业的健康发展一般会经历四个层次，承担四种相应的责任。

（1）企业从开办的那一天起，就必须遵守相应的法律，如《中华人民共和国公司法》《中华人民共和国反垄断法》《中华人民共和国消费者权益保护法》等，如果违背这些法律，随之而来的法律诉讼会使企业遭受巨大损失，企业甚至会被强制性关门歇业、破产清算。因此，企业必须承担应有的法律责任。

（2）企业的正常运转与发展依赖于自身的盈利能力，企业必须在法律许可的范围内，在追求正义、公平、公正的基础上，为其利益相关者寻求财富或价值的最大化，也就是要承担经济责任。当然，企业要获得更大的发展，还必须对其内部顾客（雇员）和外部顾客、供应商与销售商保持正义、公平、公正。

（3）企业必须履行自己的道德责任，即管理伦理责任。

（4）企业必须为自己确立更长远、更宏大的目标，为人类的进步、社会的发展、生活质量的改善贡献自己的一份力量，也即承担社会责任。这里的社会责任是指狭义的社会责任。

将社会责任与社会义务进行比较，我们能够更好地理解“社会责任”这一概念。

社会义务（social obligation）是指一个企业承担其经济的和法律的责任的义务。守法谋利是法律对企业的最低要求，也是企业经济方面的基本要求。若企业只将社会义务作为对自己的要求，那么企业在追求社会目标时将仅限于有利于自己经济目标实现的程度。在这种做法下，企业唯一的社会责任就是对股东的责任。在社会责任里加入一种道德的要求，能够促使人们从事使社会变得更美好的事情，而不去做那些有损于社会的事情。一个具有较高伦理水平和较强社会责任感的组织从事有助于改善社会的事情，并不只限于法律要求必须做的或经济上有利的事情，企业之所以如此做，是因为这些事情是应做的、正确的、合乎道德的。社会责任要求企业明辨是非，决策合乎道德标准，经营活动合乎道德规范。一个具有社会责任感的组织之所以能够做正确的事情，是因为它自觉有责任这样做。

社会责任（social responsibility）并不是一个新概念。虽然早在20世纪初就产生了这一思想，但直到1953年霍华德·R.鲍恩（Howard R.Bowen）的《商人的社会责任》一书的出版，才大大推动了有关社会责任的讨论。鲍恩提出，企业应考虑其决策的社会含义。正如人们预料的那样，对社会责任的定义目前尚没有完全一致的看法。从对439名管理人员的调查来看，68%的管理人员都同意下述定义："企业的社会责任就是要认真地考虑公司的行动措施对社会的影响。"

约瑟夫·M.麦克格尔（Joseph M.McGuire）认为："企业社会责任意味着企业不仅仅有经济和法律义务，而且对社会负有超过这些义务的某些责任。"

斯蒂芬·P.罗宾斯（Stephen P.Robbins）把社会责任定义为企业追求有利于社会长远目标的一种义务，它超越了法律和经济所要求的义务。

上述定义虽然不完全相同，但都认为社会责任是组织在遵守法律规范和谋求利润的基础上，主动追求和承担有利于整个社会和谐发展的相关责任。

与管理道德和社会义务联系起来，我们可以看到，上述企业发展的四个层次可以概括为三个阶段，如图3-1所示。前两个层次是社会义务阶段；第三个层次是管理道德阶段；第四个层次是社会责任阶段。三个阶段是紧密联系的，一个企业只有获得了发展的基础，才有能力捐助社会，才能承担更多的社会责任；反过来，一个贡献社会、具有良好声誉的企业，其建立的良好的公共关系又为其赢得合同、树立品牌、增强盈利能力起到了促进作用。当然，这三个阶段之间并没有严格的界限。

正如前文所述，相对于社会义务和管理道德的社会责任，只是狭义的社会责任；对于广义的社会责任而言，企业需要负责任的对象包括企业内部的股东、员工，企业外部的顾客、竞争对手、供应商、合作伙伴以及社会中更加广阔的社会群体。我们可以从下文有关社会责任的扩展模型中进一步认识广义的社会责任的内涵。

3.2.2　企业社会责任的具体体现

企业应当承担多少社会责任以及何种类型的社会责任呢？我们可以通过企业社会责任的扩展模型和企业社会责任的具体体现来回答这个问题。

1）企业社会责任的扩展模型

在追求社会目标方面，企业所做的一切取决于利益相关者。由图3-1可知，企业在不同的发展阶段，需要负责任的对象是不一样的，随着企业往更高层次发展，企业需要负责任的对象越来越多，承担的社会责任也越来越多。

图3-1　企业发展的三个阶段

（1）在社会义务阶段，管理者将努力通过成本最小化和利润最大化来提高股东的利益。虽然必须遵守所有法律法规，但是这一阶段的管理者并未感到有义务满足其他群体的社会需要。这与弗里德曼的社会责任古典观是一致的。

（2）在管理道德阶段，管理者将承认他们对顾客和雇员的责任，致力于为顾客提供良好的产品和服务，并集中注意力在人力资源管理方面，因为管理者希望招聘、保留和激励优秀的员工。这一阶段的管理者将承担提高产品和服务的质量，以及改善工作条件、扩大雇员权利、提高工作保障等方面的责任。

（3）在社会责任的低级阶段，管理者将社会责任扩展到具体环境中的其他利益相关者，即供应商、战略合作伙伴、社区/政府、竞争对手等。这一阶段的管理者的社会责任目标包括合理的价格、公平竞争、良好的供应商关系、社区服务以及类似的举措。只有满足具体环境中其他成员的需要，才能实现管理者对股东的责任。

（4）在社会责任的高级阶段，管理者感到他们对社会整体都负有责任。管理者经营的事业被看作公众财产，管理者对增加公众利益负有责任。承担这样的责任，意味着管理者能够积极促进社会公正、保护环境、支持社会活动和文化活动。即使这样的活动对利润产生了消极的影响，管理者的态度也不会改变。

2）企业社会责任的具体体现

目前，人们所接受的企业社会责任的具体内容十分广泛，可大致概括为以下几个方面：

（1）企业对环境的责任。企业既受环境的影响，又影响着环境。从企业生存和发展的角度来看，企业有承担保护环境的责任。企业对环境的责任主要体现在：

①企业要在保护环境方面发挥主导作用，特别是要在推动环保技术的应用方面发挥示范作用。有很强社会责任感的企业必然有强烈的环境保护意识，它们会积极采用生态生产技术。生态生产技术主要是指，利用生态系统的物质循环和能量流动原理，以闭路循环的形式，在生态过程中实现资源合理而充分的利用，最终使整个生产过程保持生态效率高和环境零污染的技术。企业要紧密跟踪生态生产技术的研究进展，在条件许可的情况下，将

最新的生态生产技术应用到生产中去，从而使研究出来的生态生产技术能尽快转化为生产力，造福于人类。在这样做的过程中，企业自身的发展也将得到有力的保证。

②企业要将“绿色产品”作为研究和开发的主要对象。企业研制并生产绿色产品既体现了企业的社会责任，推动了“绿色市场”的发育，也推动了环保宣传教育，提高了整个社会的生态意识。

③企业要治理环境。污染环境的企业要采取切实有效的措施来治理环境，“谁污染谁治理”，不能推诿，更不能采取转嫁生态危机的不道德行为。

（2）企业对员工的责任。员工是企业最宝贵的财富。企业对员工的责任主要体现在：

①不歧视员工。现代企业的一个显著特征是员工队伍的多元化。为了调动各方面的积极性，企业要充分尊重员工，尽量平等和公平地对待所有员工。

②定期或不定期培训员工。决定员工尤其是高素质员工去留的一个关键因素是，员工能否在企业中得到锻炼和发展。有社会责任的企业不仅要根据员工的综合素质，把员工安排在合适的工作岗位上，做到人尽其才、才尽其用，而且要根据情况的需要，对员工进行培训，如送员工到国外或国内的学校、科研机构、兄弟单位学习深造。这样做既满足了员工自身的需要，也满足了企业的需要，因为在通常情况下，经过培训的员工能胜任更具挑战性的工作。

③营造一个良好的工作环境。工作环境的好坏将直接影响员工的身心健康和工作效率。企业不仅要为员工营造一个公平安全、关系融洽、压力适中的工作环境，而且要根据本企业的实际情况，为员工配备必要的设施。

④善待员工的其他举措。例如，推行民主管理，提高员工的物质待遇，对工作表现好的员工予以奖励等。

（3）企业对顾客的责任。“顾客就是上帝”，忠诚顾客的数量以及顾客的忠诚程度往往决定了企业的成败。企业对顾客的责任主要体现在：

①提供安全的产品。企业不仅要让顾客得到所需的产品，而且要让顾客得到安全的产品。如今，产品安全已经越来越受到企业尤其是知名企业的重视。据美联社报道，由于驾驶舱存在一些问题，波音公司决定将四种型号的飞机，即波音747、757、767和777飞机暂停交货，从这篇报道中我们可以看出波音公司对顾客负责的态度。

②提供正确的产品信息。企业要想获得顾客的信赖，就不能在提供产品信息方面弄虚作假、欺骗顾客。

③提供售后服务。企业要重视售后服务，把售后服务看作对顾客的承诺和责任；要建立与顾客沟通的有效渠道，如设立意见箱、热线电话等，及时解决顾客在使用本企业产品时遇到的问题和困难。

④提供必要的指导。在使用产品前或过程中，企业要尽可能为顾客提供培训或指导，帮助顾客正确使用本企业的产品。

⑤赋予顾客自主选择的权利。在市场经济条件下，顾客拥有自主选择产品的权利。企业不能限制竞争，以防止垄断或限制的出现给顾客带来不利的影响。

（4）企业对竞争对手的责任。在市场经济条件下，竞争是一种有序竞争。企业既不能压制竞争，也不能搞恶意竞争。企业要处理好与竞争对手的关系，在竞争中合作，在合作中竞争。有社会责任的企业不会为了暂时之利，通过不正当的手段挤垮对手。

（5）企业对投资者的责任。企业首先要为投资者带来有吸引力的报酬。那种只想从投资者手中获取资金，却不愿或无力给投资者以合理报酬的企业是对投资者极不负责任的企业，这种企业注定会被投资者所抛弃。此外，企业还要将其财务状况及时、准确地报告给投资者，错报或假报财务状况，都是对投资者的欺骗。

（6）企业对社区的责任。企业不仅要为所在社区提供就业机会和创造财富，而且要尽可能为所在社区做出贡献。有社会责任的企业能够意识到，通过适当的方式把利润中的一部分回报给所在社区是其应尽的义务。企业应积极寻找途径参与各种社会行动，通过此类活动，企业不仅回报了社区和社会，还树立了良好的公众形象。

3.2.3 赞成和反对社会责任的争论

关于企业是否应该承担社会责任，大多数观点都偏于极端。一端是古典的或纯粹经济学的观点，认为管理当局唯一的社会责任便是利润最大化，我们称之为古典观；另一端则是社会经济学的立场，主张管理当局的责任远不止于创造利润，还包括保护和增进社会福利，我们称之为社会经济观。

1）关于社会责任的两种对立观点

（1）古典观。米尔顿·弗里德曼（Milton Friedman）于1970年9月13日在《纽约时报杂志》（The New York Times Magazine）上发表了题为《企业的社会责任就是增加利润》的文章，对企业的社会责任提出了鲜明的观点。

米尔顿·弗里德曼认为，当今大多数管理者都是职业管理者，这意味着他们并不拥有他们所经营的企业。管理者是员工，仅向股东负责，他们的主要责任就是最大限度地满足股东的利益。那么，股东的利益是什么呢？弗里德曼认为，股东只关心一件事，那就是财务收益。当管理者自行决定将公司的资源用于社会目的时，他们是在削弱市场机制的作用，从而必然有人要为此付出代价。具体来说，如果社会责任行为使利润和股利下降，则损害了股东的利益；如果社会责任行为使工资和福利下降，则损害了员工的利益；如果社会责任行为使价格上涨，则损害了顾客的利益。如果顾客不愿支付或支付不起较高的价格，销售额就会下降，企业将很难维持下去。在这种情况下，企业的所有利益相关者都会遭受或多或少的损失。除此之外，弗里德曼还认为，当职业管理者追求利润以外的其他目标时，他们其实是在扮演非选举产生的政策制定者的角色。至于“社会应该怎样”，据弗里德曼说，“应该由我们选举出来的政治代表来决定”。

（2）社会经济观。社会经济观认为，管理当局的社会责任不只是创造利润，还包括保护和增进社会福利。这一立场是基于社会对企业的期望已经发生了变化这样一种信念。

这一观点的代表人物是阿奇·B.卡罗尔（Archie B.Carroll）。他认为，企业社会责任的概念之所以受到重视，是人们对社会环境的日益关注和社会契约变化的结果。企业社会责任是社会在一定时期内对企业提出的经济、法律、道德和慈善期望。社会通过各种法律法规认可了企业的建立并通过购买产品和服务对其提供支持。因此，企业不是一个仅对股东负责的独立实体，还要对产生和支持它的社会负责。

在社会经济观的支持者们看来，古典观的主要缺陷在于其时间框架。管理者应该关心长期财务收益的最大化，为此，管理者必须承担一些必要的社会义务及相应的成本，必须以不污染、不歧视、不发布欺骗性广告等方式来维护社会利益。管理者还必须在增进社会利益方面发挥积极的作用，如参与所在社区的一些活动和捐钱给慈善组织等。

2）赞成和反对社会责任的争论

在“企业应不应该承担社会责任”这一问题上，有两种不同的意见。一种意见认为企业应该承担社会责任，另一种意见则认为企业不应该承担社会责任。

（1）赞成企业承担社会责任的理由。

①满足公众期望。20世纪60年代以来，社会对企业的期望越来越多，很多人支持企业追求经济和社会双重目标。

②增加长期利润。有社会责任的企业能够获取较多的长期利润，这在很大程度上归因于社会责任行为所带来的良好社区关系和企业形象。

③承担道德义务。企业能够而且应该具有社会意识。企业承担社会责任不仅是道义上的要求，而且符合自身利益。

④塑造良好的公众形象。企业在公众心中树立良好的形象对企业的好处是多方面的，如使销售额上升、雇用到更好的员工、更容易筹集到资金等。由于公众通常认为社会目标是重要的，因此企业通过追求社会目标，能够产生一个良好的公众形象。

⑤创造良好的环境。参与社会活动有助于解决比较棘手的社会问题，有助于提高生活质量和改善所在社区的状况，这种良好的环境适合企业的生存和发展。

⑥阻止政府的进一步管制。政府管制使企业的经济成本上升并使管理者的决策缺乏一定的灵活性。企业承担社会责任可以减少政府管制。

⑦权责相称。企业在社会上享有很多权利，根据权责相称原则，企业必须承担同样多的责任。

⑧符合股东利益。从长期来看，社会责任会使企业的股票价格上涨。在股票市场上，有社会责任的企业通常被认为风险较低和透明度较高，因此持有该企业的股票会带来较高的收益。

⑨拥有资源。如果企业拥有财力资源、技术专家和管理才能，就可以为那些需要援助的公共工程和慈善事业提供支持。

⑩预防胜于治疗。社会问题必须提早预防，不能等到问题已变得相当严重、处理起来较困难时才采取行动。

（2）反对企业承担社会责任的理由。

①违反利润最大化原则——这是古典观的精髓所在。企业只参加那些可以带来经济利益的活动，而把其他活动让给其他机构去做，就是有社会责任的。

②冲淡了企业的基本目标。追求社会目标冲淡了企业的基本目标，即提高生产率。

③不能补偿成本。许多社会责任活动不能补偿成本，必须有人为它支付成本。

④权利过多。在当今社会，企业的权利已经很多了，如果再让企业追求社会目标，那么企业的权利就更多了。

⑤缺乏技能。企业领导者的视角和能力基本上是经济方面的，不适合处理社会问题。

⑥缺乏责任。政治代表追求社会目标并对其行为负责，但对企业领导者来说，情况却不是这样的，企业领导者对公众没有直接的社会责任。

⑦缺乏广泛的公众支持。公众对企业处理社会问题的呼声并不是很高。实际上，这是一个极易引起激烈争论的话题。企业在缺乏公众一致支持的情况下采取行动，很可能会失败。

圣加·L.霍姆斯曾就企业履行社会责任后的可能结果询问了美国560家企业的高层管理者，结果见表3-2。

表3-2 **企业履行社会责任后的可能结果**

积极的结果	占比（%）	消极的结果	占比（%）
企业信誉改善	97.4	短期获利能力降低	59.7
社会制度得到强化	89.0	消费者承担的价格提高	41.4
经济制度得到强化	74.3	与管理绩效评价标准存在冲突	27.2
雇员的工作满足感增强	72.3	对股东不利	24.1
避免政府干预	63.7	生产率下降	18.8
高级管理者的工作满足感增强	62.8	长期获利能力降低	13.1
企业生存的机会增多	60.7	政府干预增加	11.0
有利于吸引更多的管理人才	55.5	经济制度削弱	7.9
长期获利能力增强	52.9	社会制度削弱	3.7
能够留住和吸引顾客	38.2		
投资者喜欢对社会负责的企业	36.6		
短期获利能力增强	15.2		

上述调查结果表明，在美国，管理者对企业承担社会责任的态度比较积极，多数人认为履行社会责任能够产生许多积极的结果，而消极的结果较少。可见，企业履行社会责任在美国已经得到了比较普遍的认同。其实，社会责任是企业为所处社会的全面和长远利益而必须关心、全力履行的责任，是企业对社会的生存和发展在道义方面的积极参与。

3.2.4 社会责任与经营绩效

许多学者都曾尝试回答这样的问题：社会责任活动会降低一个企业的经济绩效吗？大量的研究已经探讨了这一问题，结论如何呢？

概括来说，多数研究表明，社会责任活动和经济绩效之间是正相关的。例如，一项研究发现，企业的社会绩效与过去和将来的财务绩效之间具有正相关的关系。需要注意的是，我们在这些结论中提炼任何让人信服的假设时都应当谨慎，因为存在着某些与衡量“社会责任”和“经济绩效”有关的方法论问题。大多数研究是通过分析年度报表内容、引证公司文档中有关社会活动的描述，或者采用公众感觉的“声誉”指数等方法来确认企业的社会绩效的。这些标准作为衡量社会责任的尺度显然存在缺陷。尽管经济绩效尺度（如净收入、权益收益率或每股价格）更为客观，但它们通常仅用于衡量短期的经济绩效。社会责任对企业利润的冲击——积极的或消极的——要多年后方能见效。若存在时间上的滞后，短期财务指标便不可能得出有效的结论，而且这里还有一个因果关系的问题。例如，如果有证据表明社会责任活动和经济绩效是正相关的，这也许并不意味着社会责任活动产生了更高的经济效益，也可能正相反，它可能表明正是高利润才使得企业能够参与社会责任活动，因此我们不应忽视这些方法论上的“因果关系”。实际上，另一项研究发现，如果这些研究中不完善的实证分析“正确”的话，那么社会责任活动对经济绩效的影响是中性的。

由此我们可以得出什么结论呢？其中最有意义的一条结论是，没有足够的证据表明，一个企业的社会责任行动明显降低了其长期经济绩效。如果政治和社会压力迫使企业承担社会责任，就意味着管理者在实施计划、组织、领导和控制时必须考虑社会目标。

思考题

1.简述管理道德与社会责任的概念。

2.有关企业管理道德的基本观点有哪几种?

3.简述道德的发展阶段。

4.影响管理者道德水平的因素有哪些?

5.简述改善员工道德行为的途径。

6.企业社会责任的具体内容大致体现在哪几方面?

7.简述社会责任与经营绩效的关系。

案例分析

某大型公立医院落实社会公益性的实践探索

2009年3月17日，《中共中央　国务院关于深化医药卫生体制改革的意见》发布。新医改方案的一个重要亮点就是，它要求公立医院承担严格的社会责任。

以某大型公立医院为例，该医院从融并整合、扶持基层医院、加强社会关爱和降低费用四个方面体现了大型公立医院的社会公益性实践，并取得了积极的成果。

第一，融并整合。

1999年，该大型公立医院开始融并某区人民医院，从而在短时间内快速提高了本区的医疗水平，解决了该地区群众大病、重病、疑难病就医难的问题。目前，该区人民医院已发展成为该地区专业设置最齐全、设备最先进、设施最完善、规模最大，集医疗、教学、科研、预防、保健于一体，以骨科和创伤急救为重点的三级甲等综合性医院。这一尝试开创了全国医疗体制改革的先例，也使得该区人民医院提前5年升级为三级甲等医院。

2006年，该大型公立医院接收了另一区人民医院和6个社区卫生服务中心，先后派出了110多名经验丰富的专家开展技术输出和帮扶工作，同时对患者进行合理分流，相互开辟绿色通道，并建立无障碍双向转诊机制。最终，该区人民医院各项业务指标大幅飙升，手术量和住院人数显著增长。人民群众用比较低廉的费用，享受到了比较优质的医疗卫生服务。

通过融并院区，该大型公立医院首开三级医疗机构直接管理二级医院的尝试，构建了以三级大型综合医院为龙头、辐射带动区域医疗卫生服务水平提高的多赢医疗服务和发展模式。该大型公立医院对发展模式的探索还将持续下去。

第二，扶持基层医院。

2011年，该大型公立医院与某市人民医院正式签约挂牌。该大型公立医院派驻不同领域的数位专家，为该市人民医院的医师提供技术指导与支持；同时，接受该市人民医院的年轻医师来本院参加住院医师规范化培训。自开展对口支援以来，该市人民医院的门诊量、急诊量、住院手术量、健康检查人数、病床使用率等指标都大幅提高，经济收入和社会影响力均有了质的飞跃。

该大型公立医院还受卫生部委托组建了国家医疗队。从2011年4月开始，历经7个月，共派出7支医疗队分赴贵州、广西、湖南、江西、福建和西藏开展巡回医疗工作。医疗队专家根据当地的医疗卫生状况、技术水平和技术需求，对基层医疗机构开展具有指导性和实用性的授课活动，极大地提高了当地的医疗技术水平。为了加强当地医院医务人员队伍建设，该医院还为每个受援省份（自治区）提供2～4个免费进修名额，有计划、有目的地为基层医院培养人才，从而为提升基层医院的技术水平、有效开展新技术奠定了基础，为当地留下了“带不走的医疗队”。

加强远程医学中心建设也是一项支援基层医院的重要举措。该大型公立医院严格按照国家卫生和计划生育委员会的要求，完成了远程医学网络平台的建设，并与省内外160多家医院签订协议，共建终端联系，迄今已成功远程会诊患者79例，开展远程教育20次，造福了基层患病群众。

第三，加强社会关爱。

近年来，该大型公立医院致力于搭建“医院—政府—社会群体”平台，为特需病患提供救助，为他们解除病痛折磨。例如，该大型公立医院建立了各种基金帮助弱势群体。截至2011年5月，共有35位脊柱侧弯的青少年获得了基金的救助，顺利完成了手术，并且这些孩子大都已经走上了正常的求学之路。

第四，降低费用。

该大型公立医院不断完善临床诊疗技术规范和临床检验工作规范；探索制定常见病、多发病和费用高的诊疗项目的临床路径，采取适宜技术，避免过度医疗；狠抓处方管理，建立医院药品用量动态监测和超常预警制度；执行抗菌药物分级管理制度；推行三级医院之间的医学检查、检验结果互认；强化价格管理，规范收费行为，使患者在享受优质医疗服务的同时，承担相对合理的诊疗费用。该大型公立医院平均每诊疗人次收费比收费排名第一的医院少21.5元。

总之，公立医院要做到“坚持公立医院的公益性质，把维护人民健康的权益放在第一位”。

资料来源：丘成，刘秋生，王建新，等．大型公立医院履行社会责任的实践与体会［J］．现代医院管理，2013，11（1）：9-12.内容有整理．

问题：

（1）根据本章所学的知识，分析公立医院管理面对的社会环境。

（2）为什么公立医院要承担社会责任？有哪些有效途径监督公立医院履行社会责任？

（3）非公立医院与公立医院在履行社会责任方面的相同点和不同点有哪些？有哪些有效途径监督非公立医院履行社会责任？

第4章/ 决　策

学习目标：了解决策的定义、原则、依据和相关决策理论，掌握决策过程、决策的影响因素和决策方法，学会按照决策的过程、采用相关的决策方法进行决策，为做好决策工作奠定理论基础。

决策是管理的核心，整个管理过程都是围绕着决策的制定和实施展开的。在管理的各项职能中，无论是规划设计、组织管理，还是领导激励、管理控制，管理者几乎都会遇到决策问题，决策的质量影响着组织的活力和绩效。

4.1 决策概述

4.1.1 决策的概念

决策是指人们为实现一定的目标，在充分掌握信息和对有关情况进行深刻分析的基础上，用科学的方法拟订并评估各种方案，从中选出合理方案的活动过程。简而言之，决策就是一个提出问题、分析问题、解决问题的过程。从上述决策的概念可以看出，决策的内涵包括以下六个方面：

（1）决策是以实现特定目标为前提条件的。

（2）决策是面向未来的，要做出正确的决策，就要进行科学的预测。

（3）决策要有两个以上备选方案，这是科学决策的依据。

（4）决策的重点在于对多个方案进行科学的分析判断与选择。

（5）决策的结果在于选择“合理”的方案，而非“最优”方案。

（6）决策本身就是一个过程，决策的过程分为几个阶段，各个阶段相互联系、交错重叠。

决策与计划是相互联系的。一方面，决策是计划的前提，计划是决策的逻辑延续；决策为计划的任务安排提供了依据，计划则为决策所选择的目标活动的实施提供了组织保障。另一方面，在制订计划的过程中，无论是对企业内外部环境的分析，还是对方案的选择，都包含了决策的过程。可以说，计划的编制过程既是决策的落实过程，也是对决策进行检查和修订的过程。

4.1.2　决策的构成要素及衡量标准

1）决策的构成要素

虽然决策活动形形色色，但不论哪种决策活动，都由几项共同的要素构成，各个构成要素之间是密切关联的。

决策者：可以是单独的个人，也可以是群体的组织机构，如委员会。

决策目标：决策行动期望达到的成果和价值。

自然状态：不以决策者主观意志为转移的情况和条件。

备选方案：可供选择的各种可行性方案。

决策后果：决策行动引起的变化或结果。

决策准则：选择方案依据的原则和对待风险的态度。

2）衡量决策有效性的标准

一项决策是好是坏、效果如何，必须得到及时、准确的评价，以便于改进决策工作。衡量决策工作有效性的标准主要有以下几点：

（1）决策的质量或合理性，即做出与执行的决策在何种程度上有益于实现个人或组织的目标。

（2）决策的可接受性，即做出与执行的决策在何种程度上是下属乐于接受并付诸实施的。

（3）决策的时效性，即做出与执行决策需要的时间和周期的长短。

（4）决策的经济性，即做出与执行决策需要的投入在经济上是否合理。

在进行决策效果评价时，我们要综合考虑以上四个方面的因素。即使一项决策的质量很好，但如果花费了很长时间才能制定出来，而且不易付诸实施，或者实施的成本过高，那么这样的决策也不会给个人或组织带来很好的效果。

4.1.3　决策的分类

1）按决策的重要程度分类

按决策的重要程度不同，决策可分为战略决策、战术决策和业务决策。

战略决策，是指事关组织未来发展方向和远景的全局性决策，如组织资本的变化、国内外市场的开拓、组织机构的调整等，一般由高层管理者做出。

战术决策，是指执行战略决策过程中的具体决策，如生产计划的制订、新产品设计方案的选择等，一般由中层管理者做出。

业务决策，是指在日常业务活动中，为了提高工作效率和生产效率、合理组织业务活动进程而进行的决策，如生产任务的正常安排、工作定额的制定等，一般由基层管理者做出。

2）按决策的重复程度分类

按决策的重复程度不同，决策可分为程序化决策和非程序化决策。

程序化决策，是指在日常管理中，以相同或基本相同的形式重复出现的决策，如订货采购、退货处理等。由于这类问题经常重复出现，因此可以把决策过程标准化、程序化，可通过惯例、标准工作程序和业务常规等予以解决。

非程序化决策，是指具有极大的偶然性和随机性、很少重复发生、无先例可循的决策，如新产品的开发、多样化经营等。在这种情况下，决策者很难照章行事，需要有创造性思维。

3）按决策的可控程度分类

按决策的可控程度不同，决策可分为确定型决策、风险型决策和不确定型决策。

确定型决策，是指每种备选方案只有一种确定结果的决策，即决策事件未来的自然状态明显，只要比较各种方案的结果，就能选出最优方案。

风险型决策，是指每种备选方案都有自己的自然状态，决策者不能预先肯定未来发生哪种自然状态，但能够知道有多少种自然状态以及每种自然状态发生的概率的决策，即可以通过比较各种方案的期望值选出最优方案。

不确定型决策，是指每种备选方案都有自己的自然状态，但是未来发生哪种自然状态以及各种自然状态出现的概率都是未知的，完全凭决策者个人的经验和估计做出选择的决策。

4）按决策的权限分类

按决策的权限不同，决策可分为个体决策和群体决策。

个体决策，是指决策权限集中于个人的决策。这种决策受决策者的知识、经验、心理、能力、价值观等个人因素的影响较大，决策过程带有强烈的个性色彩。

群体决策，是指决策权限由集体共同掌握的决策。这种决策受个人因素的影响较小，受群体结构的影响较大，容易产生从众现象和责任不明等问题，因此必须采取科学有效的方法加以控制。

5）按决策的起点分类

按决策的起点不同，决策可分为初始决策和追踪决策。

初始决策，是指组织对从事某种活动或从事该种活动的方案所进行的初次选择。这种决策是零起点决策，是在有关活动尚未开始且环境未受到影响的情况下做出的。

追踪决策，是指在初始决策的基础上对组织活动的方向、内容和方式的重新调整。这种决策是非零起点决策，是在活动已经开始且环境已受到影响的情况下做出的。组织中的大部分决策都属于追踪决策。

4.2 决策基本理论

4.2.1 古典决策理论

古典决策理论又称规范决策理论，是基于“经济人”假设提出来的，主要盛行于20世纪50年代以前。古典决策理论认为，应该从经济的角度看待决策问题，即决策的目的在于为组织获取最大的经济利益。

古典决策理论的主要内容如下：

（1）组织要实现的目标是明确的、组织一致同意的，问题可以识别并精确陈述。

（2）决策者可以收集完全信息，从而使决策状态成为确定性的；所有可行性方案和可能的结果都是可以量化和评估的。

（3）方案评估标准是明确的或可以确定的。

(4) 决策者是理性的。决策者合乎逻辑地评估标准和偏好（权重），评估每个方案，并做出使组织利益最大化的决策。

古典决策理论假设作为决策者的管理者是完全理性的，决策环境条件是可以被改变的，决策者在充分了解有关信息的情况下，完全可以做出完成组织目标的最佳决策。古典决策理论忽视了非经济因素在决策中的作用，不能有效指导实际的决策活动，从而逐渐被更为全面的行为决策理论所代替。

4.2.2 行为决策理论

行为决策理论的发展始于20世纪50年代。对古典决策理论的“经济人”假设发难的第一人是赫伯特·西蒙，他在《管理行为》一书中指出，理性的和经济的标准都无法确切说明管理的决策过程，进而提出了“有限理性”标准和“满意度”原则。其他学者也对决策者的行为做了进一步的研究，他们在研究中也发现，影响决策者做出决策的不仅有经济因素，还有其个人的行为表现，如态度、情感、经验和动机等。

行为决策理论的主要内容如下：

(1) 人的理性介于完全理性和非理性之间，即人是有限理性的，这是因为在高度不确定和极其复杂的现实决策环境中，人的知识、想象力和计算力是有限的。

(2) 决策者在识别和发现问题的过程中容易受到知觉上的偏差影响，而在对未来的状况做出判断时，直觉的运用往往多于逻辑分析方法的运用。所谓知觉上的偏差，是指由于认知能力有限，决策者仅把问题的部分信息当作认知对象。

(3) 受决策时间和可利用资源的限制，决策者即使充分了解和掌握了有关决策环境的信息，也只能做到尽量了解各种备选方案的情况，而不可能做到全部了解，决策者做出选择的理性是相对的。

(4) 在风险型决策中，与经济利益的考虑相比，决策者对风险的态度起着更为重要的作用。决策者往往厌恶风险，倾向于接受风险较小的方案，尽管风险较大的方案可能带来较为可观的收益。

(5) 决策者在决策过程中往往只追求满意的结果，而不愿意费力寻求最佳方案。产生这一现象的原因有多种：决策者不注意发挥自己和别人继续进行研究的积极性，只满足于在现有的可行性方案中进行选择；决策者本身缺乏相关的能力，在某些情况下，决策者出于个人某些因素的考虑而做出自己的选择；评估所有方案并选择其中的最佳方案需要花费大量的时间和金钱，这可能得不偿失。

行为决策理论抨击了把决策视为定量方法和固定步骤这种观点的片面性，主张把决策视为一种文化现象。例如，日裔美籍学者威廉·大内（William Ouchi）在其对美、日两国企业在决策方面的差异所进行的比较研究中发现，东西方文化的差异是导致这种决策差异的一个不容忽视的因素，从而开创了决策的跨文化比较研究。

除了西蒙的“有限理性”模式，林德布洛姆的“渐进决策”模式也对“完全理性”模式提出了挑战。林德布洛姆认为，决策过程应该是一个渐进的过程，而不应该大起大落（当然，这种渐进的过程积累到一定程度也会形成一次变革），否则会给组织的结构、心理倾向和习惯等方面带来影响，也会使决策者不可能了解和思考全部方案并弄清每种方案的结果（这是因为时间紧迫和资源匮乏）。可以说，“按部就班、修修补补的渐进主义决策者或安于现状的人，似乎不是一位‘叱咤风云’的英雄人物，他实际上是能够清醒地认识到自己是在与无边无际的宇宙进行搏斗的、足智多谋的决策者”。这说明，决策不能只遵循一种固定的程序，而应根据组织内外环境的变化进行适时的调整和补充。

4.2.3 当代决策理论

继古典决策理论和行为决策理论之后，决策理论又进一步发展，从而产生了当代决策理论。当代决策理论的核心内容是：决策贯穿于管理过程的始终，决策程序就是整个管理过程。

组织是由作为决策者的个人及其下属、同事组成的系统。整个决策过程从研究组织的内外环境开始，继而确定组织目标、设计可达到该目标的各种可行性方案、比较和评估这些方案进而选择方案（即做出最优决策），最后实施决策方案，并进行追踪检查和控制，以确保预定目标的实现。这种决策理论对决策的过程、决策的原则、程序化决策和非程序化决策、组织机构的建立同决策过程的联系等做出了精辟的论述。

对于当今的决策者来说，其在决策的过程中应广泛采用现代化的手段和规范化的程序，以系统理论、运筹学和电子计算机为工具，并辅之以行为科学的有关理论。这就是说，当代决策理论把古典决策理论和行为决策理论有机地结合了起来，它所概括的一套科学行为准则和工作程序，既重视科学的理论、方法和手段的应用，又重视人的积极作用。

4.3 决策过程与影响因素

4.3.1 决策过程

决策过程是指从问题提出到方案确定所经历的过程。决策是一项复杂的活动，有其自身的规律性，需要遵循一定的科学程序。在现实工作中，导致决策失败的原因之一就是没有严格按照科学的程序进行决策。因此，明确和掌握科学的决策过程，是管理者提高决策准确率的一个重要方面。

决策过程通常包括七个步骤（如图4-1所示）：

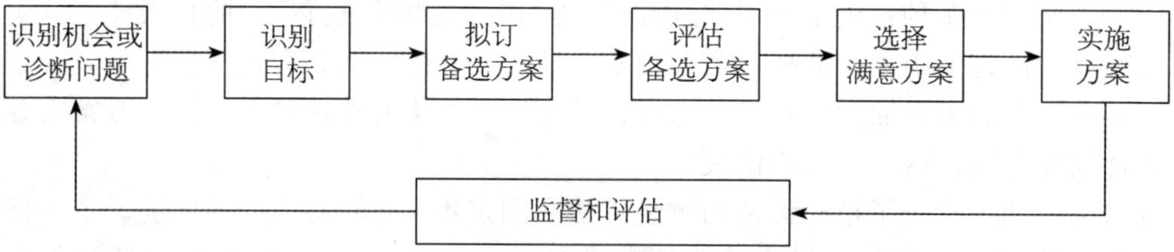

图4-1 决策过程图

①识别机会或诊断问题；

②识别目标；

③拟订备选方案；

④评估备选方案；

⑤选择满意方案；

⑥实施方案；

⑦监督和评估。

1）识别机会或诊断问题

决策者必须知道哪里需要行动，因此决策过程的第一步就是识别机会或诊断问题。管理者通常密切关注与其责任范围有关的数据，这些数据包括外部的信息、报告以及组织内的信息。实际状况和预想状况的偏差提醒管理者潜在机会或问题的存在。识别机会或诊断问题并不总是简单的，因为要考虑组织中人的行为。有些时候，问题可能植根于个人的过去经验、组织的复杂结构或个人和组织因素的某种混合。因此，管理者必须尽可能精确地评估机会或问题。

识别机会或诊断问题的精确程度有赖于信息的精确程度，所以管理者要尽力获取精确的、可信赖的信息。低质量的或不精确的信息只会白白浪费时间，并使管理者无法发现导致某种情况出现的潜在原因。

即使收集到的信息是高质量的，在解释的过程中也可能发生扭曲。有时，随着信息持续被误解或有问题的事件一直未被发现，信息的扭曲程度会加重。大多数重大灾难或事故都有一个较长的潜伏期，在潜伏期，如果有关征兆被错误地理解或不被重视，管理者未能及时采取行动，就会导致灾难或事故的发生。

更糟糕的是，即使管理者拥有精确的信息并能够正确地解释它，处于管理者控制之外的因素也会对机会或问题的识别产生影响。当然，管理者只要坚持获取高质量的信息并仔细地解释它，就能够提高做出正确决策的可能性。

2）识别目标

目标体现的是组织想要获得的结果。组织想要获得的结果的数量和质量都要明确下来，因为它们最终会指导决策者选择合适的行动路线。衡量目标的方法有很多种，我们通常用货币单位来衡量利润或成本目标，用每人每小时的产出数量来衡量生产率目标，用次品率或废品率来衡量质量目标。根据时间的长短，目标可以分为长期目标、中期目标和短期目标。长期目标通常用来指导组织的战略决策，中期目标通常用来指导组织的战术决策，短期目标通常用来指导组织的业务决策。无论何种目标，其总是指导着随后的决策过程。

3）拟订备选方案

一旦机会或问题被正确识别出来，管理者就要提出达到目标和解决问题的各种方案，这一步骤需要创造力和想象力。在提出备选方案时，管理者必须把其试图达到的目标牢记在心，并且要提出尽可能多的方案。

管理者常常借助其个人经验、经历和对有关情况的把握来提出方案。为了提出更多、更好的方案，管理者需要从多种角度审视问题，这意味着管理者要善于征询他人的意见。

备选方案可以是标准的和明显的，也可以是独特的和富有创造性的。标准方案通常是指组织以前采用过的方案。通过头脑风暴法、名义组织技术和德尔菲法等，组织可以得到很多富有创造性的方案。

4）评估备选方案

决策过程的第四步是确定所拟订的各种方案的价值或恰当性，即确定最优方案。为此，管理者要具备评价每种方案的价值或相对优势/劣势的能力。在评估过程中，管理者要使用预定的决策标准（如所想要的质量），确定每种方案的预期成本、收益、不确定性和风险，最后对各种方案进行排序。例如，管理者会提出以下问题：该方案会有助于我们质量目标的实现吗？该方案的预期成本是多少？与该方案有关的不确定性和风险有多大？

5）选择满意方案

在决策过程中，管理者通常要做出最终选择，但做出最终选择仅是决策过程中的一个步骤。尽管选择一个方案看起来很简单——只需要考虑全部可行性方案并从中挑选一个能够最有效解决问题的方案——但实际上，做出选择是很困难的。

6）实施方案

方案的实施是决策过程中至关重要的一步。在方案选定以后，管理者就要确定实施方案的具体措施和步骤。实施过程中通常要注意做好以下工作：

（1）制定相应的具体措施，保证方案准确实施。

（2）确保与方案有关的各种指令能被所有相关人员充分接受和彻底了解。

（3）应用目标管理方法把决策目标层层分解，落实到每一个执行单位和个人。

（4）建立工作报告制度，以便及时了解方案进展情况，及时进行调整。

7）监督和评估

一个方案的实施可能涉及较长的时间，在这段时间里，形势可能会发生变化，因此，管理者要不断对方案进行修改和完善，以适应变化的形势。同时，连续性活动因涉及多阶段控制而需要进行定期分析。

由于组织的内部条件和外部环境不断变化，因此管理者要不断修正方案，以减少或消除不确定性，定义新的情况，建立新的分析程序。具体来说，职能部门应对各层次、各岗位履行职责的情况进行检查和监督，及时掌握执行进度，检查是否偏离目标，及时将信息反馈给决策者。决策者则应根据职能部门反馈的信息，及时追踪方案的实施情况：对于与既定目标发生部分偏离的情况，应采取有效措施，以确保既定目标顺利实现；对于客观条件发生重大变化、原先目标确实无法实现的情况，要重新寻找问题或机会，确定新的目标，重新拟订备选方案，并进行评估、选择和实施。

需要说明的是，管理者在以上各个步骤中都会受到个性、态度和行为，伦理和价值，以及文化等诸多因素的影响。其中，个性、态度和行为是行为决策理论所强调的。

4.3.2 影响决策的因素

影响决策的因素包括环境、组织文化、过去决策、决策者对风险的态度，以及时间等。对于同一个问题，决策者受影响的程度不同，决策的结果也不相同。

1）环境

组织是在一定环境的影响下生存和发展的，环境既能给组织带来机会，也会对组织造成威胁。因此，环境对组织决策的影响是双重的，包括推动决策和制约决策。第一，环境的变化使组织面临新的问题，组织要应对新的问题，就必须做出相应的决策。第二，决策者在进行决策时，要考虑各种环境因素并受其制约。第三，对环境的习惯反应模式，也影响着组织决策的选择，即使在相同的环境下，不同的组织也可能有不同的反应，而调整组织与环境之间关系的模式一旦形成，该模式就会趋于稳定，并制约着组织决策的选择。组织得以生存的关键，在于它在环境变化时所拥有的自我调节能力。

2）组织文化

组织文化影响着组织及其成员的行为方式，组织文化对决策的影响是通过影响人们对组织和变革的态度来发挥作用的。

决策的制定常常是对过去在某种程度上的否定，任何决策的实施都会给组织带来某种程度的变革。组织成员对于这种变革会抱有欢迎或抵触两种截然不同的态度。团结、和谐、平等的组织文化会激励组织成员积极参与组织决策；涣散、压抑、等级森严的组织文化则容易使组织成员对组织的事情漠不关心，不利于调动组织成员参与组织决策的热情。在具有开拓、创新气氛的组织中，组织成员总是以发展的眼光来分析决策的合理性，总是希望在可能产生的变革中得到什么，因此会渴望、欢迎、支持变革；在偏向保守、怀旧、渴望维持现状的组织中，组织成员总是根据过去的标准来判断现在的决策，总是担心会在变革中失去什么，从而对将要发生的变革产生怀疑、害怕和抵触情绪。前一种组织文化有利于新决策的实施，后一种组织文化则会成为实施新决策的障碍。组织在选择决策方案时，要考虑方案实施时可能遇到的组织文化方面的阻力，以及为克服这种阻力而必须付出的代价。

3）过去决策

在多数情况下，组织决策并不是初始决策，而是对初始决策的完善、调整或改革。组织过去的决策是目前决策的起点，过去选择方案的实施，不仅伴随着人力、物力、财力等资源的消耗，而且会给管理者的心理和情感上带来影响。过去决策带来的良好效果和记忆会给未来的决策以有益的借鉴，过去失败的决策则会给未来的决策带来心理阴影和消极影响。

过去决策对目前决策的影响程度，与现任决策者有关。如果过去的决策是由现任决策者制定的，则决策者通常要对自己的选择及其后果负管理上的责任，因此决策者一般不愿对组织活动进行重大调整，而是倾向于把大部分资源投入到过去方案的执行中，以此证明自己决策的正确性，避免对自身形象的不必要的伤害；相反，如果过去的决策不是由现任决策者制定的，则决策者比较愿意进行改变。

4）决策者对风险的态度

风险是指一个决策产生特定结果的概率。决策是在一定的风险条件下做出的，决策者对风险的态度影响着决策。决策者对风险的态度可以分为三种，即风险喜好、风险中性与风险厌恶。

5）时间

决策受时间的制约，一旦超出了时间限制，情况就会发生变化，决策就不再具有实际意义。我们可以把决策分为时间敏感型决策和知识敏感型决策。时间敏感型决策是指那些必须迅速且准确做出的决策，这种决策对速度的要求远胜于质量，战术决策多属于时间敏感型决策；相反，知识敏感型决策对时间的要求就不太严格，这类决策的执行效果主要取决于决策者的知识及决策的质量，而非决策的速度，战略决策多属于知识敏感型决策，但在时间非常紧急，如外界环境突然发生变化，要求组织迅速做出反应的情况下，战略决策也可能是时间敏感型决策。总之，时间是影响决策的一个因素。

4.4 决策的方法

4.4.1 群体决策法

1）头脑风暴法

头脑风暴法是比较常用的群体决策方法，便于发表创造性意见，因此主要用于收集新设想。采用该方法时，组织者通常将对解决某一问题有兴趣的人集合在一起，使他们在完全不受约束的条件下，敞开思路，畅所欲言。头脑风暴法的创始人亚历克斯·奥斯本（A. F.Osborn）为该方法的实施提出了四项原则：

（1）对别人的建议不做任何评价，将相互讨论限制在最低限度内。

（2）建议越多越好，在这个阶段，参与者不要考虑自己建议的质量，想到什么就说出来。

（3）鼓励每个人独立思考，想法越新颖、奇特越好。

（4）可以补充和完善已有的建议，从而使提出的建议更具说服力。

头脑风暴法的目的在于创造一种畅所欲言、自由思考的氛围，诱发创造性思维的共振和连锁反应，从而产生更多的创造性思维。实施这种方法的时间一般为1～2小时，参加者以5～6人为宜。

2）名义小组技术

在群体决策中，如果组织成员对问题的性质不完全了解且意见分歧严重，则可采用名义小组技术。在这种技术下，小组成员互不通气，也不在一起讨论、协商，小组只是名义上的。这种名义上的小组可以有效激发个人的创造力和想象力。

在这种技术下，管理者首先会召集一些有知识的人，把要解决的问题的关键内容告诉他们，并请他们独立思考，要求每个人尽可能地把自己的备选方案和意见写下来；然后按次序让他们一个接一个地陈述自己的方案和意见；最后由小组成员对提出的全部备选方案进行投票，根据投票结果，赞成人数最多的备选方案即为所要的方案。当然，管理者最后仍有权决定是接受还是拒绝这一方案。

3）德尔菲法

德尔菲法是由兰德公司提出的，用来听取有关专家对某一问题或机会的意见的方法。例如，当管理者面临着一个有关用煤发电的重大技术问题时，运用德尔菲法的第一步就是要设法取得有关专家的合作（专家包括大学教授、研究人员以及在能源方面有经验的管理者）；然后把要解决的关键问题分别告诉这些专家，请他们单独发表自己的意见并对实现新技术突破所需的时间做出估计；在此基础上，管理者要收集并综合各位专家的意见，把综合后的意见反馈给各位专家，让他们再次进行分析并发表意见。在此过程中，如果遇到差别很大的意见，可以把提供这些意见的专家集中起来进行讨论。如此反复多次，最终形成代表专家组意见的方案。

运用该技术的关键是：

（1）选择好专家，这主要取决于决策涉及的问题或机会的性质。

（2）选择适当的专家人数，一般10～50人为好。

（3）制定好意见征询表，因为它的质量直接关系到决策的有效性。

4）电子会议

最新的群体决策方法是将名义小组技术与尖端的计算机技术相结合的电子会议。电子会议所需的工具即一系列的计算机，企业将问题通过计算机屏幕显示给决策参与者，决策参与者将自己的答案通过计算机屏幕显示出来，个人评论和票数统计也显示在会议室的计算机屏幕上。这种方法的主要优点是快速、有效。

5）阶梯法

阶梯法也是一种群体决策方法。这是为了避免群体成员迫于群体压力不愿意直接表达自己的观点而采取的一种方法。具体操作方法是：首先由两个成员对某个问题进行讨论，形成决策；然后每次增加一个新的成员，并让这名新的成员独立地向群体阐述自己的观点；接下来，这名新的成员与原来的成员一起讨论，形成新的决策。照此类推，直到所有群体成员能够在一起讨论，形成一致的意见。

可以看出，在阶梯法中，群体的决策是通过不断叠加每个群体成员的意见而形成的。这种方法使得群体中的每个成员都有独立决策的机会，每个人都不会受到别人的干扰。需要注意的是，这种方法比较适合在较小规模的群体中使用，如果群体规模较大，将会耗费很多时间。

4.4.2 有关活动方向的决策方法

管理者有时需要对企业或企业某一部门的活动方向进行选择，可以采用的方法主要有经营单位组合分析法和政策指导矩阵等。

1）经营单位组合分析法

该方法由美国波士顿咨询公司提出，其基本思想是，大部分企业都有两个以上的经营单位，每个经营单位都有相互区别的产品，企业应该为每个经营单位确定不同的活动方向。

该方法主张，在确定每个经营单位的活动方向时，应综合考虑企业或该经营单位在市场上的相对竞争地位和业务增长率。

相对竞争地位往往体现在企业的市场占有率上，它决定了企业获取现金的能力和速度，因为较高的市场占有率可以为企业带来较高的销售量和销售利润，从而给企业带来较多的现金流量。

业务增长率对活动方向的选择有两个方面的影响：

（1）有利于市场占有率的扩大。因为在稳定的行业中，企业产品的销售量增加，竞争对手的市场份额就会下降。

（2）决定着投资机会的大小。因为业务增长迅速可以使企业迅速收回投资，并取得可观的投资报酬。

根据上述两个标准（相对竞争地位和业务增长率），企业的经营单位可以分为四大类（如图4-2所示）。企业应根据各类经营单位的特征，选择合适的活动方向。

“金牛”经营单位的特征是相对竞争地位较高，而业务增长率较低。较高的相对竞争地位能够为企业带来较多的现金，而较低的业务增长率需要较少的投资。“金牛”经营单位产生的大量现金可以满足企业的经营需要。

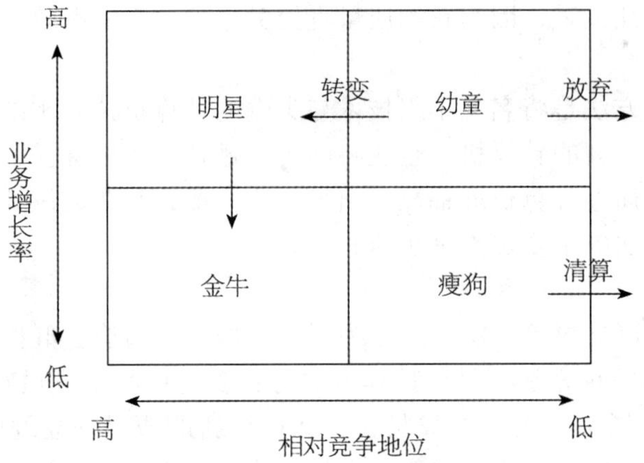

图4-2　企业经营单位组合图

“明星”经营单位的相对竞争地位和业务增长率都较高，所需要的现金和所产生的现金都很多。“明星”经营单位代表着最高利润增长率和最佳投资机会，因此企业应投入必要的资金，扩大它的生产规模。

“幼童”经营单位的业务增长率较高，而相对竞争地位较低，这可能是企业刚刚开发的很有前途的领域。由于高增长速度需要大量投资，而较低的相对竞争地位只能提供少量的现金，因此企业面临的选择是投入必要的资金，以提高市场份额、扩大销售量，使其转变为“明星”经营单位；如果企业认为刚刚开发的领域不能转变成“明星”经营单位，则应及时放弃该领域。

“瘦狗”经营单位的特征是相对竞争地位和业务增长率都较低。由于市场份额和销售量都较低，甚至出现负增长，因此“瘦狗”经营单位只能带来较少的现金，而维持其生产能力和竞争地位所需的资金甚至可能超过其所提供的现金，从而成为企业资金的陷阱。对于这种不景气的经营单位，企业应采取收缩或放弃的战略。

经营单位组合分析法的步骤通常如下：

（1）把企业分成不同的经营单位；

（2）计算各个经营单位的市场占有率和业务增长率；

（3）根据各个经营单位在企业中占有资产的比例来衡量它们的相对规模；

（4）绘制企业经营单位组合图；

（5）根据每个经营单位在图中的位置，确定应选择的活动方向。

经营单位组合分析法以“企业的目标是追求增长和利润”这一假设为前提。

对于拥有多个经营单位的企业来说，企业可以将获利较多而潜在业务增长率不高的经营单位所产生的利润投向那些业务增长率和潜在获利能力都较高的经营单位，从而使资金在企业内部得到有效利用。

2）政策指导矩阵

该方法由荷兰皇家壳牌集团创立。顾名思义，政策指导矩阵即用矩阵来指导决策。具体来说，该方法是从市场前景和相对竞争能力两个角度来分析企业各个经营单位的现状和特征，并把它们标示在矩阵上，据此指导企业活动方向的选择。市场前景取决于盈利能力、市场增长率、市场质量和法规限制等因素，分为吸引力强、吸引力中等、吸引力弱三种；相对竞争能力取决于经营单位在市场上的地位、生产能力、产品开发能力等因素，分为强、中、弱三种。根据上述对市场前景和相对竞争能力的划分，企业的经营单位可以分为九大类（如图4-3所示）。

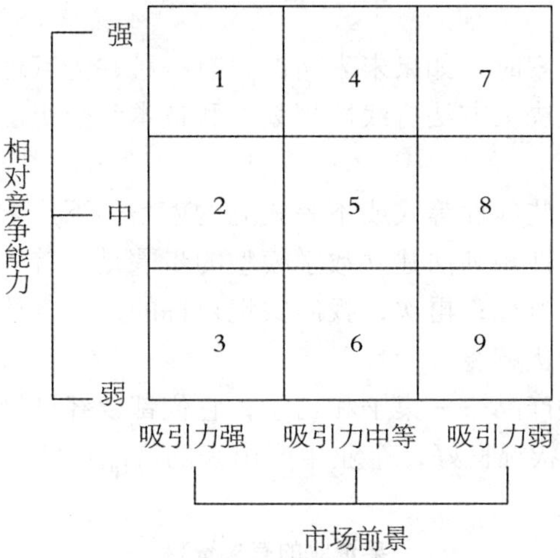

图4-3 政策指导矩阵

管理者可根据经营单位在矩阵中所处的位置来选择企业的活动方向。

处于区域1和区域4的经营单位相对竞争能力较强，市场前景也较好。企业应优先发展这些经营单位，确保它们能够获取足够多的资源，以维持它们的有利市场地位。

处于区域2的经营单位虽然市场前景较好，但资源较缺乏——相对竞争能力不够强。企业应分配给这些经营单位更多的资源，以提高它们的相对竞争能力。

处于区域3的经营单位市场前景虽好，但相对竞争能力弱。企业应根据不同的情况区别对待这些经营单位：最有前途的经营单位应得到迅速发展，其余的经营单位则应逐步淘汰，这是由企业资源的有限性决定的。

处于区域5的经营单位一般在市场上有2～4个强有力的竞争对手。企业应分配给这些经营单位足够多的资源，使它们能够随着市场的发展而发展。

处于区域6和区域8的经营单位市场吸引力不强且相对竞争能力较弱，或虽有一定的竞争能力（企业对这些经营单位进行了投资并形成了一定的生产能力）但市场吸引力较弱。企业应缓慢放弃这些经营单位，以便把收回的资金投入到盈利能力更强的经营单位中去。

处于区域7的经营单位相对竞争能力较强，但市场前景不容乐观。这些经营单位本身不应得到发展，但可利用它们较强的竞争能力为其他快速发展的经营单位提供资金支持。

处于区域9的经营单位市场前景暗淡且竞争能力较弱。企业应尽快放弃这些经营单位，把资金抽出来并转移到更有利的经营单位中去。

4.4.3 有关活动方案的决策方法

管理者选好组织的活动方向之后，接下来需要考虑的问题自然是如何通达这一活动方向。由于通达这一活动方向的活动方案通常不止一种，因此管理者要在这些方案中做出选择。在决定选择哪一个方案时，管理者要比较不同的方案，而比较的一个重要标准就是各种方案实施后的经济效果。由于方案是在未来实施的，因此管理者在计算方案的经济效果时，要考虑到未来的情况。根据未来情况的可控程度，有关活动方案的决策方法可以分为三大类：确定型决策方法、风险型决策方法和不确定型决策方法。

1）确定型决策方法

在比较和选择活动方案时，如果未来情况只有一种并为管理者所知，则应采用确定型决策方法。常用的确定型决策方法有线性规划法和量本利分析法等。

（1）线性规划法

线性规划法是指在一些线性等式或不等式的约束条件下，求解线性目标函数的最大值或最小值的方法。运用线性规划法建立数学模型的步骤是：首先，确定影响目标大小的变量；其次，列出目标函数方程；再次，找出实现目标的约束条件；最后，找出使目标函数达到最优的可行解，即最优解。

例：某企业生产两种产品——桌子和椅子，它们都要经过制造和装配两道工序，有关资料见表4-1。假设市场状况良好，企业生产出来的产品都能卖出去，则何种组合的产品能够使企业利润最大？

表4-1 **某企业的有关资料**

	桌子	椅子	工序可利用时间（小时）
在制造工序上的时间（小时）	2	4	48
在装配工序上的时间（小时）	4	2	60
单位产品利润（元）	8	6	—

这是一个典型的线性规划问题。

第一步，确定影响目标大小的变量。在本例中，目标是利润，影响利润的变量是桌子的数量T和椅子的数量C。

第二步，列出目标函数方程：$\pi=8T+6C$。

第三步，找出约束条件。在本例中，两种产品在一道工序上的总时间不能超过该道工序的可利用时间，即：

制造工序：$2T+4C\leqslant 48$

装配工序：$4T+2C\leqslant 60$

除此之外，还有两个约束条件，即非负约束：

$T\geqslant 0$

$C\geqslant 0$

从而，线性规划问题成为如何选取T和C，使π在上述四个约束条件下达到最大的问题。

第四步，求出最优解——最优产品组合。求出上述线性规划问题的解为$T^*=12$和$C^*=6$，即生产12张桌子和6把椅子使企业的利润最大。

（2）量本利分析法

量本利分析法又称保本分析法或盈亏平衡分析法，是通过分析产量（或销售量）、成本和利润的关系以及盈亏变化的规律，来为决策提供依据的方法。

应用量本利分析法的关键是，找出企业不盈不亏时的产量（称为保本产量或盈亏平衡产量，此时企业的总收入等于总成本）。找出保本产量的方法有图解法和代数法两种。

①图解法。图解法是用图形来分析产量、成本和利润关系的方法。在应用图解法时，通常假设产品价格和单位变动成本都不随产量的变化而变化，所以销售收入曲线、总变动成本曲线和总成本曲线都是直线。

例：某企业生产某产品的总固定成本为60 000元，单位变动成本为每件1.8元，产品价格为每件3元。假设某方案带来的产量为100 000件，则该方案是否可取？

根据所给数据，在坐标图上画出总固定成本曲线、总成本曲线和总收入曲线，得出量本利分析图，如图4-4所示。

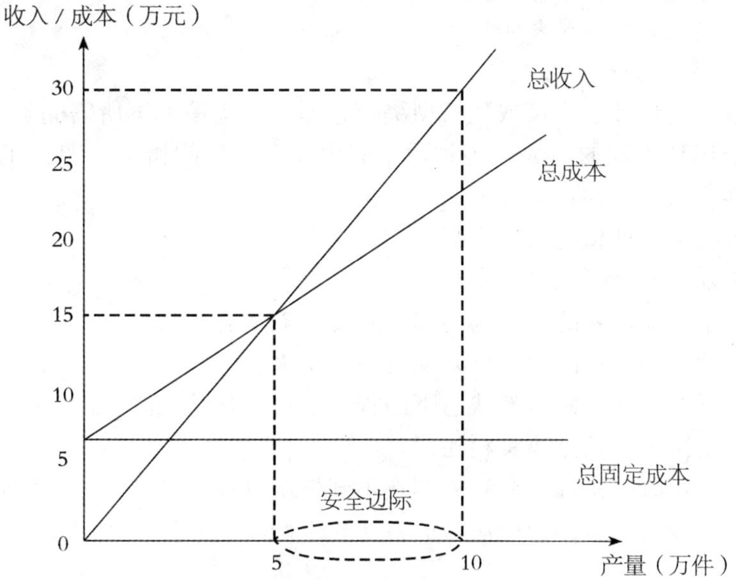

图4-4　量本利分析图

从图4-4中可以得出以下信息，供决策分析之用：

a.保本产量，即总收入曲线和总成本曲线的交点所对应的产量（本例中保本产量为5万件）；

b.各个产量上的总收入；

c.各个产量上的总成本；

d.各个产量上的总利润，即各个产量上的总收入与总成本之差；

e.各个产量上的总变动成本，即各个产量上的总成本与总固定成本之差；

f.安全边际，即方案带来的产量与保本产量之差（本例中安全边际为5万件）。

在本例中，由于方案带来的产量（10万件）大于保本产量（5万件），因此该方案可取。

②代数法。代数法是用代数式来表示产量、成本和利润关系的方法。

假设p代表单位产品价格，q代表产量或销售量，f代表总固定成本，v代表单位变动成本，π代表目标利润，c代表单位产品贡献（c=p−v）。

a.求保本产量。

企业不盈不亏时：

$pq=f+vq$

保本产量 $q=f/(p-v)=f/c$

b.求保目标利润的产量。

$pq=f+vq+\pi$

保目标利润的产量 $q=(f+\pi)/(p-v)=(f+\pi)/c$

c.求目标利润。

$\pi=pq-f-vq$

d.求安全边际和安全边际率。

安全边际=方案带来的产量-保本产量

安全边际率=安全边际/方案带来的产量

2）风险型决策方法

风险型决策也叫统计型决策或随机型决策，即已知决策方案所需的条件，但每个方案的执行都有可能出现不同的后果，多种后果的出现有一定的概率，即存在着“风险”。风险型决策必须具备以下条件：

（1）存在着决策者期望达到的目标。

（2）有两个以上方案可供决策者选择。

（3）存在着不以决策者的意志为转移的几种自然状态。

（4）各种自然状态出现的概率已知或可估计出来。

（5）不同行动方案在不同自然状态下的损益值可以估算出来。

常用的风险型决策方法是决策树法。

决策树法是用树状图来描述各种方案在不同情况（或自然状态）下的收益，据此计算出每种方案的期望收益，从而做出决策的方法。下面我们通过举例来说明决策树法的原理和应用。

例：某企业为了扩大某种产品的生产，拟建设新厂。根据市场预测，产品销路好的概率为0.7，销路差的概率为0.3。企业有以下三种方案可供选择：

方案1：新建大厂，需要投资300万元。据初步估计，销路好时，每年可获利100万元；销路差时，每年亏损20万元。服务期为10年。

方案2：新建小厂，需要投资140万元。据初步估计，销路好时，每年可获利40万元；销路差时，每年仍可获利30万元。服务期为10年。

方案3：先建小厂，3年后销路好时再扩建，需追加投资200万元，服务期为7年，估计每年可获利95万元。

哪种方案最好？

画出该问题的决策树，如图4-5所示。

图4-5中的矩形表示决策点，从决策点引出的若干条树枝表示若干种方案，称为方案枝。圆形表示状态节点，从状态节点引出的若干条树枝表示若干种自然状态，称为状态枝，图4-5中有两种自然状态——销路好和销路差。位于状态枝末端的三角形表示各种方

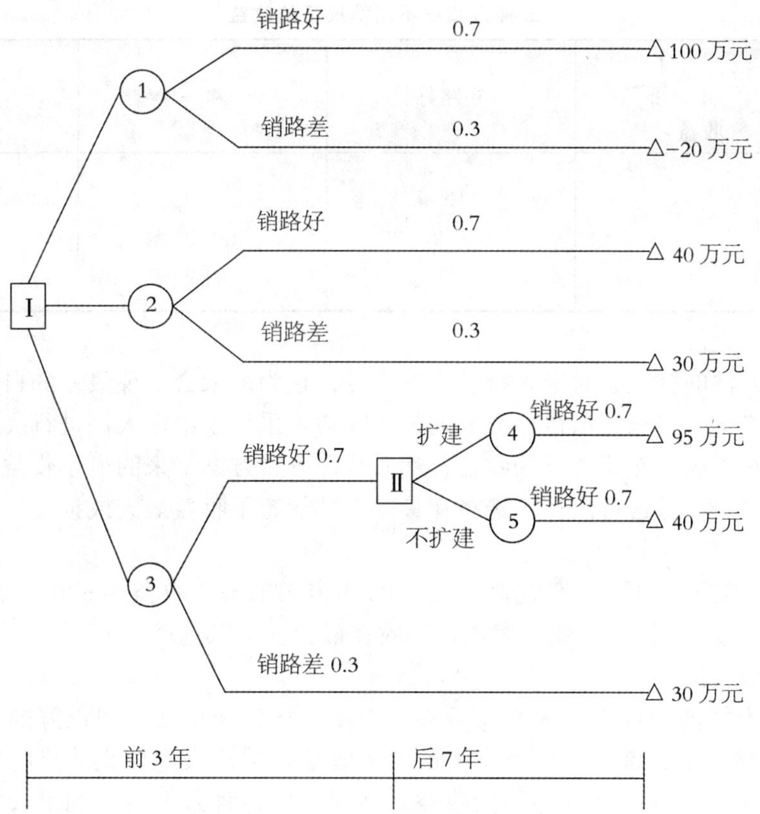

图4-5　一个多阶段决策的决策树

案在不同自然状态下的收益或损失。据此，我们可以算出各种方案的期望收益。

方案1（节点①）的期望收益：［0.7×100+0.3×（-20）］×10-300=340（万元）

方案2（节点②）的期望收益：（0.7×40+0.3×30）×10-140=230（万元）

至于方案3，由于节点④的期望收益465万元（0.7×95×10-200）大于节点⑤的期望收益280万元（0.7×40×10），所以销路好时，扩建比不扩建好。

方案3（节点③）的期望收益：0.7×40×3+0.7×465+0.3×30×10-140=359.5（万元）

计算结果表明，在三种方案中，方案3最好。

需要说明的是，在上面的计算过程中，我们没有考虑到货币的时间价值，这是为了使问题简单化，但在实际中，多阶段决策通常要考虑货币的时间价值。

3）不确定型决策方法

当各种可行性方案发生的后果未知时，即可采用不确定型决策方法。与风险型决策方法相比，不确定型决策方法缺少第四个条件。常用的不确定型决策方法有小中取大法、大中取大法和最小最大后悔值法等。下面我们通过举例来介绍这些方法。

例：某企业打算生产某产品。据市场预测，产品销路有三种情况，即销路好、销路一般和销路差。生产该产品有三种方案：a方案为改进生产线；b方案为新建生产线；c方案为与其他企业协作。据估计，三种方案在不同情况下的收益见表4-2，则企业应选择哪种方案？

表4-2　　**三种方案在不同情况下的收益**　　单位：万元

自然状态 / 方案 / 收益	销路好	销路一般	销路差
a方案：改进生产线	180	120	-40
b方案：新建生产线	240	100	-80
c方案：与其他企业协作	100	70	16

（1）小中取大法

采用这种方法的管理者对未来持悲观的态度，认为未来会出现最差的自然状态，因此不论采取哪种方案，都只能取得该方案的最小收益。采用小中取大法进行决策时，首先应计算各种方案在不同自然状态下的收益；然后找出各种方案带来的最小收益，即在最差自然状态下的收益；最后进行比较，选择在最差自然状态下收益最大或损失最小的方案作为所需方案。

在本例中，a方案的最小收益为-40万元，b方案的最小收益为-80万元，c方案的最小收益为16万元，经过比较，c方案的最小收益最大，所以选择c方案。

（2）大中取大法

采用这种方法的管理者对未来持乐观的态度，认为未来会出现最好的自然状态，因此不论采取哪种方案，都能获取该方案的最大收益。采用大中取大法进行决策时，首先应计算各种方案在不同自然状态下的收益；然后找出各种方案带来的最大收益，即在最好自然状态下的收益；最后进行比较，选择在最好自然状态下收益最大的方案作为所需方案。

在本例中，a方案的最大收益为180万元，b方案的最大收益为240万元，c方案的最大收益为100万元，经过比较，b方案的最大收益最大，所以选择b方案。

（3）最小最大后悔值法

管理者在选择了某方案后，如果将来发生的自然状态表明其他方案的收益更大，那么他（或她）就会为自己的选择感到后悔。最小最大后悔值法就是使后悔值最小的方法。采用这种方法进行决策时，首先应计算各种方案在不同自然状态下的后悔值（某方案在某自然状态下的后悔值=该方案在该自然状态下的最大收益-该方案在该自然状态下的收益）；然后找出各种方案的最大后悔值；最后进行比较，选择最大后悔值最小的方案作为所需方案。

在本例中，在销路好这一自然状态下，b方案（新建生产线）的收益最大，为240万元。在将来发生的自然状态是销路好的情况下，如果管理者恰好选择了这一方案，他就不会后悔，即后悔值为0。如果他选择的不是b方案，而是其他方案，他就会后悔（后悔没有选择b方案）。比如，他选择的是c方案（与其他企业协作），该方案在销路好时带来的收益是100万元，比选择b方案少带来140万元的收益，即后悔值为140万元。三种方案在不同自然状态下的后悔值见表4-3。

表4-3　**三种方案在不同自然状态下的后悔值**　单位：万元

方案 \ 自然状态 / 后悔值	销路好	销路一般	销路差
a方案：改进生产线	60	0	56
b方案：新建生产线	0	20	96
c方案：与其他企业协作	140	50	0

从表4-3中可以看出，a方案的最大后悔值为60万元，b方案的最大后悔值为96万元，c方案的最大后悔值为140万元。经过比较，a方案的最大后悔值最小，所以选择a方案。

思考题

1.什么是决策？决策过程可以划分为几个阶段？

2.一个有效决策的标准有哪些？

3.按照不同的分类标准，决策可以分为哪些类型？

4.古典决策理论、行为决策理论、当代决策理论的主要内容分别有哪些？

5.简述影响决策的因素。

6.实施头脑风暴法需要注意哪些问题？

7.运用德尔菲法的关键是什么？

8.简述经营单位组合分析法。

9.有关活动方案的决策方法分为哪几类？

案例分析

开发新产品与改进现有产品之争

袁之隆先生是南机公司的总裁。南机公司是一家生产和销售农业机械的公司。多年来，公司的销售利润连年增加。每当坐在办公桌前翻看数字、报表时，袁先生都会感到踌躇满志。

这天下午又是业务会议时间，袁先生召集了公司在各地的经销负责人，分析目前和今后的销售形势。在会议上，有些经销负责人指出，农业机械产品虽有市场潜力，但消费者的需求趋向已有所改变，公司应针对新的需求，增加新的产品种类，以满足这些消费者的新需求。

袁先生对于新产品的研制、开发工作非常在行，因此，他听完了各经销负责人的意见之后，心里便很快算了一下，新产品的开发首先要增加研究与开发投资，然后要花钱改造公司现有的自动化生产线，这两项工作耗时3～6个月。增加生产品种，意味着公司必须储备更多的备用零件；同时，公司需要对工人进行新技术培训，因此投资又会进一步增加。

袁先生认为，从事经销工作的人总是喜欢从自己业务方便的角度来考虑问题，因此不断提出研发新产品的要求，却全然不顾品种更新必须投入的成本情况。事实上，公司目前这几种产品的经营效果还很不错。最终，袁先生决定不考虑开发新品种的建议，目前的策略仍是改进现有品种，以进一步降低成本和销售价格。他相信，降低产品生产成本、提高产品质量并开出具有吸引力的价格，是提高公司产品竞争力最有效的法宝，因为消费者实际考虑的还是产品的价格。尽管袁先生已经做出了决策，但他还是想听一听顾问专家的意见。

资料来源：佚名．开发新产品与改进现有产品［EB/OL］．［2011-09-29］．http：//wenku.baidu.com/link？url=1_hQqxsKIJNmZ55ju_dpaU2aWVo9u4j0VqUP2YVTL2nsauWIvM2ehjpD4Dc01XF-jr7gou_CoPPIctviRLJNfa.

问题：

（1）你认为袁先生在做出此决策时考虑了哪些因素？

（2）如果你是顾问专家，你如何评价袁先生的决策？

第5章/计 划

学习目标：了解计划的概念、性质、类型，掌握计划的编制方法，系统把握网络计划技术；能应用所学内容编制日常工作计划、生活计划、班级工作计划、商业拓展计划等，并能组织实施所编制的计划。

计划过程是决策的组织落实过程。决策是计划的前提，计划是决策的逻辑延续。计划通过将组织在一定时期内的活动任务分解给组织的每个部门、环节和个人，为这些部门、环节和个人在该时期的工作提供了具体的依据，也为决策目标的实现提供了保证。

5.1 计划概述

5.1.1 计划的概念

一般而言，计划是对未来行动的预先安排。计划是所有管理职能中最基本的方面，它是对未来活动进行的提前安排和打算，是一种针对未来的筹谋、规划、策划、企划。古人所说的“运筹帷幄”，就是对计划职能最形象的概括。任何组织和管理活动都需要计划。

计划有广义和狭义之分。广义的计划是指制订计划、执行计划和检查计划的工作过程。狭义的计划仅指制订计划，即通过科学预测，根据内外部环境提出在未来一定时期内要达到的目标以及实现目标的途径。

计划有名词和动词之分。作名词理解，计划是指用文字和指标等形式表述的，对未来活动所做的事前安排、预测和应变处理的管理文件。作动词理解，计划是指管理者确定必要的行动方针，以期在未来的发展中能够实现目标的过程。

无论是作名词理解的计划，还是作动词理解的计划，只要是计划，都应具备两个显著特征：第一，计划是面向未来的，它不是对过去的总结，也不是对现在的描述；第二，计划是面向行动的，它不是空泛的议论，也不是学术的见解，计划做好以后，不是摆在那里看的，而是要付诸行动的。面向未来性和面向行动性，是计划的两个显著特征，

计划是组织中各种活动有条不紊进行的保证，计划还是一个需要运用智慧、发挥创造力的过程。计划要求管理者高瞻远瞩地制定目标和战略，严密规划和部署，把决策建立在

反复权衡的基础上。为了把计划做好，使编制的计划能够顺利实施，计划职能和管理的其他职能一样，必须按照基本原理、方法和技术去执行。

5.1.2 计划的内容

计划的内容通常用5个W和1个H来表示。

What——做什么，即明确一个时期的具体任务和要求。例如，企业的生产计划应明确所生产产品的品种、数量、规格等，以保证合理利用企业资源，并为考核提供依据。

Why——为什么做，即明确计划的宗旨和目标，使计划执行者了解并支持计划，以便发挥执行者的积极性和主动性，实现预期目标。

When——何时做，即规定计划中各项工作的起始时间、进度和完成时间，以便执行者进行有效控制，并对组织资源进行合理安排。

Where——何地做，即规定计划的实施地点和场所，了解计划实施的环境和限制条件，以便安排计划实施的空间和布局。

Who——谁去做，即明确实施计划的部门和人员，包括每个阶段的责任者、协助者和利益相关者等。

How——如何做，即制定实施计划的措施，以及相应的政策和规则等，以便相关人员对组织资源进行合理的预算、分配和使用。

计划制订者在制订计划时，应从以上六个方面进行考虑，以保证计划切实可行。

5.1.3 计划的性质

1）目标性

目标是计划的核心，实现目标是计划的出发点和归宿。在组织中，每一个计划及派生计划的制订都是为了实现组织总体目标和各个阶段的目标。有效制订计划能够对组织行为产生积极的指导作用，从而确保组织沿着既定的方向和目标前进。离开了目标，计划就毫无意义。

2）首要性

计划工作相对于其他管理职能而言处于首位。这是因为，计划工作在管理过程中先于其他管理职能，更重要的是，计划工作影响和贯穿于组织、人员配备、领导和控制工作中。图5-1简要描述了计划对后续管理过程的影响。

3）普遍性

计划工作的普遍性包含以下两层意思：

（1）由于资源的有限性，组织中的任何管理活动都需要进行有效的计划，只有这样，才能有效利用资源。

（2）组织中任何层次的管理者都或多或少地负有制订计划的责任，尽管不同层次的管理者从事的计划工作的侧重点和内容有所不同。

4）效率性

计划工作的任务不仅是要确保实现目标，而且要从众多方案中选择最优的资源配置方案，保证以最小的成本投入、最便捷的行动步骤，在指定的时间里卓有成效地实现决策目标，以实现资源的合理利用和工作效率的最大化。这就是我们通常所说的既要“做正确的事”，又要“正确地做事”。计划工作的效率，是通过实现组织的总目标和阶段目标所得到

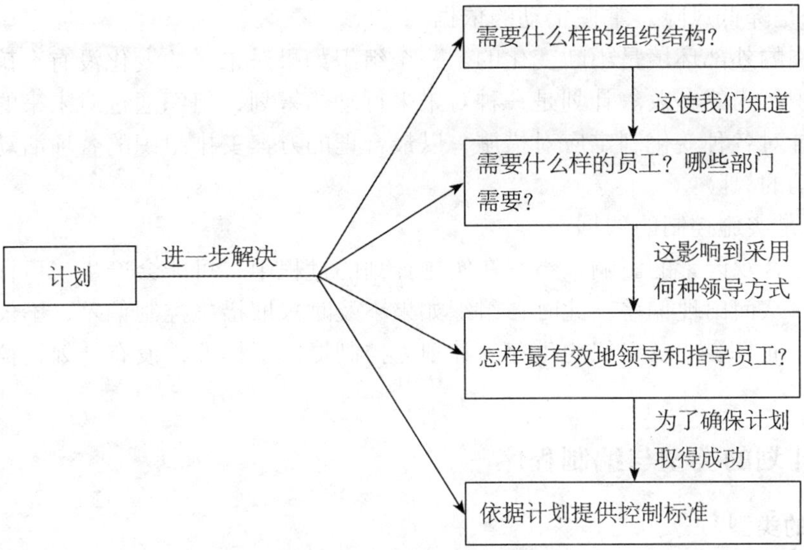

图5-1　计划对后续管理过程的影响

的利益，扣除为制订和执行计划所需要的费用及其他预计不到的损失之后的余额来测定的。

5）灵活性

计划工作是针对需要解决的新问题和发生的新变化、新机会而做出的决定与行动安排。由于计划是指向未来的，而影响事物未来发展的因素常常是复杂的和不确定的，因此计划的刚性不能过强，要具有一定的柔性、弹性和灵活性。人们常常会说："我的计划非常完美，只要××地方不出现问题，则一切尽在掌控之中。"可在现实中，人们害怕出现问题的地方往往一定会出现问题。所以，为了保证在任何情况下决策所确定的方案都能顺利实施，计划必须留有一定的余地，不能满打满算。

综上所述，计划是一个指导性、预测性、科学性很强的管理活动，同时又是一项复杂且困难的工作。提高计划的科学性是全面提高管理水平的前提和关键。

5.1.4　计划的作用

1）计划是管理活动的依据

计划为管理活动提供了基础，是管理活动的依据。管理者根据计划分派任务，确定下级的工作，使组织中全体成员的活动方向趋于一致，从而形成一种协调的组织行为，保证实现计划所设定的目标。计划使得管理者的各项管理工作更加有效，使得管理工作的监督、检查和纠正工作有了明确的依据。

2）计划是合理配置资源的手段

计划将组织活动从时间、空间上进行分解，通过规定组织中的不同部门在不同的时间应从事的具体活动，明确所需资源的时间、数量和种类等，从而为合理配置资源提供了依据。组织中的任何活动都必须以一定的资源为基础，而计划可以使组织的各项资源得到合理分配，使组织的各项目标活动顺利完成。

3）计划是降低风险、掌握主动的依据

组织面临的外部环境是不断变化的。一个组织如果对未来的变化没有准确的预测，必然会导致组织行为的失败。计划是一种对未来行动的筹划，组织通过对未来的各种情况进行预测，并针对各种变化制定应对措施，以最合理的方案安排组织的各项活动，能够降低组织未来活动的风险。

4）计划是实施控制的依据

受各种主客观因素的影响，组织在实施计划的过程中，可能会产生与目标要求不完全相符的情况，从而出现偏差。此时，组织如果不及时采取措施控制偏差，不仅会导致组织活动的失败，而且会危及组织的生存。计划为控制提供了标准，没有计划，控制就成了无本之木。

5.2 计划的类型与编制程序

5.2.1 计划的类型

计划有多种类型，按计划时间的长短划分，有长期计划、中期计划和短期计划；按计划的层次范围划分，有战略计划、战术计划和作业计划；按计划的对象划分，有综合计划、部门计划和项目计划；按计划对执行者的约束力划分，有指令性计划和指导性计划；按计划的表现形式划分，有宗旨、目标、战略、政策、程序、规则、规划和预算。

1）按计划时间的长短划分：长期计划、中期计划和短期计划

一般而言，人们习惯上把五年以上的计划称为长期计划，把一年以上、五年以内的计划称为中期计划，把时间跨度在一年及一年以内的计划称为短期计划。但是，对于一些环境变化很快、本身节奏也很快的组织活动而言，其对计划的分类也可能是：一年计划属于长期计划，季度计划属于中期计划，月计划属于短期计划。

通常，长期计划主要是方向性和长远性的计划，它主要回答的是组织的长远目标、发展方向以及大政方针问题。中期计划是根据长期计划制订的，它比长期计划更详细、具体，是考虑了组织内部与外部的条件与环境变化情况后制订的可执行的计划。短期计划比中期计划更加详细、具体，它是指导组织具体活动的行动计划，一般是对中期计划的分解与落实。

在管理实践中，长期、中期和短期计划必须有机衔接起来，长期计划对中、短期计划要具有指导作用，而中、短期计划的实施要有助于长期计划的实现。不考虑长期计划目标，仅局限于短期任务的完成，这种管理工作实际上属于一种无目的的行为。

2）按计划的层次范围划分：战略计划、战术计划和作业计划

应用于整个组织的、为组织设立总体目标和寻求组织在环境中的地位的计划，称为战略计划。战略计划是对组织全部活动所做的战略安排，它具有长远性、整体性。战术计划是一种局部性的、阶段性的计划，它多用于指导组织内部某些部门的共同行动，以完成某些具体的任务，实现某些具体的阶段性目标。作业计划是部门或个人的具体行动计划。作业计划通常具有个体性、可重复性和较大的刚性，一般是必须执行的命令性计划。战略计划趋向于包含较长的时间间隔，通常为5年甚至更长时间，同时覆盖较广的领域，不规定

具体细节，战略计划的一个重要任务是设立目标；作业计划趋向于包含较短的时间间隔，如月计划、周计划、日计划，同时假定目标已经存在，只是提供实现目标的方法。

战略计划、战术计划和作业计划强调的是对组织纵向层次的指导和衔接。具体来说，战略计划往往由高层管理人员负责，战术计划和作业计划往往由中层、基层管理人员甚至具体作业人员负责；战略计划对战术计划和作业计划具有指导作用，而战术计划和作业计划的有效实施能够确保战略计划的顺利实施。

3）按计划的对象划分：综合计划、部门计划和项目计划

顾名思义，综合计划一般是指具有多个目标和多方面内容的计划。就其所涉及的对象而言，综合计划关联整个组织事务的许多方面。习惯上，人们把预算年度的计划称为综合计划，即年度生产经营计划。部门计划是在综合计划的基础上制订的，它的内容局限于某一特定的部门或职能，一般是综合计划的子计划，是为了达到组织的分目标而制订的计划，如企业销售部门的年度销售计划。项目计划是针对组织的特定活动所做的计划，如某项产品的开发计划、职工俱乐部建设计划等。

4）按计划对执行者的约束力划分：指令性计划和指导性计划

指令性计划一般是指由上级主管部门向下级下达的具有严格约束力的计划。指令性计划一经下达，计划的执行者就必须遵照计划开展活动，并且要尽一切努力去完成计划。指导性计划可以是上级主管部门下达的计划，也可以是同级部门编制的计划，它对计划执行者来说不具有严格的约束力，是一种参考性的计划。对于指导性计划，计划执行部门可以根据本部门的具体情况，决定是执行计划还是需要对计划进行必要的修改，计划执行者实际上是在计划的指导下开展本部门活动的。

直观地看，指令性计划似乎比指导性计划更可取，指令性计划具有明确描述的目标，不存在模棱两可甚至容易引起误解的问题。然而在现实中，指令性计划所要求的明确性和可预见性条件经常由于内外环境的多变性而难以得到满足。在这种情况下，指导性计划更可取。一方面，由于指导性计划没有明确的要求，因此其具有较好的适应性；另一方面，由于指导性计划规定了一般性的指导原则，因此其在多变的环境中具有较好的可控性和灵活性，是应对多变环境的有力武器。

5）按计划的表现形式划分：宗旨、目标、战略、政策、程序、规则、规划和预算

计划的类型多种多样，它包含着组织未来行动的目标和方式。哈罗德·孔茨和海因茨·韦里克从抽象到具体，把计划分为一种层次体系：宗旨、目标、战略、政策、程序、规则、规划和预算。

（1）宗旨。宗旨是指社会赋予组织的基本职能和基本使命，即一个组织是干什么的和应该干什么。任何一个组织都应该有一个或一些明确的目标或使命。对于不同的组织，如企业、政府、军队、学校等，其不同首先表现为代表组织宗旨的目的和使命的不同。所以，对于一个组织而言，明确其宗旨就是拟定清楚而有意义的目标。明确的宗旨是制订计划的结果，也是计划的一种表现形式。

（2）目标。目标是对宗旨的具体化。换句话说，组织在一定时期的具体目标是在宗旨的指导下提出的，它具体规定着组织及其各部门的管理活动在一定时期内要达到的具体成果。如果说组织的基本宗旨是抽象的，那么组织的目标则要具体得多，因为组织为实现其

宗旨需要确定一系列的目标，并形成一个目标网络。然而，从确定目标，到分解目标，再到最后形成目标网络，本身就是一个严密的计划过程。所以，目标在表现形式上就是计划，是计划工作的结果。

（3）战略。战略是为了达到组织总目标而采取的行动和利用资源的总计划，其目的是通过一系列的主要目标和政策去决定和传达指望成为什么样组织的愿景。战略并不打算确切地概述组织怎样去完成目标，战略其实是无数主要的和次要的支持性计划。

（4）政策。政策是权力部门在管理工作中处理具体问题时所做的一般规定，它是用文字来说明的、用于指导和沟通思想以及行动的、协商一致的意见。政策作为计划，有助于将一些问题的解决方法事先确定下来，以免重复分析，并给其他派生计划一个概貌，从而使管理人员能够控制全局。政策帮助管理人员事先决定处理问题的方法，这减少了处理某些例行事件的成本。政策支持分权，同时也支持上级主管对该项分权的控制。政策允许管理者对某些事情有酌情处理的自由：一方面，管理者切不可把政策当作规则；另一方面，管理者必须把这种自由限制在一定的范围内。自由处理权限的大小一方面取决于政策本身，另一方面取决于主管人员的管理艺术。

（5）程序。程序也是一种计划，它规定了那些在未来重复发生的例行问题的处理标准与方法。程序从实质上说是要详细规定即将进行的活动的准确方式与时间顺序，因此程序也是一种工作步骤。程序与战略不同，它是行动指南，而非思想指南；程序与政策不同，它没有给行动者自由处理的权限。出于理论研究的考虑，我们把政策与程序区分开来。在实践工作中，程序往往表现为组织的规章制度，如一家制造业企业处理订单的程序、会计部门记载往来业务的程序等。组织中的每个部门都有程序，特别是在基层，程序更加具体化，数量也更多。

（6）规则。规则详细地阐明了组织必需的行动和非必需的行动，是一种形式最简单的计划。规则不同于程序，规则虽然指导行动，但不说明时间顺序。我们可以把程序看作一系列的规则，但是一条规则可能是也可能不是程序的组成部分。例如，“禁止吸烟”是一条规则，但这条规则和程序没有任何联系。又如，“在接到顾客需要服务的信息后，30分钟内必须给予顾客答复”是一条规则，这条规则也是顾客服务程序的组成部分。需要注意的是，规则和程序旨在约束思想，只有在不需要组织成员使用自行处理权时，才应该使用规则和程序。此外，规则也不同于政策。政策的作用是指导行动，并给执行人员留有酌情处理的余地；规则虽然也起指导行动的作用，但是在运用规则时，执行人员没有自行处理之权。

（7）规划。规划是为了落实既定方针而制订的有关目标、政策、程序、规则、任务、行动步骤、可使用的资源等方面的综合性计划。一般来说，规划包括组织的长期计划和短期计划、业务职能专门计划等各种计划，是一个计划网络。

（8）预算。预算是一份用数字表示预期结果的报表。预算通常是为规划服务的，但其本身也可能是一项规划。由于预算是以数字的形式表示预期结果的一种报告书，因此也被称为数字化的计划。

由此可见，计划的表现形式多种多样，但无论什么形式的计划，有一点是共同的，即计划是一种关于未来的蓝图和一定的行动建议、说明和框架，是导向目标的积极方案。总之，计划的作用和原则是一定的，但计划的形式是多种多样的。只要科学地运用各种形式的计划，计划职能就能充分发挥作用。

5.2.2　计划的编制程序

虽然计划的类型和形式多种多样，但管理人员在编制任何计划时，都必须遵循相同的逻辑和步骤。图5-2描述了计划的编制程序。

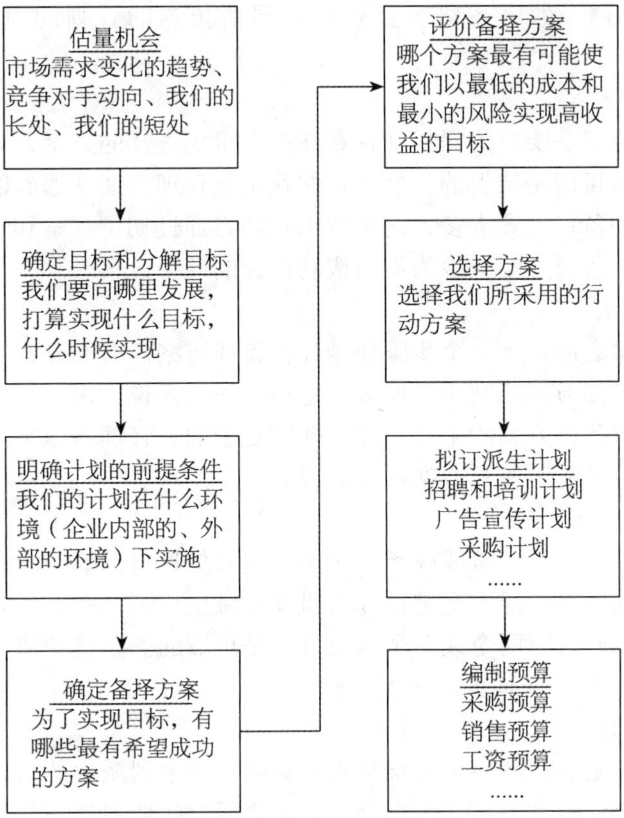

图5-2　计划编制程序图

1）估量机会

估量机会应在实际的计划工作之前就着手进行。管理者利用收集到的资料，对组织的内外部环境进行分析，对将来可能出现的机会进行估计，以全面、清楚地了解这些机会；分析自身的长处和短处，以做到心中有数、知己知彼；列举主要的不肯定因素，分析其发生的可能性和影响程度，在反复斟酌的基础上扬长避短。

2）确定目标和分解目标

目标决定了组织的发展方向，并指导组织的行动。确定目标就是通过对机会的估量，明确各种环境因素的影响，分析组织的优势及劣势、组织的总方针和要达到的总目标。分解目标就是将决策确定的组织总体目标，分解为组织中各个部门和各个环节的目标，将长期目标分解为各个阶段的分目标，从而确定组织的各个部门在未来各个时期的具体任务，形成一个统分结合的目标体系。在建立目标体系时，管理者要仔细平衡组织内部各部门之间和不同组织层次之间的目标，以防出现相互矛盾的目标和次序优化问题。

3）明确计划的前提条件

计划的前提条件就是计划实施时预期的内外部环境条件。由于未来环境条件的复杂性，因此要搞清楚计划的每一个细节既是不现实的，也是不经济的。组织要明确的前提条件必须限于那些关键性的、对计划的实施影响最大的条件。为了使组织的各个领域、各个部门的计划协调一致，各级各类管理人员所依据的计划的前提条件也必须协调一致。

4）确定备择方案

一般来说，实现某一既定的目标往往存在多个可供选择的方案，如果只有一种可选方案，那么这一方案很可能是错误的。然而在实践中，管理者通常遇到的问题并不是备择方案太少，而是面临的备择方案太多，这就要求管理者通过初步观察和计算，排除成功希望不大的那些方案，将备择方案减少为最有成功把握的几个方案。

5）评价备择方案

确定了备择方案之后，下一个步骤便是评价备择方案。有的方案可能获利大，但投资额高且回收期长；有的方案获利小，但风险也小。一般来说，由于存在大量的可变因素和限定条件，因此评价备择方案的工作往往是非常复杂的，管理者通常需要借助运筹学、统计学和计算机技术等各种手段对方案进行评价。

6）选择方案

这一步骤实际上是进行决策或决断。管理者或者依据自己的经验，或者通过对备择方案进行实验，或者通过对备择方案进行分析研究来做出决策。在选择方案的过程中，管理者有时可能会发现，同时有两个或两个以上方案是可取的。在这种情况下，管理者也许会决定同时采取几个方案，而不是某一个方案。

7）拟订派生计划

在选定了基本计划后，还必须围绕基本计划制订一系列派生计划，以辅助基本计划的实施。例如，某大企业在做出新建一个分厂的决策后，还要拟订一系列派生计划，如人员的招聘和培训计划、材料和设备的采购计划、广告宣传计划、资金筹措计划等。

8）编制预算

计划工作的最后一步是将计划转化为预算，使计划数字化。编制预算是汇总组织各种计划的一种手段，预算用数字表述计划，并把这些数字化的计划分解成与组织的业务相一致的各个部分，这样预算就与计划工作联系起来了。预算将资源使用权授予组织的各部门，又对资源使用状况进行控制。

5.3 计划的实施

计划工作效率的高低和质量的好坏，在很大程度上取决于组织所采用的方法和技术。当今社会，组织处于更加复杂和动荡的外部环境中，未来的不确定性因素日渐增多，因此选择合适的计划方法就显得尤为重要。常用的计划方法有目标管理、滚动计划法、网络计划技术、企业资源计划、业务流程重组等。

5.3.1 目标管理

目标管理是美国管理学家彼得·德鲁克（Peter F.Drucker）于1954年提出的。

1）目标管理的基本思想

（1）企业的任务必须转化为目标。企业管理人员必须通过这些目标对下级进行领导，并以此来保证企业总目标的实现。在工作成就和成果直接地、严重地影响企业的生存和繁荣的部门中，目标是必需的，并且经理取得的成就必须是从企业的目标中引申出来的，经理的成果必须用其对企业的目标有多大的贡献来衡量。

（2）目标管理是一种程序，它使一个组织中的上下各级管理人员一起制定共同的目标，确定彼此的责任，并以此项责任作为指导业务和衡量各自贡献的标准。如果没有方向一致的分目标来指导每个人的工作，则企业的规模越大、人员越多，产生冲突和浪费的可能性就越大。

（3）企业管理人员或工人的分目标既是企业总目标对他们的要求，也是企业管理人员或工人对企业总目标的贡献。只有每个人的分目标都完成了，企业的总目标才有完成的希望。

（4）管理人员和工人是靠目标来管理的，以他们所要达到的目标为依据，进行自我指挥、自我控制，而不是由他们的上级来指挥和控制。

（5）企业管理人员对下级进行考核和奖惩也要依据这些分目标。

2）目标制定的SMART原则

所谓目标，是指期望的成果。目标为所有管理决策指明了方向，并且可以作为标准，用来衡量实际的绩效。因此，目标成为计划的基础。

制定目标看似是一件简单的事情，但是如果上升到技术层面，管理者必须学习并掌握SMART原则。SMART原则的具体内容如下：

- 目标必须是明确具体的（specific）；
- 目标必须是可以衡量的（measurable）；
- 目标必须是可以达到的（attainable）；
- 目标必须具有相关性（relevant）；
- 目标必须具有明确的时间限制（time-bound）。

（1）目标必须是明确具体的

所谓具体，是指与任职人的工作职责或部门职能相对应。所谓明确，是指目标的工作量、达成日期、责任人、资源等都是一定的，可以很明确。例如，“增强对客服务意识”，这种对目标的描述就很不明确，因为增强对客服务意识有许多具体做法，包括：降低客户投诉率，过去客户投诉率是3%，把它降至1.5%或者1%；使用规范礼貌的用语；采用规范的服务流程等。我们所说的“增强对客服务意识”到底指哪一块儿呢？不明确就没有办法评判、衡量。

（2）目标必须是可以衡量的

如果目标无法衡量，就无法为下属指明方向，也就无法确定是否达到了目的。如果没有一个衡量标准，具体的执行者就会少做工作，因为他们认为没有具体的指标约束他们必须做到什么程度，所以只要大概做些工作就可以了。这类问题大多出现在工作量化起来比较困难的行政部门或者技术部门中，上司不十分了解具体的业务，从而无法进行有效的工作控制，在最终的工作评估中也会产生争执。例如，“为所有老员工安排进一步的管理培训”。“进一步”是一个既不明确也不容易衡量的概念，到底指什么呢？是不是只要安排了这个培训，不管谁讲，也不管效果好坏，都叫“进一步”？准确的说法应该是：在什么时间完成对所有老员工关于某个主题的培训，并且在这个培训课程结束后，学员的评分低于85分就认为效果不理想，高于85分就是所期望的结果。这样目标就变得可以衡量了。

（3）目标必须是可以达到的

目标必须是可以让执行人实现、达到的，如果上司利用一些行政手段一厢情愿地把自己所制定的目标强压给下属，那么下属典型的反应是一种心理和行为上的抗拒：“我可以接受，但是否能够完成这个目标，有没有最终的把握，这个可不好说。”一旦有一天这个目标真的完成不了，下属有100个理由可以推卸责任：“你看我早就说了，这个目标我肯定完成不了，但你坚持要压给我。”因此，目标设置要坚持员工参与、多方沟通，使拟定的工作目标在组织及个人之间达成一致。也就是说，组织可以制定跳起来“摘桃”的目标，但不能制定跳起来“摘星星”的目标。

（4）目标必须具有相关性

目标的相关性是指实现此目标与其他目标的关联情况。如果实现了某个目标，但这个目标与其他目标完全不相关，或者相关度很低，那么这个目标即使实现了，意义也不大。对于管理者来说，无论是对自己提出的目标，还是对下属提出的目标，都应该与自己企业的目标或企业文化相吻合。只有把企业的目标转化为个人的目标，才能对个人的行为起到激励作用，才能最大限度地激发人的工作积极性。例如，工作目标的设定要和岗位职责相关联，不能跑题。比如一个前台，让其学点英语以便接电话的时候用得上，这时提升英语水平和前台接电话的服务质量有关联，即学英语这一目标与提高前台工作水平这一目标直接相关；若让其学习六西格玛，就有些跑题了，因为前台学习六西格玛这一目标与提高前台工作水平这一目标的相关度很低。

（5）目标必须具有明确的时间限制

目标的时限性是指目标是有时间限制的。例如，我将在2017年5月31日之前完成某事。5月31日就是一个明确的时间限制。如果目标没有时间限制，不仅没有办法考核，而且会带来考核不公，伤害下属的工作热情。上下级之间对目标轻重缓急的认识程度不同，上司着急，但下属不知道，结果目标没有按时完成，上司暴跳如雷，下属却觉得委屈。因此，目标要具有时间限制，管理者要根据工作任务的权重、事情的轻重缓急，拟定出完成目标的时间要求，定期检查工作的完成进度，以方便对下属进行及时的工作指导，并且根据工作计划的异常情况及时调整工作计划的内容。

总之，无论是制定团队的工作目标还是员工的绩效目标，都必须符合SMART原则。管理者必须和员工一起在不断制定高绩效目标的过程中提高工作绩效。

3）目标管理的过程

美国管理学家斯蒂芬·P.罗宾斯认为，目标管理共有八个步骤，见表5-1。这八个步骤又可以概括成三个主要阶段：前五步为建立目标体系阶段，第六步为组织实施阶段，第七步和第八步为考核和反馈阶段。

表5-1　**目标管理的步骤**

步骤	主要内容
1	制定组织的目标和战略
2	在经营单位和部门之间分配主要目标
3	各单位的管理者及其上级一起设定本部门的具体目标
4	部门的所有成员参与设定自己的具体目标
5	管理者与下级共同制订实现目标的行动计划
6	实施行动计划
7	定期检验目标的实现情况，并向有关单位和个人反馈
8	基于效率的奖励促进目标的成功实现

（1）建立目标体系阶段

实行目标管理，首先要建立一套完整的目标体系。这项工作总是从企业的最高主管部门开始，然后由上而下逐级确定目标，上下级的目标之间通常是“目标—手段”的关系，某一级的目标需要用一定的手段来实现，这些手段就成为下一级的次目标，按级顺推下去，直到作业层的作业目标，从而构成了一种锁链式的目标体系。制定目标应当采取协商的方式，应当鼓励下级主管人员根据基本方针拟定自己的目标，然后由上级批准。

（2）组织实施阶段

目标体系建立后，主管人员就应放手，把具体工作交给下级成员，自己去抓重点的综合性管理，目标的完成主要靠执行者的自我控制。也就是说，在明确了目标之后，上级主管人员不能像以前那样事必躬亲。当然，这并不是说上级在确定目标后就撒手不管，上级的管理应主要表现在协助提出目标、提供情报以及创造良好的工作环境等方面。

（3）考核和反馈阶段

主管人员应对各级目标的完成情况进行定期检查和考核，检查的依据就是事先确定的目标。同时，主管人员应及时反馈最终的评价结果。反馈对绩效有积极的影响，它可以使执行者认识到自己的成绩和不足。执行者通过总结经验教训，把好的做法固定下来，并加以完善，使之科学化、系统化、标准化、制度化，对不足之处进行原因分析，采取措施加以改进，进而将经验用于新的目标管理周期。

4）对目标管理的评价

目标管理在国内外很多企业中得到了成功运用，但在实施中也出现了许多问题，因此，我们必须客观分析目标管理的优势、劣势，这样才能扬长避短，收到应有的实效。

（1）目标管理的优点

①目标管理对于组织内易于度量和分解的目标会带来良好的绩效。对于那些在技术上具有可分解性的工作，由于责任、任务明确，因此目标管理常常会起到立竿见影的效果；对于那些在技术上不可分解的工作，则难以实施目标管理。

②目标管理有助于改进组织的职责分工。由于组织目标的成果和责任能够划给一个职

位或部门，因此组织容易发现授权不足与职责不清等问题。

③目标管理调动了员工的主动性、积极性、创造性。由于目标管理强调自我控制与自我调节，强调将个人利益和组织利益紧密联系起来，因此能够提高士气。

④目标管理促进了意见的交流和相互了解，改善了人际关系。

（2）目标管理的缺点

①目标难以制定。组织内的许多目标难以定量化、具体化；许多工作在技术上不可分解；组织环境的变化越来越快，组织内部的活动越来越复杂，组织活动的不确定性越来越大。因此，对组织的活动制定数量化的目标是很困难的。

②目标管理的哲学假设不一定都存在。Y理论对人类的动机做了过分乐观的假设，实际中的人是有“机会主义本性”的，尤其是在监督不力的情况下。因此在许多情况下，目标管理所要求的承诺、自觉、自治的气氛难以形成。

③目标商定可能增加管理成本。目标商定要求上下沟通、统一思想，这是很费时间的；每个单位、每个人都关注自身目标的完成情况，很可能忽略了相互协作和组织目标的实现，从而滋长了本位主义、临时观点和急功近利的倾向。

④奖惩不一定都能和目标成果相配合，也很难保证公正性，从而削弱了目标管理的效果。

鉴于上述分析，管理者在实际工作中推行目标管理时，除了要掌握具体的方法以外，还要特别注意以下几点：把握工作的性质，分析对工作进行分解和量化的可能性；提高员工的职业道德水平，培养合作精神；建立健全各项规章制度，注意改进领导作风和工作方法，使目标管理的推行建立在科学管理的基础上；要逐步推行、长期坚持、不断完善，从而使目标管理发挥预期的作用。

5.3.2 滚动计划法

滚动计划法，也称滑动计划法，是一种动态编制计划的方法。它不像静态分析那样，等一项计划全部执行完了之后再重新编制下一时期的计划，而是在每次编制或调整计划时，均将计划按时间顺序向前推进一个计划期，即向前滚动一次。按照制订的计划进行施工，对保证项目的顺利完成具有十分重要的意义。然而，受各种因素的影响，项目在进行过程中经常会产生偏离计划的情况，这时就要跟踪计划的执行过程，从而发现存在的问题。

1）滚动计划法的基本思想

滚动计划法是用来编制和调整长期计划的一种十分有效的方法，它对促进长、中、短期计划的衔接是十分有效的。这种方法的基本思想是，由于长期计划涉及的时间期限比较长，而未来的不确定性因素很多，因此必然会有许多情况事先无法准确预测和估计。如果一定要将长期计划制订得像短期计划那样具体，势必会影响计划工作的经济性。所以在编制长期计划时，可采取“近具体，远概略”的方法，对近期计划的制订尽量具体，以便于计划的实施，对远期计划只规定出大概的要求，以使员工明确奋斗的方向；然后根据计划在具体实施过程中出现的差异和问题不断分析原因，同时结合对内外环境情况的分析予以修改和调整。也就是说，在计划实施的过程中，将远期计划逐渐具体化，使之成为可实施的计划，从而把长期计划与短期计划有机结合起来，这样既保证了计划工作的经济性，又能使计划与实际情况相吻合，提高了计划工作的科学性。图5-3以5年期计划为例说明了滚动计划法的基本操作方法。从图5-3可以看出，在计划期的第一阶段结束时，企业应根据该阶段计划的实际执行情况和外部与内部有关因素的变化情况，对原计划进行修订，并根据同样的原则逐期滚动。每次修订都使整个计划向前滚动一个阶段。

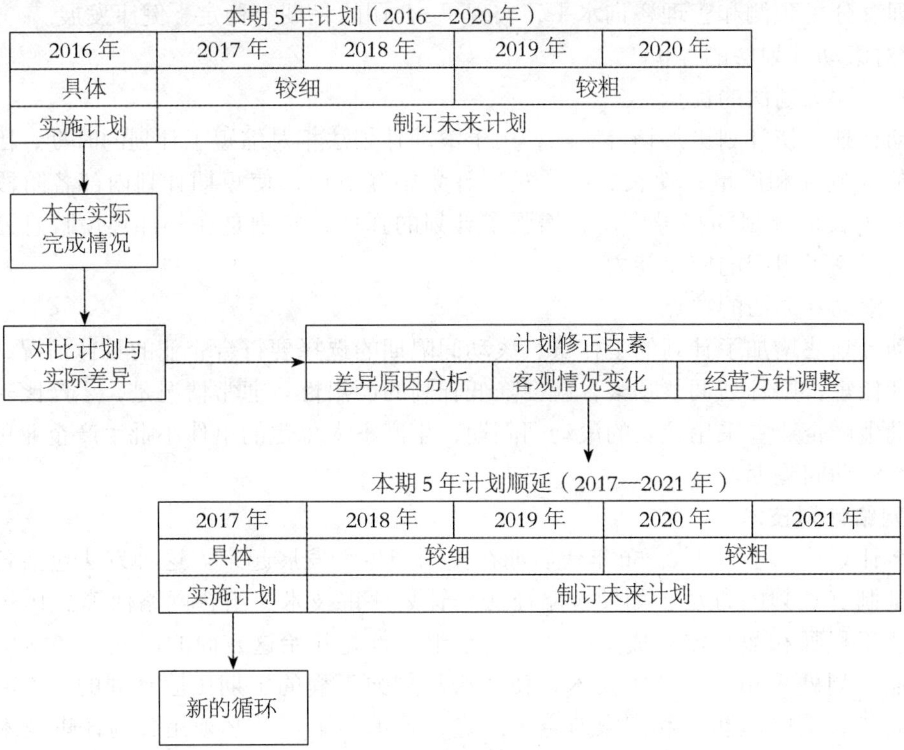

图5-3　5年期的滚动计划图

例：s公司是中国东部地区一家知名企业。s公司在成立之初，计划管理水平低下，粗放管理特征显著，计划管理与公司实际经营情况长期脱节。为了实现公司计划制订与执行的良性互动，在管理咨询公司顾问的参与下，s公司逐步开始推行滚动计划管理。

一方面，s公司以全面协同量化指标为基础，将各年度分为4个独立的、相对完整的季度计划，并将其与年度计划紧密衔接。在实施过程中，各季度计划是根据“近细远粗、依次滚动”的原则制订的。具体来说，s公司在执行年度计划的过程中，要对计划本身进行3次定期调整。第一季度的计划执行完毕后，立即对该季度的计划执行情况与原计划进行比较分析，同时研究判断公司近期内外环境的变化情况，最后根据统一得出的结论，对后3个季度的计划和全年计划进行相应的调整。第二季度的计划执行完毕后，用同样的方法进行总结和调整。如此周而复始，循环往复。

另一方面，s公司以全面协同量化指标为基础，建立了4年期的跨年度计划管理模式，并将其与年度计划紧密对接。其实，跨年度计划与季度滚动计划的执行思路是一致的，只不过跨年度计划的周期比较长。s公司每年都要对计划本身进行一次调整，第一年度的计划执行完毕后，立即对该年度的计划执行情况与原计划进行比较分析，同时研究判断公司近期内外环境的变化情况，最后根据所得结论，对后3年的计划和整个跨年度计划进行相应的调整。同理每年如此，4年一个周期。

运用滚动计划法，s公司的季度计划、年度计划、跨年度计划环环相扣、前后呼应，形成了适合s公司的计划管理体系，使计划的制订与执行相辅相成，明显提升了s公司的计划管理、分析预测和管理咨询水平，实现了s公司的长期、稳定、健康发展。

2）对滚动计划法的评价

（1）滚动计划法的优点

滚动计划法使计划更加切合实际，由于滚动计划法相对缩短了计划的时期，因此提高了计划的准确性和质量；使长、中、短期计划相互衔接，使短期计划内部各阶段相互衔接，保证了长期计划的指导作用；增强了计划的弹性，特别是在外部环境瞬息万变的今天，大大提高了组织的应变能力。

（2）滚动计划法的缺点

滚动计划法增加了计划的工作量；滚动间隔期的选择要符合企业的具体情况，如果滚动间隔期偏短，则计划调整频繁，就会降低计划的严肃性。通常情况是，生产比较稳定的大量大批生产企业宜采用较长的滚动间隔期，生产不太稳定的单件小批生产企业可考虑采用较短的滚动间隔期。

5.3.3 网络计划技术

网络计划技术于20世纪50年代后期在美国产生和发展起来。这种方法包括各种以网络为基础制订计划的方法，如关键路径法、计划评审技术、组合网络法等。1956年，美国的一些工程师和数学家组成了一个专门小组，首先开始这方面的研究。1958年，美国海军武器计划处采用计划评审技术，使北极星导弹工程的工期由原计划的10年缩短为8年。1961年，美国国防部和国家航空署规定，凡承制军用品必须用计划评审技术制订计划上报。从那时起，网络计划技术便开始在组织的管理活动中广泛应用。

1）网络计划技术的基本原理

网络计划技术的基本原理是：首先把一项工作或项目分成各种作业，然后根据作业顺序进行排列，通过网络对整个工作或项目进行统筹规划和控制，以便用最短的时间和最少的人力、物力和财力完成既定的目标或任务。网络计划技术适用于单件小批量生产类型，特别适用于一次性的生产或工程项目，如新产品研制、设备维修、建筑工程等。网络计划技术的精华是掌握和控制关键路径。网络计划技术的基本步骤如图5-4所示。

2）网络图

网络图是网络计划技术的基础。任何一项任务都可以分解成许多步骤的工作，根据这些工作在时间上的衔接关系，用箭线表示它们的先后顺序，可以画出一个由各项工作相互联系并注明所需时间的箭线图，这个箭线图就称为网络图。图5-5便是一个简单的网络图。

分析图5-5可以发现，一个网络图由以下部分构成：

（1）“→”，工序。工序是指一项工作的过程，有人力、物力参加，经过一段时间才能完成。图5-5中箭线下的数字表示完成该项工作所需的时间。此外，还有一些工序既不占用时间，也不消耗资源，是虚设的，叫虚工序，在网络图中用“----”表示。网络图中

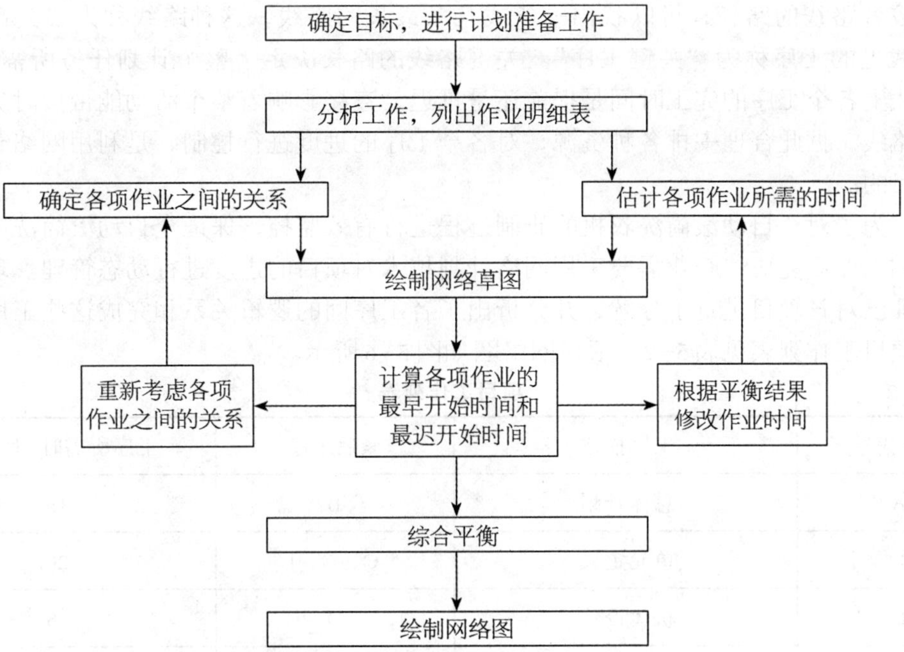

图5-4　网络计划技术操作步骤图

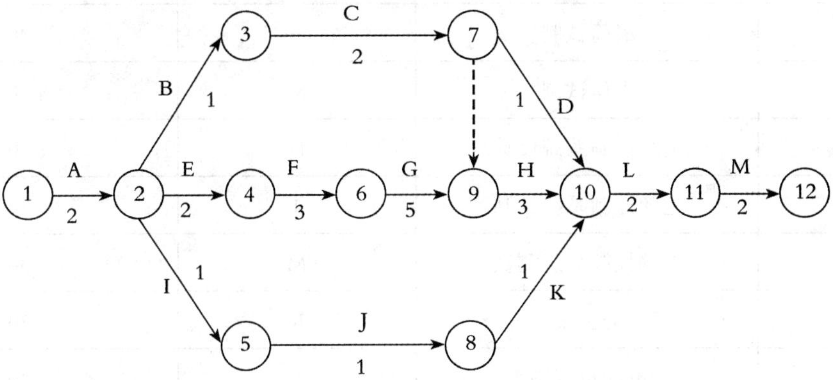

图5-5　网络图

应用虚工序的目的是避免各工序之间的关系含混不清，以正确表明各工序之间先后衔接的逻辑关系。

（2）“○”，事项。事项是两个工序间的连接点，它既不消耗资源，也不占用时间，只表示前道工序结束、后道工序开始的瞬间。一个网络图中只有一个起始点和一个终点。

（3）路线。路线是网络图中由起始点出发，沿箭线方向前进，最后到达终点的一条通道。一个网络图中往往存在多条路线。例如，在图5-5中，从起始点①连续不断地走到终点⑫的路线有4条，即：

a：①→②→③→⑦→⑩→⑪→⑫

b：①→②→③→⑦→⑨→⑩→⑪→⑫

c：①→②→④→⑥→⑨→⑩→⑪→⑫

d：①→②→⑤→⑧→⑩→⑪→⑫

比较各路线的路长，可以找出一条或几条最长的路线，这种路线称为“关键路线”，关键路线上的工序称为“关键工序”。关键路线的路长决定了整个计划任务所需的时间。关键路线上各个工序的完工时间是提前还是推迟，直接影响着整个活动能否按时完工。确定关键路线，据此合理安排各种资源，对各个工序的进度进行控制，是利用网络计划技术的主要目的。

例：为了对全自动滚筒洗衣机的研制过程进行有效监控，保证全自动滚筒洗衣机研制项目按期、保质完成，企业需要采用网络计划技术对项目的进度进行动态管理。现在，项目分析师已对该项目进行了分解，并分析出了各工序间的逻辑关系和完成这些工序所需的时间，项目工作列表见表5-2，项目网络图如图5-6所示。

表5-2 **项目工作列表**

工序代号	工序描述	紧后工序	工序所需时间（天）
A	总体计划	B	15
B	单元定义	C、G、J	20
C	机体设计	D	15
D	传动装置试制	E、L	30
E	滚筒试制	F	20
F	壳体试制	M	10
G	电脑控制系统设计	H	30
H	电脑控制系统试制	I	30
I	电脑控制系统测试	M	30
J	电动机设计	K	20
K	电动机试制	L	40
L	电动机测试	M	10
M	总装	N	20
N	总测试		15

项目路线如下：

a：①→②→③→④→⑧→⑪→⑫→⑬

b：①→②→③→⑤→⑦→⑨→⑪→⑫→⑬

c：①→②→③→⑥→⑩→⑪→⑫→⑬

d：①→②→③→⑤→⑦→⑧→⑪→⑫→⑬

项目的关键路线如下：

c：①→②→③→⑥→⑩→⑪→⑫→⑬

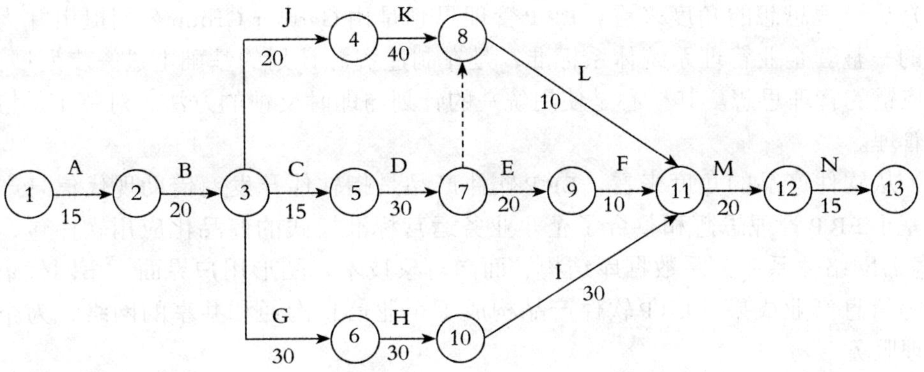

图5-6　项目网络图

3）对网络计划技术的评价

网络计划技术虽然需要大量而烦琐的计算，但是在计算机广泛运用的时代，这些计算大多已经程序化了。网络计划技术之所以被广泛运用，是因为它有一系列的优点。

(1) 能把整个工程的各个工序之间的关系按时间顺序清晰表现出来，并指出完成任务的关键环节和路线。因此，管理者在制订计划时可以统筹安排、全面考虑，在实施过程中可以进行重点管理。

(2) 可对工程的时间进度与资源利用情况实施优化。在计划实施的过程中，管理者调动非关键路线上的人力、物力和财力从事关键作业，进行综合平衡，既可节省资源，又能加快工程进度。

(3) 可事先评价达到目标的可能性。该技术指出了计划实施过程中可能遇到的困难点，以及这些困难点对整个任务产生的影响，便于管理者准备好应急措施，减少完不成任务的风险。

(4) 便于组织与控制。管理者可以将工程，特别是复杂的大项目，分成许多支持系统分别组织实施与控制，这种既化整为零又聚零为整的管理方法，可以实现局部和整体的协调一致。

当然，网络计划技术也有缺点：由于作业时间的长短直接关系到关键路线的确定及控制效果，因此如果无法确定作业时间或对进度“瞎估计”，网络计划技术就没有意义了；网络计划技术强调时间因素，忽略了费用因素。

5.3.4　企业资源计划

企业资源计划（enterprise resource planning，ERP）是由20世纪40年代的订货点法、60年代的MRP（material requirement planning，物料需求计划）、闭环MRP，以及80年代的MRP II（manufacturing resource planning，制造资源计划）发展而来的，是由美国著名的Gartner Group公司在20世纪90年代初总结MRP II的发展趋势的基础上提出的。ERP产生于市场竞争的需求和对实践经验的总结的基础上，其思想和方法已经在美国等工业发达国家得到了广泛的应用，并取得了显著的经济效益。

1）企业资源计划的定义

企业资源计划是一个复杂的信息系统，ERP的概念通常从管理思想、软件产品、管理系统三个方面给出定义。

（1）从管理思想的角度来看，ERP管理思想是由Gartner Group公司提出并为业界广泛接受的一整套企业管理系统体系标准，是在制造资源计划的基础上进一步发展而成的、面向供应链的管理思想。其核心是使用统一的计划与即时反馈的方法，对整个供应链的资源进行管理。

（2）从软件产品的角度来看，ERP软件产品是指软件开发商借助现代信息产业成果推出的基于ERP管理思想和整合了企业业务运营标准模式的商品化应用软件包，包括客户-服务器网络体系、关系数据库结构、面向对象技术、图形用户界面、第四代语言、网络通信等信息产业成果。ERP软件产品构成了企业信息沟通和共享的网络，为企业的信息化管理服务。

（3）从管理系统的角度来看，ERP管理系统是指已经运行的，集企业管理理念、业务流程、基础数据、管理者与操作人员等企业资源与实现ERP的计算机软硬件于一体的完整的企业资源管理系统。

综上所述，我们可以给ERP下一个总结性的定义：ERP是一种对销售、采购、制造、成本、财务、质量和服务等所有业务进行集成的跨企业信息系统，以实现企业内外资源的优化配置、消除生产经营中一切无效的劳动和资源、实现信息流和资金流等的集成、提高企业竞争力为目标，以计划与控制为主线，以网络和信息技术为平台，面向供应链管理的现代企业管理思想、方法和工具。ERP为整个企业提供统一的数据库和界面，在这个系统中，所有来自人力资源、财务、销售、制造、配送和供应链的信息都高度集中。这种集成能为企业带来巨大的利益，如对竞争和市场机会的反应更快、产品设计更柔性、库存减少等。

2）ERP系统的计划管理

管理的首要职能是计划，只有具备强有力的计划功能，企业才能指导各项生产经营活动有条不紊地顺利进行。ERP系统是站在整个企业的高度组织生产及一系列管理活动的，它通过对企业的生产经营活动做出有效的计划安排，实现统一管理。因此，ERP系统是将企业的生产、财务、销售、采购、技术管理等子系统综合起来的一体化系统，它使各部分相互联系、相互提供数据。成本核算要利用库存记录和生产活动记录；供应计划是建立在生产计划上的按需供应；生产计划的制订依赖销售计划与生产计划大纲；能力平衡过程是各工作中心的可用能力与生产计划中的需求平衡的过程；设计部门不再是孤立的，而是与各项生产活动相联系；产品结构构成了控制计划的重要方面，财务成本核算可及时进行，而不再是事后算账。

ERP系统是计划主导型的生产计划与控制系统，生产计划是ERP系统的前提和基础。在ERP系统中，计划从粗到细、从一般到具体可分为五个层次，即经营计划、生产计划大纲、主生产计划、物料需求计划、车间作业计划，如图5-7所示。这五个层次的计划实现了由长期到短期、由宏观到微观、由战略级到战术级、由粗到细的深化过程，越接近顶层计划，对需求的预测成分越大，计划内容也越少。

经营计划是计划的最高层次，是企业总目标的具体体现。在这一计划中，企业的最高决策层根据市场调查和需求分析、国家政策、企业资源能力和历史状况、竞争对手情况等有关信息，制订企业的中长期发展计划，即确定在未来2～7年中，企业产品的品种、市场

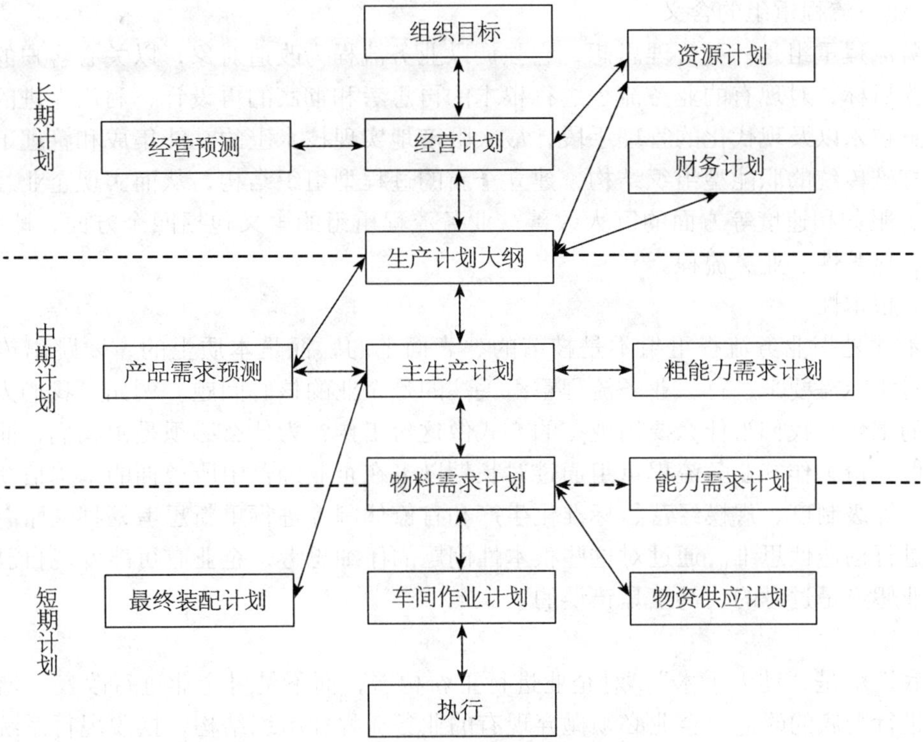

图5-7 ERP的计划管理层次和执行过程图

份额、年销售额、年利润、生产率等。经营计划的制订要考虑现有资源及未来可获得的资源，具有较大的预测成分。经营计划是以下各层计划的基础。

生产计划大纲是根据经营计划确定未来1～3年内，每年、每月生产多少产品，需要哪些资源。

主生产计划以生产计划大纲为依据，把最终产品的数量和交货期分布在每个时间段上，并在生产计划与可用能力之间做出平衡。

以上三层统称为主计划。

物料需求计划是根据最终产品的数量和交货期计算零部件和材料的需求数量及时间，确定自制件的制造订单下达日期和采购订单发放日期，并对可用资源与资源需求做进一步平衡。

车间作业计划是根据零部件生产计划编制的工序排序计划。

上述五个层次是从不同的角度解决生产管理中三个共同的问题：第一，确定生产目标；第二，确定生产所需要的资源；第三，缩小能力需求与可用能力的差距。

5.3.5 业务流程重组

业务流程重组（business process reengineering，BPR）最早由迈克尔·哈默和詹姆士·钱皮提出，在20世纪90年代达到了全盛时期。美国的一些大公司，如IBM、通用汽车、福特汽车等纷纷推行BPR，试图利用BPR发展壮大自己。实践证明，这些大企业实施BPR以后，取得了巨大的成功。

1）业务流程重组的含义

业务流程重组是一种管理思想，它强调以业务流程为改造对象，以关心客户的需求和满意度为目标，对现有的业务流程进行根本的再思考和彻底的再设计；利用先进的制造技术、信息技术以及现代化的管理手段，最大限度地实现技术上的功能集成和管理上的职能集成，打破传统的职能型组织结构，建立全新的过程型组织结构，从而实现企业经营在成本质量、服务和速度等方面的巨大改善。业务流程重组的含义包括四个方面，即根本性、彻底性、显著性、业务流程。

（1）根本性

根本性是指业务流程重组不是枝节的、表面上的，而是本质上的，要跳出传统的框架，针对实际需要来进行，业务流程重组关注的是企业的核心问题。例如，我们为什么要做现在的工作？我们为什么要用现在的方式做这份工作？为什么必须是由我们，而不是由别人来做这份工作？业务流程重组通过对长期以来在企业经营中所遵循的基本信念，如分工思想、等级制度、规模经营、标准化生产和官僚体制等进行重新思考，打破原有的思维定式，进行创造性思维。通过对这些根本性问题的仔细思考，企业有可能发现自己赖以存在的商业假设是过时的，甚至是错误的。

（2）彻底性

彻底性就是"动大手术"，对企业进行重新构造，而不是对企业进行改良、增强或调整。要进行彻底的改造，企业必须抛弃现有的业务流程和组织结构，摆脱现行系统，从零开始进行功能分析，将企业系统欲达到的理论功能逐一列出，然后经过综合评价和统筹考虑，筛选出最基本的、关键的功能并将其优化，最终形成企业新的运作系统。

（3）显著性

显著性体现在用新系统代替旧系统，取得业绩上的突飞猛进，如大幅度降低成本、减少生产时间、提高产品质量。业绩的显著增长是业务流程重组的标志与特点。

（4）业务流程

业务流程是企业实施BPR的重心。业务流程重组必须从重新设计业务流程开始，因为业务流程决定着企业的运行效率，是企业的生命线，组成企业活动的要素是一件件业务、一项项作业，而非一个个部门。

哈佛大学商学院教授迈克尔·波特将企业的业务流程描述成一个价值链。竞争不是发生在企业与企业之间，而是发生在企业各自的价值链之间。企业只有对价值链上的各个环节实行有效管理，才有可能真正获得市场上的竞争优势。

企业要重新检查每一项作业活动，识别不具有价值增值功能的作业活动并将其删除，同时将所有具有价值增值功能的作业活动重新组合，优化作业过程，缩短交货周期。业务流程重组是伴随着信息经济时代的到来必然产生的异常改变，是对工业化时代的工作方式的革命，所以业务流程重组又称为企业过程再造。

2）业务流程重组的原则

业务流程与企业的运作方式、部门间的协调合作、人的组织管理、新技术的应用与融合等紧密相关，因此业务流程重组不仅涉及技术因素，也涉及人文因素，包括观念的重组、流程的重组和组织结构的重组，即以新的企业文化代替旧的企业文化，以新的企业流程代替原有的企业流程，以扁平化的组织结构代替金字塔形的组织结构。业务流程重组要遵循的原则包括：

（1）清除非增值活动

在现有流程中，所有非增值活动都应该清除掉，用迈克尔·哈默的话说就是要“彻底铲除”。这些非增值活动可以从等待时间长、无用的运输、加工处理时间长、无用的活动、重复活动、过量库存、因可改善问题造成的返工等方面去寻找。

（2）简化必要的活动

在尽可能清除了非增值活动之后，对于剩下的活动，企业应该进行简化。简化必要的活动可从作业程序、存在问题的区域、不可能完全清除的非增值活动等方面入手。

（3）活动的整合

对于经过简化的活动，企业应该进行整理合并，使由其组成的流程通畅连贯。整合包括两个方面，即并行某些活动和合并某些活动。

（4）流程自动化

信息技术的应用无疑可以提高企业流程的自动化程度。这里需要指出的是，设计和开发新的信息管理系统的目的，不仅是简单加速流程的运行，更重要的是，在流程自动化的过程中，应对非增值活动进行合理的清除、简化和整合。流程自动化可从脏活、险活、乏味工作、数据采集、传递分析等方面寻找。

业务流程重组还要注意流程关键点。流程关键点是构成企业流程的诸要素中，对流程运行起决定作用的一个要素。企业流程的构成要素有四个，即组成流程的活动、活动间的逻辑关系、活动的实现方式和活动的承担者。这四个要素在不同的企业流程中的地位是不同的，但其中至少有一个是关键因素，即流程关键点。

业务流程重组实际上是站在信息的高度，对企业流程的重新思考和再设计，是一个系统工程，包括战略规划、系统分析、系统设计、系统实施与评价等。业务流程重组过程的主要思想是：战略上精简分散的过程，职能上纠正错位的过程，执行上删除冗余的过程。

例：福特汽车公司原业务流程如图5-8所示。

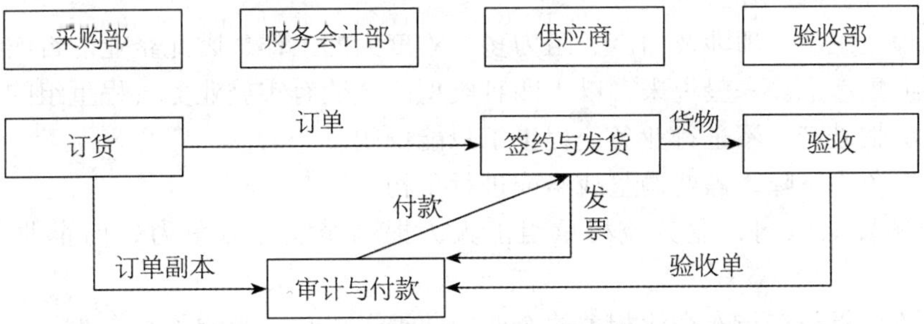

图5-8　福特汽车公司原业务流程图

①采购部向供应商下达订单之后，随即传一份订单副本给财务会计部。

②当供应商送来的货物抵达指定的库房时，验收部对货物进行清点、记录，然后将验货单转给财务会计部。

③供应商在送出货物的同时，将发票送给财务会计部。

④财务会计部对每批货物的三份单据（即订单副本、验收单和发票）逐一进行核对，核对无误后付款。

业务流程重组后，福特汽车公司新业务流程如图5-9所示。

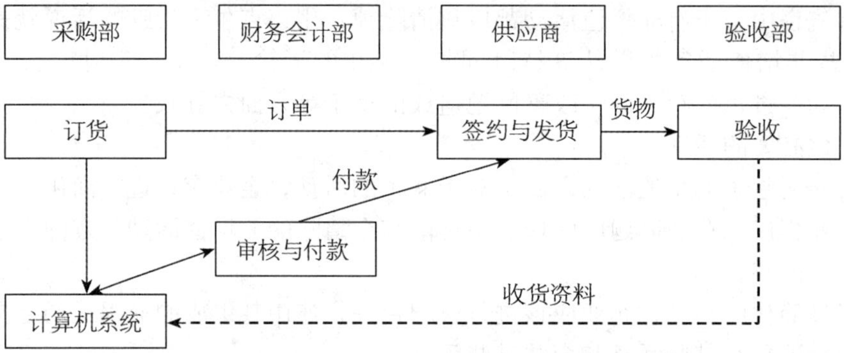

图5-9 福特汽车公司新业务流程图

①采购部通过共享的计算机系统生成采购订单。

②供应商将货物送到库房。

③验收部根据共享的计算机系统中的采购订单验收货物。

④验收部将处理结果返回共享的计算机系统。

⑤计算机系统自动生成凭证，并开具支票给供应商。

对照新旧业务流程我们可以发现，原业务流程完全是按照部门来划分的。各部门分别完成大量的单向任务，而订单、发票、验收单上的很多内容都是相同的，如订单货物的名称、单价、数量、供应商等。不同的数据来源，很容易造成数据的不一致，一旦数据不一致，财务会计部就得寻找存在差异的原因。验收部虽然产生了关于货物到达的信息，却无权进行处理，而需要将验收单交至财务会计部。在新流程下，福特汽车公司由于采用了共享的计算机系统，因此实现了信息的收集、储存和共享，验收部能够独立完成产生信息和处理信息的任务，从而极大地提高了流程的效率，使得精简员工的目标成为可能。

3）对业务流程重组的评价

业务流程重组是一项涉及面广、阻力多、难度大的工作，因此企业能否实施业务流程重组，需要慎重考虑。一般说来，以下四种类型的企业有实施业务流程重组的必要：

①企业濒临破产，不进行业务流程重组只能倒闭。

②企业竞争力下降，需要调整战略或进行重构。

③企业领导认识到，业务流程重组能大大提高企业的竞争力，而企业又有扩张的需要。

④业务流程重组在与本企业相关的企业内获得了成功，影响了本企业。

企业应把实施业务流程重组看作提高企业竞争力的一个机会、一种手段。业务流程重组是一种管理思想，是对现有企业从思想观念、业务流程、组织结构等方面进行彻底的、根本的变革，以提高企业的业绩和竞争力。业务流程重组可以独立于信息技术，但信息技术的应用使得业务流程重组的成功率更高。业务流程重组的实施，不仅需要决策者全面考虑其实施的可能性，而且需要决策者具有学识、胆识和毅力。

思考题

1.计划的定义与内容是什么？

2.简述计划的性质。

3.计划可分为哪些类型？

4.简述计划的表现形式。

5.简述计划编制的程序。

6.简述目标管理中设定目标的SMART原则。

7.滚动计划的基本思想是什么？

8.网络计划技术的优点与缺点是什么？

9.简述企业流程重组的原则。

案例分析

化妆品公司的计划

艾琳·格拉斯纳曾在一家大公司里当过区域经理，管理过250多个推销员。离开这家大公司之后，她便开始经营自己的化妆品公司。她购置了一套化妆品配制流水线，租用了一座旧仓库，并且安装了一套小型的化妆品灌瓶与包装生产线。3年过去了，艾琳化妆品公司初见成效，格拉斯纳打算拓展产品线，建立分销网络。以下是她针对这一计划所采取的措施。

（1）格拉斯纳准备了一份使命报告，报告中指出："艾琳化妆品公司准备生产一套化妆品系列，在美国东北部，通过百货商店与专业商店分销上市。"为此，格拉斯纳还制定了3个长期目标：一是成为意大利香水在美国市场上的主要代理人；二是销售高级化妆品；三是以高收入顾客为主要销售对象。

（2）格拉斯纳打算在美国东部的5座大城市开设自己的经销办事处，她巡视了10座城市，最后选中5座城市作为最佳落脚点，并决定到第二年6月1日，这些办事处全部开张营业。在办事处开张之前，格拉斯纳还要签好租约、添置办公设备、安装电话、雇用办事员、招聘或续聘推销员、准备新办事处的专用信笺等。

（3）化妆品公司设立的另一个目标是，在下一年度，销售额达到300万美元。销售部经理说，这个目标不现实。格拉斯纳又问生产部经理："如果所有生产线都上马，工厂能否完成每年300万美元的订单任务。"生产部经理回答说："必须核准生产能力的各项数字后，才能给她一个答复。"

（4）面对那么多要完成的目标，格林斯纳决定把她的一些职权委派给那些主要部门的经理们。她逐一与经理们交谈，一一落实要达到的目标。格林斯纳给生产部经理定下的目标是：每个月生产1万件产品，将破损率降低到5%，并将工薪支出保持在50万美元之内。生产部经理提出异议，认为有的目标不合理。到了年终，生产部经理完成了前两个目标，但工薪支出却超出预算10万美元。

资料来源：佚名. 化妆品公司［EB/OL］.［2016-11-12］. http：//www.chinadmd.com/file/puoscacurzcoetsvpsppvari_1.html.

问题：

（1）如何才能使“成为一个主要代理人”的目标更加具体化？

（2）在开设新办事处的过程中，格拉斯纳忽略了制订计划中的哪一个步骤？

（3）你认为格拉斯纳在处理公司主要计划与派生计划之间的关系上存在哪些问题？

第6章/ 组织结构与文化

学习目标：理解并掌握组织结构设计的原则与影响因素，掌握五种部门化形式，了解集权、分权和管理幅度的概念，了解组织文化的概念、内容及塑造途径。

6.1 组织与组织结构设计

6.1.1 组织概述

1）组织的内涵

动态地看，组织是一项活动，是企业把员工组合起来实现组织目标的过程，是企业的一项具体管理职能。静态地看，组织是企业的一个管理机构，是由各种管理人员组建起来的群体结构。

组织不仅是设立管理部门和机构，而且包括管理部门和机构的运作过程。当组织适应环境，有利于企业目标的实现时，企业就应维护组织结构的稳定性；当组织不适应环境，有碍企业目标的实现时，企业就应不失时机地进行调整或改革。

2）组织的基本特征

虽然组织以不同的形式出现，所从事的工作也五花八门，但各类组织也有共同的特征。

（1）组织目标。每个组织都有目标，不管是长期的愿景和战略，还是短期的计划。目标可以指导组织的运作和发展，可以为管理者的决策提供参考依据。组织应以尽可能明确的目标作为组织结构设计的基础。

（2）组织结构。每个组织都具有一定的结构，以保证组织成员可以有序、系统地开展工作。组织结构既可以是传统的、封闭、固定的，要求每个员工都必须严格遵守其行为准则，也可以是开放的、灵活可变的，给员工以更多可自由支配的时间和空间。

（3）组织成员。每个组织都是由组织成员构成的。组织成员是组织实现组织目标的核心力量，也是构成组织的最基本单元。组织成员分属不同的职能部门，拥有各自的职责和权限，在既有的组织结构框架内完成自己的任务，从而为整个组织目标的实现做出贡献。

3）组织的主要方面

在执行组织职能的过程中，管理者需要考虑两个方面的内容：一是组织结构的设计，即应该设计出什么样的组织结构；二是组织文化的建设，即应该建设什么样的组织文化。

（1）组织结构的设计

组织绩效的好坏在很大程度上取决于能否设计出合适的组织结构。组织结构的设计就是为了实现组织目标而对各种活动和职责进行划分，将其落实到组织中每一个人的身上，并确定对组织中的各种活动进行协调和控制的手段和方法。

根据形式的不同，组织结构可分为直线式、职能式、产品式、顾客式、地区式以及矩阵式等。

（2）组织文化的建设

每个组织都有自己的文化特征。组织文化就是组织成员共有或者共享的信仰和价值观体系，这种价值观深深根植于组织成员的脑海中，并对组织成员的思想和行为产生重大的影响。

组织文化影响着计划、组织、领导和控制等各项管理职能的实施方式。组织文化从组织初创的时候就开始形成，并且随着组织的运作而不断深化。

6.1.2 组织结构设计的影响因素

组织的任何活动都是在其所处的内外部环境中进行的，组织内外的各种因素都会对组织结构设计产生重大影响，这些因素包括：

1）外部环境

组织外部存在的一切都是组织生存的外部环境。不确定性是组织外部环境的最主要特点。环境的不确定性取决于环境的复杂性和变动性。复杂性是指环境由多个不同质的要素构成，变动性取决于这些构成要素的变化及这种变化的可预见度。外部环境的不确定性增大了组织因外部环境的变化而失败的风险。

不同的外部环境对组织活动内容的选择及组织结构的影响程度也是不同的。如果组织所处的外部环境相当稳定，则组织结构是传统型的，具有专业性、阶层性，稳定性也很高；如果组织所处的外部环境动荡不定，则组织不得不采取富有弹性的、权变性的结构，组织内部的相互依赖程度就会增加，从而使组织具有很强的应变能力，成为一个处在不断变革与调整中的经济有机体。

2）组织战略

组织结构要满足组织战略的需要，适应战略要求的组织结构为战略的实施乃至组织目标的实现提供了必要的前提。著名企业史学家艾尔弗雷德·钱德勒提出了著名的“战略决定结构，结构跟随战略”的观点，主张组织结构的设计应视组织的战略而定。

组织战略的类型不同，则组织活动的重点不同，组织结构的设计也不同。按组织对竞争的方式和态度划分，组织战略可分为保守型战略、风险型战略及分析型战略。组织战略对组织结构设计的影响见表6-1。

3）技术因素

技术是组织用来研发、制造、运输产品或提供服务的知识、工具、设备以及工作诀窍。技术是影响组织结构设计的一个重要因素。

技术复杂性是指制造或运输过程的机械化程度。技术根据复杂程度的不同，可以分为三种：单位及小批量生产、大批量及大量生产、连续流程生产。单位及小批量生产的标准

表6-1　　组织战略对组织结构设计的影响

组织结构特征	保守型战略	风险型战略	分析型战略
集权和分权	以集权为主	以分权为主	集权和分权适当结合
计划管理	严格	粗放	严格与粗放相结合
高层管理人员构成	工程师、成本专家	营销专家、研究开发专家	各方面专家联合组成
信息沟通	以纵向为主	以横向为主	既有纵向，也有横向

化程度较低，组织结构大多是有机式的；大批量及大量生产需要依赖标准化及正式化的工作程序，组织结构更加机械化；连续流程生产的专业化程度相当高，组织结构偏向有机式。

4）组织规模

不同规模的组织会采用不同的组织结构，同一个企业在发展过程中，随着组织规模的扩大，也会对组织结构进行变革。联想公司从“平底快船”到“大船结构”再到“舰队结构”的过程，就充分说明了这一点。

组织规模扩大后，组织的正式化程度提高，同时会出现更多的部门及层次，使得组织的复杂程度提高，因此组织内部往往会专门设立辅助和支持部门加以应对。此外，组织规模扩大后，最高主管会将部分事务的决策权下放，因此组织的授权程度也会提高。

5）组织发展阶段

组织如同生物一样，会经历创立、成长、成熟、稳定、衰退等阶段，不同的阶段会有不同的组织结构与之相适应。拉里·格雷纳将组织的发展过程分为四个阶段：创业阶段、合力协作阶段、正式化及控制阶段、结构精致化阶段。

在创业阶段，管理者具有高度的创业精神，组织工作的重点在于争夺市场、力求生存。组织内部没有太多的、明确的规章制度，正式化程度较低；组织规模小，没有明确的分工，主要决策由组织的创办人做出。

在合力协作阶段，组织有较为明确的目标和方向，组织开始出现部门化及正式的分工，但组织结构和沟通模式还是非正式化的，主要决策的制定从个人转向团队。

在正式化及控制阶段，组织已经具有相当大的规模，而且一般会有正式的结构。为了强化协调，组织会制定更多正式化的规章及程序，控制系统会更集中，官僚化的现象也会更加普遍。

在结构精致化阶段，组织必须设法避免过度官僚化，决策会更加分权化，开始以顾客或产品作为部门化的基础。

6.1.3　组织结构设计的原则

在组织结构设计的过程中，组织还应该遵循一些最基本的原则，这些原则都是组织在长期管理实践中的经验积累，应该为组织设计者所重视。

1）分工明晰原则

分工明晰原则是指组织成员应该明确自己所承担的工作责任以及由此带来的利益。专业化分工不仅适用于生产技术工作，也适用于管理工作。实行专业化分工管理，显然有利于提高整个组织的经营管理水平，从而使组织适应管理工作日益复杂化的要求。

2）统一指挥原则

统一指挥原则是指每位下属都应该有一个并且仅有一个上级，上下级之间应该形成一条清晰的指挥链。如果违背这一原则，就可能出现多头领导或越级指挥的现象。如果下属有多个上级，那么下属可能会因为上级下达彼此不同甚至相互冲突的命令而无所适从。

3）控制幅度原则

控制幅度原则是指一个上级直接领导与指挥的人数应该有一定的限度，并且应该是有效的。管理学家普遍认为，在组织结构的高层，管理幅度一般为4～8人；在组织结构的低层，管理幅度一般为8～15人。不过，随着信息沟通技术的发展，控制幅度可能会扩大。

4）权责对等原则

所谓“权”，是指管理职位所具有的发布指令和使指令得到执行的一种权力；所谓“责”，是指对相应职权应承担的责任。权责对等原则是指管理者拥有的权力与承担的责任应当一致。责大于权，会造成人们对责任的逃避；权大于责，将导致权力的滥用。因为人既有渴求某种形式权力的心理，又有逃避责任的心理，所以会产生扩大权力和缩小责任的倾向。

5）柔性经济原则

柔性经济原则是指组织结构应当保持一定的柔性，以减少组织变革所造成的冲击；同时，一个柔性的组织必须符合经济的原则，以实现管理的高效率。只有这样，才能保证组织结构既精简又高效，避免形式主义和官僚作风的滋长和蔓延。

6.1.4　组织结构设计的程序

如图6-1所示，组织结构设计的程序主要包括以下几个步骤：

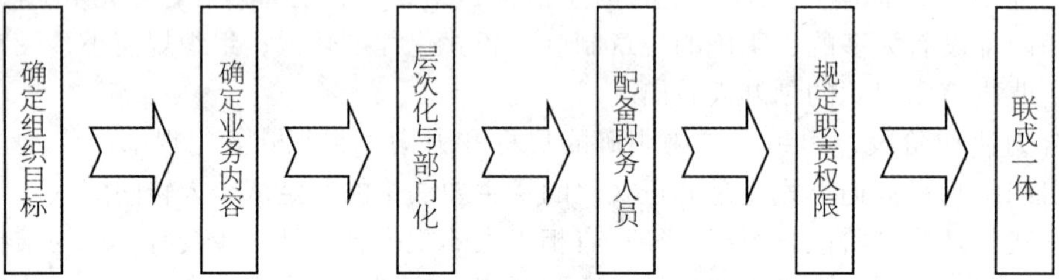

图6-1　组织结构设计的程序

（1）确定组织目标。这是指在综合分析组织外部环境和内部环境的基础上，合理确定组织的总目标及各种分目标。

（2）确定业务内容。这是指根据组织目标，确定为实现这一目标所必须进行的业务管理工作，并按其性质进行分类，明确每种业务的活动范围和大概的工作量。

（3）层次化与部门化。根据组织规模、技术特点、业务工作量的大小，确定需要设计的单位和部门，并把性质相同或相近的管理业务分配到适当的部门和单位，形成层次化和部门化的结构。

（4）配备职务人员。根据各部门分管的业务和对人员素质的要求，挑选和配备称职的人员及行政负责人，并明确其职务和职称。

（5）规定职责权限。根据目标要求，明确规定各单位和部门及其负责人对管理业务应负的责任、评价工作业绩的标准，同时根据业务需要，授予部门及其负责人相应的权力。

（6）联成一体。明确规定各单位和部门之间的相互关系，以及它们之间在信息沟通和相互协调方面的原则和方法，将各组织实体有机衔接起来，最终形成一个能够协调运作、有效实现组织目标的管理组织系统。

6.2 组织的部门化

组织的部门化是指按照职能相似性、任务活动相似性或关系紧密性的原则把组织中的专业技能人员分类集合在各个部门内，然后配以专职的管理人员来协调领导、统一指挥。依据不同的划分标准，组织可以形成不同的部门化形式。下面我们将介绍比较常见的五种部门化形式。

6.2.1 职能部门化

职能部门化是一种传统而基本的组织形式。职能部门化就是按照生产、财务、营销、人事、研发等基本活动相似或技能相似的要求，分类设计专门的管理部门，如图6-2所示。按照职能划分部门是组织活动中使用最广泛的方法，几乎所有组织都存在或者曾利用过这种形式。

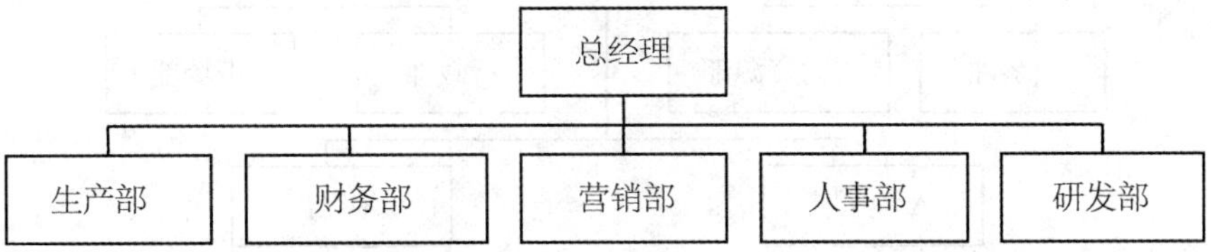

图6-2　职能部门化

按职能划分部门，相同业务属于同一部门，不仅可以进一步提高组织的专业化技能，而且有助于组织实现规模经济效应，从而更有效地利用资源。此外，按职能划分部门还可以帮助高层管理者保持在组织内部的权力或威望。

当然，按职能划分部门也有很大的局限性。第一，不同职能部门的组织成员只关注本职能部门的目标，不能把组织看成一个整体；第二，不同职能部门之间经常难以做到协调整合；第三，由于不同职能部门内的组织成员只关注某一方面，因此会限制管理者和组织成员的全面成长。

6.2.2 产品部门化

组织也可以根据产品或服务的不同来划分部门，如图6-3所示。拥有多种产品的组织常常按产品分成不同的部门，每个部门可能会进一步变成自给自足的分公司。产品部门化允许高层管理者授予一位部门管理者对于某个产品或产品系列在制造、销售等方面的权力，并要求部门管理者实现一定的利润。

采取产品部门化的组织最初一般都是以职能划分部门的。随着组织的成长与发展，生产经理和销售经理都会碰到规模问题，管理工作也日益复杂，因此，组织有必要按产品来划分部门。

产品部门化使组织将多元化经营和专业化经营结合起来，有利于组织及时调整生产方向，有利于促进组织的内部竞争，有利于高层管理人才的培养。

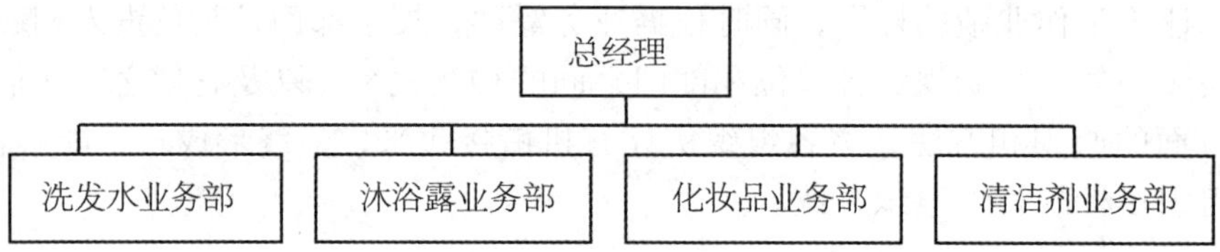

图6-3　产品部门化

产品部门化的缺点主要包括：对管理者全面能力的要求高，增加了运营成本，更重要的是增加了高层管理者的管理难度。

6.2.3　区域部门化

在经营范围很广的组织中，按区域划分部门相当普遍。区域部门化是指根据地理因素来设立管理部门，把不同地区的经营业务和职责划分给不同部门的经理，如图6-4所示。区域部门化通常用在销售和生产方面，在研发与创新方面的应用也在逐渐增多。例如，海尔集团已经开始在美国、欧洲等多个国家和地区设立专门的设计、研发部门。

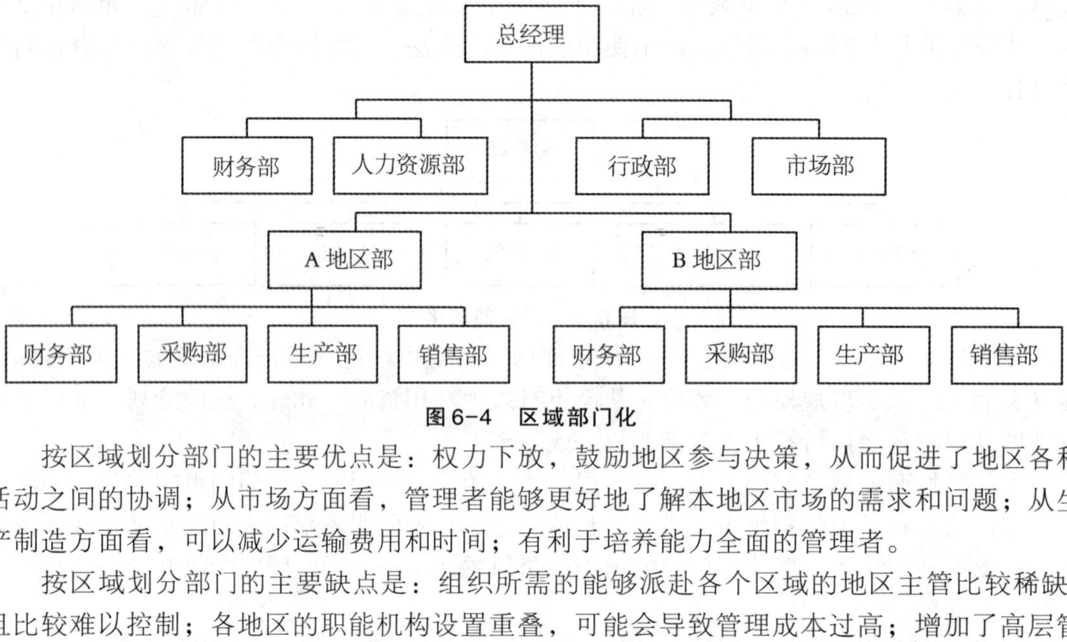

图6-4　区域部门化

按区域划分部门的主要优点是：权力下放，鼓励地区参与决策，从而促进了地区各种活动之间的协调；从市场方面看，管理者能够更好地了解本地区市场的需求和问题；从生产制造方面看，可以减少运输费用和时间；有利于培养能力全面的管理者。

按区域划分部门的主要缺点是：组织所需的能够派赴各个区域的地区主管比较稀缺，且比较难以控制；各地区的职能机构设置重叠，可能会导致管理成本过高；增加了高层管理者的管理难度，高层管理者身在总部，要监督不同地区各个部门的活动将非常困难。

6.2.4　顾客部门化

顾客部门化就是根据目标顾客的不同利益需求来划分组织的业务活动。不同的顾客有不同的需求，因此产品组合和组织成员的水平要与之相匹配，以更好地满足顾客的需求。我们经常会看到服装公司有三个部门，即童装部、男装部和女装部，如图6-5所示。随着市场的发展，顾客部门化也越来越被人们所重视。

按顾客划分部门的主要优点是：便于组织内各部门更加明确自己的目标客户，可以更好地接触客户，了解客户的需求，从而研发出满足客户需求的产品。

按顾客划分部门的主要缺点是：针对特殊需求制订临时而独特的运营计划，会增加组织的运营压力；生产设备和专业员工可能得不到充分利用，造成资源浪费。

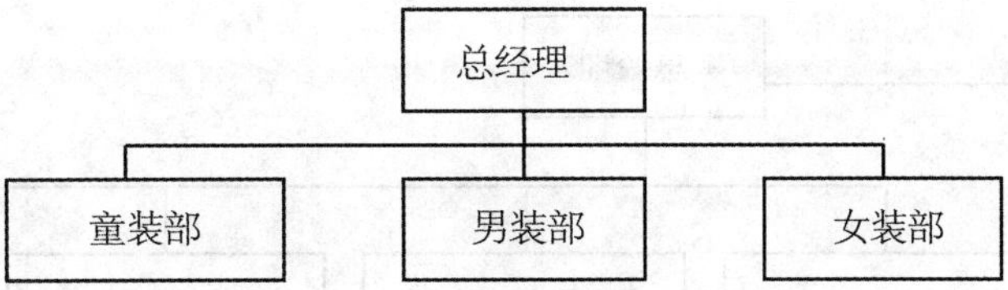

图6-5　顾客部门化

6.2.5　矩阵式组织

矩阵式组织又称规划-目标结构组织，它是美国的一些大公司在20世纪50年代所创立的一种新的组织形式。矩阵式组织最早起源于美国的航天航空工业部门，“矩阵”一词是依据这种组织结构的外在平面形态，同时借用数学上的概念而得名的。

在矩阵式组织中，成员要受两位主管人员的领导。不过，这种双重领导针对的是不同的方面，与管理所要求的统一指挥原则并不冲突。

1）矩阵式组织的类型

矩阵式组织可以划分为按项目设置的矩阵式组织（如图6-6所示）和按地区设置的矩阵式组织（如图6-7所示）两种。

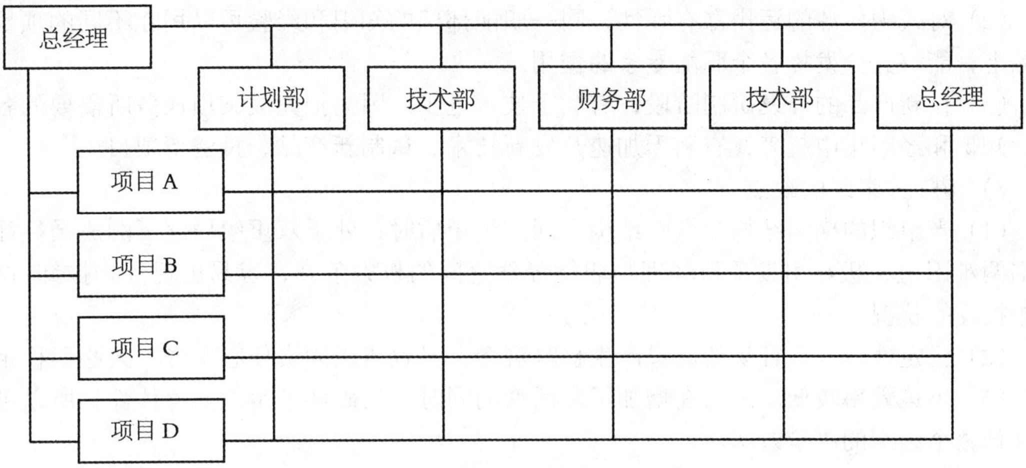

图6-6　按项目设置的矩阵式组织

（1）按项目设置的矩阵式组织。为了完成某项特殊任务，在项目实施的各个阶段，如研究设计、试制、开发等阶段，由有关职能部门派人参加，组成项目攻关小组，任务完成之后，各成员仍回到各自原来的部门中去。显然，按项目设置的矩阵式组织不是永久性的，各项目完成之后，组织会自动撤销。所以，矩阵式组织一般只适用于重大项目的研究开发。

（2）按地区设置的矩阵式组织。按地区设置的矩阵式组织可以作为企业的一种较稳定的组织形式。它的基本特征是在每一个地区都建立起地区和职能部门共同领导的机构，使横向结构和纵向结构有机结合起来。

2）矩阵式组织的优点

（1）机构设置和人员安排比较灵活，有较强的应变性，增强了各职能部门之间的配合，使企业管理中的纵向联系与横向联系实现了有效结合。纵向与横向互通情报、交流信

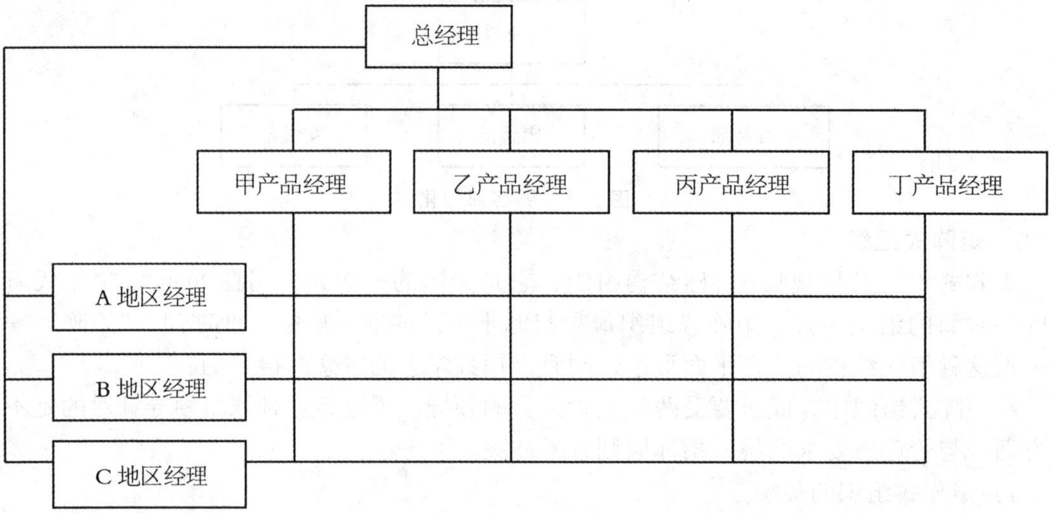

图6-7 按地区设置的矩阵式组织

息、共同决策，使各部门能够比较协调、灵活地执行任务，有助于提高工作效率。

（2）对人力资源的运用富有弹性，同一职能部门的知识和经验可以用在不同的项目或产品上，能够充分发挥各个职能专家的作用。

（3）在新产品的开发研制阶段，有利于技术进步。因为把完成某项任务所需要的各种专业知识和经验集中起来，有利于加速开发新技术、试制新产品、投资新项目。

3）矩阵式组织的缺点

（1）当组织的横向结构和纵向结构之间产生矛盾时，处于双重领导之下的成员往往会面临两难困境，极易引发项目经理与职能经理之间的权力争夺，容易出现互相推卸责任、互相扯皮的状况。

（2）稳定性较差，容易使成员产生临时观念，导致成员的责任心下降、人心不稳定。

（3）决策效率较低。因为在增加了灵活性的同时，又破坏了组织的整体性，所以可能会降低整个组织的决策效率。

总之，矩阵式组织如果运用得当，就能提高效率，并且获得良好的经营绩效，但它并不是有效管理的唯一工具。我们不能主张每个企业都采用矩阵式组织，那样也许会适得其反。一个企业是否采用矩阵式组织，必须根据企业自身的情况来定。

6.3 组织的层级化

组织的层级化是指组织在纵向结构设计中需要确定层级数目和有效的管理幅度，需要根据组织集权化的程度规定纵向各层级之间的权责关系，最终形成一个能够对内外环境要求做出动态反应的有效组织形式。

6.3.1 组织层级与管理幅度

1）管理幅度与组织层级的互动性

管理幅度是决定组织层级数目的最基本的因素。管理幅度，也叫管理跨度，是指组织的上级主管能够有效监督和指挥的直接下属的数量。管理幅度应该是有限的，因为下属数量较多虽然能减少上级必须直接从事的工作量，但也增加了上级协调这些人之间关系的工作量。

由于组织任务存在递减性，因此从最高层的直接主管到基层具体工作人员之间就形成了一定的层次，这种层次便称为组织层级。组织层级受组织规模和管理幅度的影响，组织层级与组织规模成正比，组织规模越大，包括的人员越多，则层级越多；在组织规模已确定的条件下，组织层级与管理幅度成反比，即上级直接领导的下属越多，组织层级就越少，反之越多。

2）管理幅度的影响因素

任何组织都需要解决主管人员直接指挥与监督的下属数量问题，但不要尝试去确定一种适用于任何组织的管理幅度，因为这样做既是没有意义的，也是不可能的。管理幅度会受到诸多因素的影响。

（1）管理幅度与管理者的能力、层次和管理手段的先进程度有关。若管理者工作能力强，配备了必要的助手，掌握了先进的信息手段，所处管理层次低，则管理幅度可大些；否则，管理幅度可小些。

（2）管理幅度与被管理者的能力、工作性质及地点有关。若被管理者工作能力强，所从事工作的内容、性质与地点相近，则管理幅度可大些；否则，管理幅度可小些。

（3）管理幅度与管理事务的类型与完善程度有关。若非管理事务少，计划的完善程度高，则管理幅度可大些；否则，管理幅度可小些。

（4）管理幅度与组织环境的稳定性有关。若组织环境稳定，则管理幅度可大些；否则，管理幅度可小些。

上面列举的远不是影响管理幅度的全部因素，但上述影响因素足以表明，组织必须根据自身的特点来确定适当的管理幅度，从而决定组织的层级。

3）塔式结构与扁平结构

在组织结构的设计中，由于组织层级与管理幅度之间存在反比关系，因此会产生两种典型的组织结构：一是塔式结构，即组织层级较多，而管理幅度较小；二是扁平式结构，即组织层级较少，而管理幅度较大。

（1）对塔式结构的评价

塔式结构的优点是：

①主管人员的管理幅度较小，能够对下属进行有效控制；

②有利于明确领导关系，建立严格的责任制；

③由于层次多，各级主管职位也较多，因此能为下级提供晋升机会，促使其努力工作。

塔式结构的缺点是：

①由于层次较多，因此协调工作增加，管理费用也会增加；

②信息的上传下达速度慢，并且容易产生失真和误解；

③最高领导层与基层管理人员相隔多个层次，不容易了解基层现状并及时处理问题。

（2）对扁平式结构的评价

扁平式结构的优点是：

①有利于授权，能够激发下属的积极性，有利于培养下属的管理能力；

②信息传递速度快、失真少，能够灵活地适应市场，管理费用低；

③便于高层领导了解基层情况。

扁平式结构的缺点是：

①管理人员的管理幅度大、负担重，难以对下属进行深入具体的指导和监督；

②对管理人员的素质要求较高。

（3）塔式结构和扁平式结构的选用与现实意义

从对塔式结构和扁平式结构的评价可以看出，这两种结构形式各有千秋，都不是十全十美的，只有根据组织的具体条件，选用适宜的结构形式，才能扬其长而避其短，取得良好效果。一般而言，塔式结构的适用条件是：人员（包括上级领导和下属）素质不太高，管理工作较为复杂，许多问题的处理不易标准化或者管理基础差，实现日常管理工作科学化与规范化尚需长时间的努力，生产的机械化、自动化水平不高。如果企业的具体条件与此相反，则采用扁平式结构比较适宜。可以这样说，组织结构设计人员对不同结构形式的选择过程，实质上就是从企业既定的现实条件出发，权衡不同方案的利弊，谋求比较满意的方案的过程。在现代企业管理中，采用扁平式结构是一种普遍趋势。

6.3.2 集权与分权

组织的不同部门拥有的职权不同，会导致部门之间、部门与最高指挥者之间以及部门与下属单位之间的关系不同，进而导致组织结构的不同。

1）职权的性质与特征

职权是指组织内部授予的指导下属活动及其行为的决定权，这些决定一旦下达，下属必须服从。职权与组织中的管理职位有关，而与占据这个职位的人无关。例如，生产经理一旦调任营销或财务主管，那么其对原部门的管理人员不再具有命令或控制的权力。

赋予某一职位的权力，也并不意味着在某个时期占据该职位的管理人员对本系统的任何较低层次的员工都能直接指挥和命令：生产经理负责整个企业产品制造活动的统一组织和指挥，但这并不意味着他可以不通过车间主任或者厂长直接向某个工人分配任务。职权只赋予某个职位的管理人员向其直接下属发布命令的权力。

2）集权与分权的相对性

集权是指决策权在组织系统中较高层次的一定程度的集中；与此相对应，分权是指决策权在组织系统中较低层次的一定程度的分散。

集权和分权是一个相对的概念。绝对的集权意味着组织中的全部权力集中在一个主管手中，组织活动的所有决策均由主管做出，主管直接面对所有执行者，没有任何中间管理人员，没有任何中层管理机构。这在现代社会经济组织中显然是不可能的。绝对的分权则意味着全部权力分散在各个管理部门，甚至分散在各个执行、操作者手中，没有任何集中的权力，这时主管的职位显然是多余的，一个统一的组织也不复存在。

所以，将集权和分权有效结合起来是组织存在的基本条件，也是组织既保持目标统一性又具有灵活性的基本要求。由于集权是一种方便的行为、普遍的现象，因此我们应着重研究其对应面——非集权化或权力的分散。戴尔曾提出了判断一个组织分权程度的四条标准：

第一，较低的管理层次做出的决策数量越多，分权程度就越大；

第二，较低的管理层次做出的决策重要性越高，分权程度就越大；

第三，较低的管理层次做出的决策影响面越广，分权程度就越大；

第四，较低的管理层次做出的决策审核越少，分权程度就越大。

3）分权的影响因素

分权虽然是必要的，组织中也存在许多因素有利于分权，但同时也存在不少妨碍分权的因素。影响分权的因素主要包括：

（1）组织规模的大小。组织规模增大，管理的层级和部门数量就会增多，信息的传递速度和准确性就会降低。因此，组织需要及时分权，以减缓决策层的工作压力，使其能够集中精力于最重要的事务。

（2）政策的统一性。如果组织内部各个方面的政策是统一的，则集权最容易实现管理目标的一致性，分权可能会对组织的统一性起到某种破坏效果。

（3）员工的数量和基本素质。如果员工的数量和基本素质能够保证组织任务的完成，那么组织可以更多地分权；如果组织缺乏足够多受过良好培训的管理者，且其基本素质不符合分权管理的基本要求，那么分权将会受到很大的限制。

（4）组织的可控性。组织中各个部门的工作性质大不相同，财务会计部门应相对集权，研发、市场营销等部门应相对分权。组织需要考虑的是围绕任务目标的实现，如何对分散的各类活动进行有效控制。

（5）组织所处的成长阶段。在组织成长的初始阶段，为了有效管理与控制组织的运行，组织往往采取集权的管理方式；随着组织的成长，管理的复杂性逐渐增强，管理者对权力的偏好就会减弱，这时组织往往采取分权的管理方式。

6.3.3　授权

在组织中，由一个人行使所有的决策权是不可能的。随着组织的发展和管理层次的出现，组织必须把职权授予下属。

1）授权的概念

授权就是委派工作和分配职权的过程，因此授权也叫委派。授权包括以下三个方面的内容：

（1）上级分配给下级一项任务或职责，指明下级该做什么工作。

（2）授予下级相应的职权去完成所分派的任务，如使用资金、指挥别人工作、对外代表公司等。

（3）确定下级对上级应承担的责任。

2）授权的原因

（1）任何组织都不可能由一个人独自控制，必须通过权力的分散来控制。

（2）权力和责任是相辅相成的。没有权力，下级就不能很好地完成任务。

（3）只有授权，才能缓解压力，赢得时间。领导者如果事必躬亲或者下级必须事事向领导者请示，领导者就会陷入烦琐的日常事务中无法自拔，更不用说考虑组织的全局问题和战略问题了。

（4）有效的授权可以提高下级的满意度和成就感，起到良好的激励作用。

3）授权的原则

（1）重要性原则。组织授权必须建立在相互信任的基础上。所授职权不能是一些无关紧要的部分，要敢于把一些重要的职权放下去，使下级充分认识到上级的信任和管理工作的重要性，从而把具体任务落到实处。

（2）适度原则。组织授权还必须建立在效率的基础上。授权过少往往会造成主管工作量过大，授权过多又会造成工作杂乱无序，甚至失控，所以不能无原则放权。

（3）权责一致原则。组织在授权的同时，必须向被授权人明确所授任务的目标、责任及权限，权责必须一致，否则被授权人要么会滥用职权导致形式主义，要么会对任务无所适从导致工作失误。

（4）级差授权原则。组织只能在工作关系紧密的层级上进行级差授权，越级授权可能会造成中间层次在工作上的混乱和被动，导致管理机构的失衡，进而破坏管理秩序。

6.4 组织文化

6.4.1 组织文化的基本概念

组织文化在一定的民族文化、道德、伦理文化的背景下产生，并在一定的组织中形成自己的个性，它是影响组织成员思考、体验和行为的主要方式。组织文化无论在中国还是在外国，事实上早就存在，但是作为概念和理论，组织文化是由美国管理学界在20世纪80年代初提出来的。在1982年7月出版的《公司文化——公司生活的礼节和仪式》一书中，作者（哈佛大学的特伦斯·迪尔教授和麦肯锡咨询公司顾问阿伦·肯尼迪）提出了构成组织文化的五个要素：

（1）公司环境——这是塑造组织文化总目标的外部条件，对组织文化的形成影响最大；

（2）价值观——这是组织基本的观念及信念，是构成组织文化的核心；

（3）英雄人物——这是组织文化的人格化，是组织员工模仿的具体典范；

（4）礼节和仪式——这是组织文化的外在表现，是组织在生产经营活动中的行为规则；

（5）文化网络——这是组织先进的价值观和英雄意识沟通、传递的渠道。

有关组织文化的定义，有人做过统计，共有180多种，几乎每个管理学家和组织文化学家都有自己的定义。各种定义之间的区别主要体现在组织文化的范围上。狭义的观点认为组织文化是以企业价值观为核心的企业意识形态，也就是企业成员有关企业的价值观念的总和，包括企业价值观、经营观、风气、员工工作态度和责任心等。广义的观点则认为组织文化是通过企业成员的主观意识，改造、适应和控制自然物质和社会环境所取得的成果，它表现为一切经验、感知、知识、科学、技术、厂房、机器、工具、产品、组织、制度、纪律、时空观、人生观、价值观、市场竞争观、生活方式、生产方式、行为方式、思维方式、语言方式、等级观念、角色地位、伦理道德规范、审美价值标准等。

我们既不同意狭义的观点，也不主张将组织文化的含义无限扩大化。我们认为下述定义是较为适当的：组织文化是从事经济活动的组织中形成的一种文化，该文化所包含的价值观念、行为准则等意识形态和物质形态均为该组织成员所认可。

6.4.2　组织文化的结构

研究组织文化的结构即把组织文化作为一种独特的文化现象来探讨，我们可以从精神文化、制度文化、物质文化等层面对组织文化进行深入剖析。

组织文化的结构如图6-8所示。

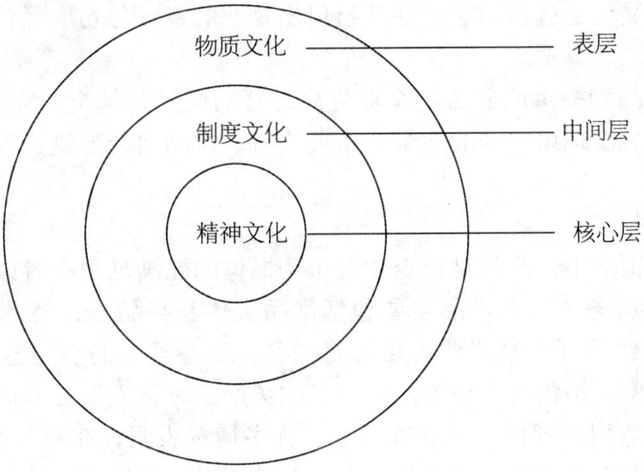

图6-8　组织文化结构图

1）精神文化

精神文化是指企业在生产经营过程中，受一定的社会文化背景、意识形态影响而形成的一种精神成果和文化观念。精神文化包括管理哲学、敬业精神、人本主义的价值观念、道德观念等内容，是企业意识形态的总和。相对于物质文化和制度文化来说，精神文化是一种更深层次的文化，是企业的上层建筑，精神文化在整个组织文化结构中处于核心地位。

2）制度文化

制度文化是组织文化的中间层次，是指对企业职工和企业组织行为产生规范性、约束性影响的部分，它规定了企业成员在共同的生产经营活动中应当遵循的行动准则及风俗习惯。制度文化主要包括以下三个方面：

（1）一般制度

企业中存在一些带有普遍性的制度，均应包括在企业的一般制度之内，如厂长负责制、岗位责任制、职代会制、按劳取酬的分配制度等。

（2）特殊制度

这主要是指该企业独有的、非一般性的制度。与管理制度相比，特殊制度更能反映一个企业的管理特色、文化特色。具有良好组织文化的企业，也必然具有多种多样的特殊制度；组织文化贫乏的企业，则往往忽视特殊制度的建设。

（3）企业风俗

这是指企业长期相沿、约定俗成的典礼、仪式、行为习惯、节日等。企业风俗与管理制度、特殊制度不同，它不表现为确定的文字条目，也不需要强制执行，它完全靠习惯、偏好维持。企业风俗由精神文化所主导，又反作用于精神文化。企业风俗可自然形成，也可人为开发，一种活动或习俗一旦为全体员工所接受并沿袭下来，就成为企业风俗的一种。

3）物质文化

物质文化是组织文化的表层部分，是由企业员工创造的产品和各种物质设施等构成的器物文化，是精神文化的载体。它往往能折射出企业的经营思想、经营管理哲学、工作作风和审美意识。

企业生产的产品和提供的服务是企业生产经营的成果，是企业物质文化的首要内容。此外，企业创造的生产环境、企业建筑、企业广告、产品包装与设计等，也是企业物质文化的主要内容。

（1）产品及服务

在现代市场营销学中，产品是指企业向市场提供的能满足消费者或用户某种需求的任何有形产品和无形服务。有形产品主要包括产品实体及其品质、特色、式样、品牌和包装；无形服务主要包括可以给消费者带来附加利益和心理上的满足感及信任感的售后服务、保证、产品形象、销售者声誉等。人们在购买产品时，不仅会考虑产品的功能，还会考虑产品的品质、造型、颜色、品牌等因素。许多情况表明，在日益激烈的竞争环境中，新的竞争不仅体现在企业所生产的产品本身，而且体现在附加于包装、服务、广告、顾客咨询、运送、仓储及具有其他价值的形式上。因此，一个企业的组织文化会体现在产品及服务的方方面面。

（2）企业容貌

企业容貌是企业物质文化的重要组成部分。企业容貌是组织文化的表征，是体现企业个性的标志，包括企业的名称、象征物、空间结构、布局等。

（3）企业生产环境

企业生产环境的优劣，直接影响企业员工的工作效率和情绪。优化企业的生产环境，为企业员工提供良好的劳动氛围，既是企业重视员工的表现，也是提高员工工作积极性的重要手段。运用色彩进行调节可以优化企业生产环境。例如，对于厂房用色，企业可以选择相应的色彩以适应特定的工作，利用冷暖色来提高或降低员工的心理感受。除了色彩调节外，企业还可以运用音乐进行调节。心理学的研究表明，柔和的音乐不但不会分散注意力，反而会提高工作效率。

（4）技术现代化程度与文明程度

企业的文明程度与技术现代化程度密切相关。从一定意义上说，组织文化的形成受企业内外多种因素的影响。例如，企业外部的技术环境、企业内部的技术条件、企业职工的文化技术水平等都对组织文化的塑造具有重要影响。技术作为物质文明和精神文明的一种体现，对企业及员工起着潜移默化的作用。

6.4.3 组织文化的内容

组织文化的内容包括组织价值观、组织精神、伦理规范等。

（1）组织价值观

组织价值观就是组织领导者和全体员工对该组织的生产、经营、服务等活动的一般看法或基本观点。它包括组织存在的意义和目的、组织中各项规章制度的必要性与作用、组织中各种不同岗位上的员工的行为与组织利益之间的关系等。每个组织的价值观都有不同的内容，成功的组织总是会不断创造和更新组织的价值观，不断追求新的、更高的目标。

（2）组织精神

组织精神是指组织领导者和全体员工经过努力奋斗而逐步形成的，认识和看待事物的共同心理趋向、价值取向和主导意识。组织精神是一个组织的精神支柱，是组织文化的核心，它既反映了组织成员对组织的特征、形象、地位等的理解和认同，也包含了对组织未来发展所抱有的理想和希望。

（3）伦理规范

伦理规范是指从道德意义上考虑的、由社会向人们提出并且应当遵守的行为准则。它通过社会公众舆论规范人们的行为。组织文化中的伦理规范既体现了组织自下而上环境中的一般性要求，又体现了组织各项管理的特殊要求。

6.4.4 组织文化的功能

为了尽可能地发挥组织文化的作用，学者们也相继探讨了组织文化的功能。根据国内主流思想，组织文化的功能可以归纳为以下五个方面：

（1）导向功能

组织文化是一种价值取向，可以引导企业主体的态度和行为。企业的领导者和员工是企业的主体，因此组织文化对领导者和员工都具有导向作用。组织文化主要从三个方面发挥导向功能：第一，通过价值观发挥导向功能；第二，通过目标发挥导向功能；第三，通过行为规范发挥导向功能。

（2）协调功能

文化是润滑剂，可以缓和人与人之间的各种矛盾。我们可以看到，具有同样文化的人群往往可以融洽相处。组织文化是一剂良方，不但可以协调组织内部关系，而且能够协调组织与外界的关系，从而为组织的发展创建和谐的环境。

（3）凝聚功能

虽然员工在名义上属于某个组织，在行动上也是在为组织服务，但是员工是否真正做到了全心全意为组织服务却很难判断。组织文化具有凝聚功能，可以产生强烈的向心力，使员工真正融入组织中。组织文化具有同化作用、规范作用和融合作用，这三种作用的综合效果就是组织文化的凝聚力。分析这三个作用我们可以发现，组织文化确实具有其他管理方法不可替代的凝聚功能。

（4）激励功能

成功的组织文化强调以人为中心，关心人、尊重人、理解人、重视人，因此组织文化本身就具有激励作用。同时，很多激励手段都需要通过组织文化得以实现，如信任激励、感情激励、宣泄激励、目标激励、参与激励、尊重激励、宽容激励、榜样激励等。大多数激励方法与组织文化结合后，可以显著扩大激励效果。

（5）辐射功能

组织文化不仅可以影响组织内部员工，还可以影响外部环境。当组织文化影响外部环境时，组织文化就具有了辐射功能，也被称为扩散功能和外部功能。

6.4.5 组织文化的塑造

组织文化作为一种软管理手段，就像一只无形的手，对企业管理和发展具有十分独特的作用。对组织内部而言，组织文化有利于共同价值取向的培养，能够提高员工的认同感，增强企业的凝聚力；有利于激励员工奋发进取，从而提高士气，形成创新动力；有利于改善人际关系，使员工重视职业道德，使组织产生协同力。对组织外部而言，组织文化有利于提高企业对环境的适应能力和应变能力；有利于树立企业形象，提高企业声誉，增强企业的核心竞争力。

1）组织文化塑造的三段论

美国学者甘布雷尔（Steve Ganbrell）及史蒂文斯（Graig Stevens）认为，组织文化塑造有三个阶段：塑造之前、塑造过程中和塑造之后。他们相信如果想要成功，则每一个阶段都要有良好的行动计划。这些行动计划包括：了解员工抗拒的动机、了解员工与管理阶层认知的差异、了解持续沟通的重要性。

在组织文化塑造之前，若想产生最佳效果，应注意：有开放的心胸；有良好的战略规划能力；致力于培养领导能力和建立工作团队的技巧；致力于发扬沟通和运用良好沟通技巧的传统。

在组织文化塑造的过程中，应注意：员工必须了解为什么企业需要有所改革，主管则必须用清楚、不带威胁的态度与员工充分沟通；如果员工也参与文化塑造的过程中，则员工的适应性会更好，而且员工会认为自己也应负起推动变迁的责任；沟通应该持续进行。

在组织文化塑造之后，应注意：不论何时何地，难免会有误解，所以每条信息都应一再重复，如果可能的话，最好针对个别员工进行沟通；任何变化都需费时推动，不会一夜成功。

2）组织文化塑造的四部曲

安德烈（Andre）与范德梅尔韦（Sandra Van Der Merwe）提出了组织文化塑造的四个步骤。

（1）找出内外部环境的威胁与机会点

除非组织成员意识到改变是唯一解救组织的方法，否则不可能会有任何改变产生。换句话说，组织成员必须体会到改变是关系到他们生存的关键因素。

（2）创造一个明确的、前后相关的远景

这个远景必须很独特，和以前的远景不同；这个远景对员工来说必须有意义，并能指引方向；这个远景是灵感与现实的桥梁，必须由专人负责推动，并亲自解释、说明。

（3）建立内在运作系统，授权相关人员推动改革

授权相关人员推动改革，激励与支持是关键。要促成员工之间的激励与支持，必须指派领导监督计划的执行，必须让员工“振奋起来”。

（4）加强对组织文化塑造流程的控制

控制整个流程，并让负责人根据经验进行必要的修改。控制并不是领导者希望发挥的功能，让计划依序执行才是最终目的。此时，最重要的工作是让员工保持继续努力的动力与热情。

3）组织文化塑造过程的启示

第一，组织文化塑造必须与组织战略、组织远景和组织结构变革协调进行。

第二，进行组织文化塑造时必须充分考虑可能带来的阻力。

第三，进行组织文化塑造时必须充分认识组织文化变革的艰巨性。

第四，要加大培训力度，使新的组织文化深入每个员工的思想和行动中去。

第五，要管理组织文化塑造过程，及时有效地对文化塑造效果进行监控和反馈，领导要言行一致，起到带头作用。

思考题

1.简述组织结构设计的原则。

2.组织结构设计的影响因素有哪些？

3.简述矩阵式组织的优点和缺点。

4.分权的影响因素有哪些？

5.影响管理幅度的因素有哪些？

6.组织文化的结构和内容分别是什么？

案例分析

格兰仕——金字塔变为扁平化

2001年9月，格兰仕集团宣布全面进入扁平化管理时代。无独有偶，在此之前，长虹、海尔也不约而同地进行了企业组织结构的调整，实现了从原来垂直的金字塔形结构向扁平式结构的转化。

格兰仕虽然目前是全球最大的微波炉生产企业，市场份额稳居全球第一，但其以前只是一家拥有房地产、毛纺、羽绒等多行业产品的企业，组织结构较为繁杂，从上到下包括集团内的决策层和执行层、职能部门的管理层和执行层，还有各工厂的管理层和执行层，这样一种等级分明的金字塔式结构，势必会导致企业大规模生产和管理低效率之间的矛盾越来越突出。格兰仕意识到，必须进行企业组织结构的调整。

调整后的格兰仕共有1.1万多名员工，而管理人员只有200多人。同时，在这次扁平化改造的过程中，格兰仕还把以前分布在全国各地的区域经理全部砍掉，转变为各省的营销中心，由国内市场部直接管理，这种做法同样减少了管理层次，增加了管理幅度，提高了管理效率。因为从企业内部来看，扁平化更有利于包括基层在内的各方面人才有一个发挥作用和能力的空间，对于多数中层管理人员来说既是一种锻炼，也是一种价值的体现；从企业外部来看，扁平化更利于企业营造一种“大品牌概念、小品牌运作”的全新竞争模式。

当然，扁平化的支撑是信息技术。随着信息技术的进步，未来的企业组织将不再是一种金字塔式的等级制结构，而是逐步向扁平化结构演进。

资料来源　佚名. 格兰仕——金字塔变为扁平化［EB/OL］.［2013-11-27］. http://www.docin.com/p-731775424.html.

问题：

（1）管理幅度的影响因素有哪些？

（2）谈谈组织结构由金字塔变为扁平化的特点。

第7章/ 人员配备

学习目标：理解人员配备、人力资源计划、绩效考评、薪酬管理等基本概念，掌握人员配备的原则、人力资源计划制订的程序和招聘录用的程序，了解人员配备的任务、培训方式、绩效考评方法以及薪酬的构成。

7.1 人员配备概述

7.1.1 人员配备的任务

人员配备即为每个岗位配备适当的人。一方面，人员配备要满足组织的需要；另一方面，人员配备也是为每个人安排适当的工作，因此要考虑满足组织成员的特点、爱好和需要。人员配备的任务可以从组织和组织成员两个不同的角度来分析。

1）从组织的角度来看

（1）使组织系统开动运转。通过人员配备，让合适的人员去充实组织中的各项职务，以保证组织活动的正常进行，进而实现组织的既定目标。这也是人员配备的基本任务。

（2）为组织发展准备干部力量。通过人员配备，不仅为组织目前的机构配备人员，而且考虑结构可能发生的变化，为将来的组织准备和提供管理干部。

（3）维持成员对组织的忠诚。通过人员配备，稳住人心，留住人才，降低人才流动的负面效果，维持成员对组织的忠诚。

2）从组织成员的角度来看

留住人才，不仅要留住其身，更重要的是留住其心。只有这样，才能维持成员对组织的忠诚。

（1）通过人员配备，使每个人的知识与能力得到公正的评价、承认和运用，让员工感到工作要求与自身能力相符，没有“怀才不遇”的感觉，工作目标富有挑战性。

（2）通过人员配备，使每个人的知识与能力不断发展，素质不断提高，知识与技能的提高既可以满足人们的心理需要，也是职务晋升的阶梯。

只有满足了这些因素，组织成员才会真心实意地、自觉积极地为组织努力工作。

7.1.2 人员配备的内容

人员配备的内容相当丰富，概括地说，主要有三个方面：

（1）人员的规划与决策，如确定对各类人员的需求及人员来源，制定人力资源开发规划和各项管理政策、制度。

（2）人员的招聘与更新，主要包括招聘和选聘新职工、员工的离退休及辞退、人员的培训与发展（如思想和职业道德教育、文化教育、专业技术培训等）、人员的配置和组织使用、人员的激励和保护（包括薪资、奖惩管理、劳动保护、集体福利等）。

（3）人员的评价，包括岗位评价、人员素质测评、员工绩效考评、人力资源开发利用的总体评价等。

人员配备框架举例如图7-1所示。

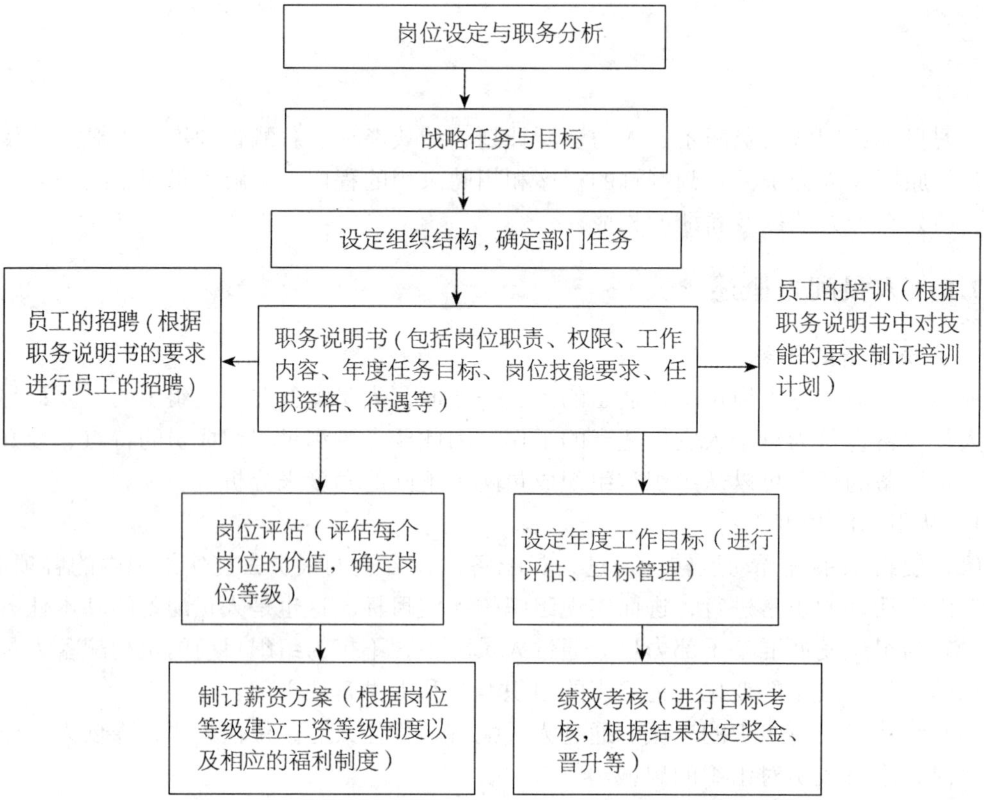

图7-1　某企业人员配备框架图

7.1.3　人员配备的原则

为了实现人与事的优化组合，企业在人员配备的过程中必须遵循一定的原则：

（1）因事择人的原则。选人的目的在于使其担任一定的职务，要求其从事与该职务相应的工作。然而，要使工作卓有成效地完成，首先必须要求工作者具备相应的知识和能力。

（2）因材施用的原则。不同的工作要求不同的人去完成，而不同的人具有不同的能力和素质，能够从事不同的工作。从人的角度来考虑，只有根据人的特点来安排工作，才能使人的潜能得到充分发挥，使人的工作热情得到最大限度的激发。

（3）人事动态平衡的原则。处在动态环境中的组织在不断发展，员工的能力与知识也在不断提高。因此，人与事的配合要不断进行调整，力求使每一个人都能得到最合理的使用，从而实现人与工作的动态平衡。

7.2 吸引优秀的人力资源

7.2.1 人力资源计划

编制人力资源计划是吸引优秀人力资源的第一步。人力资源计划是指组织为实施人力资源战略，根据所处的内外环境的变化，进行人力资源供求预测，以满足自身人力资源需求的活动。

1）人力资源计划的内容

（1）总计划。它阐述了人力资源计划的总原则、总方针和总目标。

（2）职务编制计划。它阐述了企业的组织结构、职务设置、职务描述和职务资格要求等内容。

（3）人员配置计划。它阐述了企业每个职务的人员数量、人员的职务变动、人员空缺数量等内容。

（4）人员供需计划。它阐述了企业所需职务的名称、所需人员数量、希望到岗时间，以及人员供给方式、人员内部流动政策、人员外部流动政策、人员获取途径等内容。

（5）教育培训计划。它包括教育培训需求、培训内容、培训形式、培训考核等内容。

（6）人力资源管理政策调整计划。它阐述了计划期内人力资源政策的调整原因、调整步骤和调整范围等内容。

（7）投资预算。它包括上述各项计划的费用预算。

2）人力资源计划的制订程序

（1）收集和整理各种相关信息。人力资源计划涉及的信息包括组织外部环境信息（宏观环境因素与产业环境因素）和企业内部信息。制订人力资源计划的首要任务就是相关信息的收集，它是人力资源需求和供给预测的基础。

（2）人力资源需求和供给预测。人力资源需求预测包括长期预测和短期预测、总量预测和各个岗位需求预测，它主要是根据组织的战略规划和组织的内外条件选择预测技术，然后对人力资源需求的数量、质量和结构进行预测。人力资源供给预测包括组织内部供给预测和外部供给预测。

（3）人力资源计划的制订和实施。首先，根据预测的需求量和供给量，确定人员的数量、质量、结构和分布情况，对比得出人员净需求量。其次，根据净需求量，制订相应的人力资源计划，以确保人员的供求平衡。最后，实施人力资源计划。

（4）人力资源计划的评估、反馈与修正。对人力资源计划的实施过程及结果进行监督、评估，重视信息的反馈，并对出现的差错进行纠正，从而使人力资源计划更加符合企业发展的实际，更好地促进组织目标的实现。

3）人力资源需求预测的方法

人力资源需求预测的方法有以下几种：

（1）经验估计法

经验估计法就是利用现有的情报和资料，根据有关人员的经验，结合本企业的特点，对企业人力资源的需求情况加以预测。

经验估计法可以采用“自下而上”和“自上而下”两种方式。“自下而上”的预测方式就是先由直线部门的经理向自己的上级主管提出用人要求和建议，然后由上级主管批准；“自上而下”的预测方式就是由总经理先拟定出企业总体的用人目标和建议，然后由各部门自行确定用人计划。

最好的方法是将“自下而上”和“自上而下”两种方式结合起来运用：先由企业总经理提出用人需求的指导性建议，然后由各部门根据指导性建议的要求，会同人事部门、工艺技术部门等确定具体用人需求，最后由人事部门汇总确定整个企业的用人需求，并将该需求交由企业总经理审批。

（2）统计预测法

统计预测法是运用数理统计的形式，依据企业目前和预测期的经济指标及若干相关因素进行数学计算，得出职工需求量。

常用的统计预测法包括以下几种：

①比例趋势分析法。

这种方法通过研究历史统计资料中的各种比例关系，如管理人员同工人之间的比例关系，考虑未来情况的变动，估计预测期内的比例关系，从而预测未来各类职工的需求量。

这种方法简单易行，运用的关键在于历史统计资料的准确性和对未来情况变动估计的准确性。

②经济计量模型法。

这种方法先将企业的职工需求量与影响需求量的主要因素之间的关系用数学模型表示出来，然后依此模型预测企业的职工需求量。

这种方法比较复杂，一般只在管理基础比较好的大型企业中使用。

（3）工作研究预测法

这种方法就是通过工作研究（包括动作研究和时间研究）来计算完成某项工作或某件产品的工时定额和劳动定额，同时考虑预测期内的变动因素，最终确定企业的职工需求量。

7.2.2 人员招聘与录用

人员招聘与录用是指按照企业经营战略规划、人力资源规划的要求，把优秀、合适的人招聘进企业，并把合适的人放在合适的岗位上的过程。人员招聘与录用工作十分复杂，涉及招聘政策的制定、招聘渠道的选择、求职申请表的设计以及招聘方法的选择等多方面的内容。

1）人员招聘与录用的意义

人员招聘与录用工作之所以重要，是因为：

（1）它关系到企业的生存和发展。在激烈竞争的社会里，如果没有较高素质的员工队伍和科学的人事安排，企业经营就可能面临失败。

（2）它是确保员工队伍良好素质的基础。一个企业只有招聘到合格的人员，把合适的人安排到合适的岗位上，并在工作中注重员工队伍的培训和发展，才能确保员工队伍具有良好的素质。

（3）工作难度大，一旦失误，企业将损失严重。

2）人员招聘与录用的程序

人员招聘与录用的一般程序如下：

（1）根据企业的人员规划，开展人员的需求预测和供给预测，确定人员的净需求量，并制定人员选拔与录用政策，在企业的中期经营规划和年度经营计划的指导下制订出不同时期、不同岗位人员的补充计划、调配计划、晋升计划。

（2）依据职务说明书，确认职位的任职资格及招聘选拔的内容和标准，同时确定招聘甄选的技术。

（3）拟订招聘计划，上报企业领导批准。

（4）人事部门开展有关招聘的宣传及其他准备工作。

（5）审查求职申请表，进行初次筛选。

（6）面试或笔试。

（7）测验。

（8）录用人员体检及背景调查。

（9）试用。

（10）录用决策，签订劳动合同。

图7-2是某企业员工招聘与录用的程序。

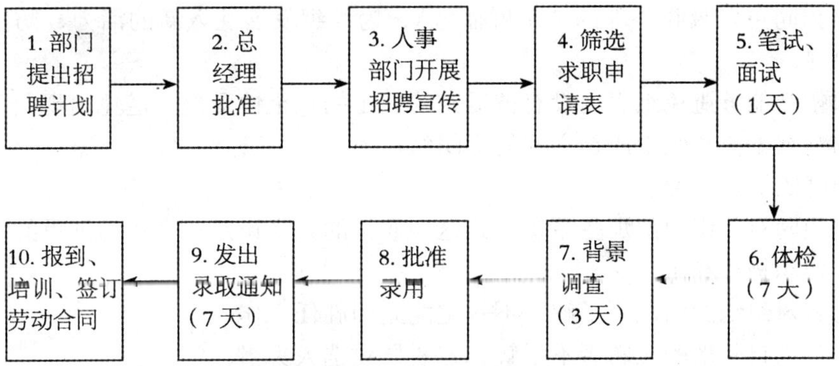

图7-2　某企业员工招聘与录用的程序

3）人员招聘的渠道

人员招聘的渠道有两种：一是从组织内部招聘；二是从组织外部招聘。

（1）内部招聘

内部招聘是指从组织内部挑选适合的人员加以聘用，具体方法有内部提升和内部职位转换两种形式。内部招聘通常涉及职位公告和职位投标两方面的工作。职位公告是指通过公告或组织的报刊向员工通告组织空缺职位的情况。职位投标是指允许那些自认为具备资格的员工申请公告职位的自荐过程。

内部招聘的优点主要有：

①内部招聘费用较低、手续简便，能够使过去对组织成员的培养成本获得补偿。

②组织对应聘的内部人员的能力和素质、优点和缺点等情况很熟悉，容易判断其是否适合新的工作岗位。

③应聘的内部人员对组织的基本情况非常熟悉，能够比较快地胜任新的工作。

④内部提升为内部成员提供了良好的发展机会，内部职位转换有助于丰富组织成员的工作经验。

⑤职位投标提供了组织内公平竞争的机会，有利于调动内部成员的工作积极性。

内部招聘的缺点主要有：

①组织内部能够提供的人员有限，尤其是关键职位的主管人员很难找到。

②组织成员习惯了组织内长期积累的行为方式，创新意识不强。

③内部竞争可能会造成内部人员之间的关系紧张，没有被提升的员工的工作积极性会受到挫伤。

（2）外部招聘

外部招聘是指根据组织制定的标准和程序，从组织外部选拔符合空缺职位要求的员工。通过外部招聘选择员工具有动态性，特别是对于一些高级员工和专业技术岗位，组织常常将选择的范围扩展到全国甚至全球劳动力市场。外部招聘的渠道很多，如组织内的职工介绍推荐、利用职业介绍机构、从大中专院校选聘、通过广告公开选聘。

外部招聘的优点主要有：

①外部招聘扩大了选择范围，有较广泛的人才来源，有利于获得组织所需的一流人才；招聘广告覆盖面广，有利于提高组织的知名度。

②外部招聘可以吸收外部的“新鲜血液”，为组织发展注入新的活力，防止组织发展的僵化和停滞。

③外部招聘能够避免组织内没有被提升的员工的积极性受挫，避免出现员工因嫉妒心理而引起的情绪不快和组织成员之间的不团结。

外部招聘的缺点主要有：

①外部招聘对组织内部那些希望得到这一职位的人来说是一个较为沉重的打击，会影响他们的工作积极性和士气。

②应聘者对组织的情况不了解，不一定能立即胜任工作。

③组织对来自外部的应聘者不了解，容易导致选人失当。

由于上述两种招聘途径各有优劣，因此现代组织往往把内部招聘和外部招聘结合起来使用。对于从外部招聘来的人员，组织往往先将其放到较低的职位上，然后根据其表现进行提升和岗位调整。

4）人员招聘的方法

为了保证人员招聘工作的有效性和可行性，组织应当采用科学的方法来组织招聘工作。人员招聘常采用笔试、面试、心理测验和评价中心等方法对应聘者的知识、素质、能力等方面进行考核，以判断其是否胜任应聘岗位。

（1）笔试

笔试是指通过纸笔测验的形式，对应聘者的基本知识、专业知识、管理知识、综合分析能力和文字表达能力进行衡量的一种人员甄选技术。

根据测验内容的不同，笔试可以分为文化知识考试、专业知识考试和具体业务知识测试。企业通过笔试，能够对应聘者的知识、结构、实践经验和工作熟练程度做出初步判断。

笔试的优点是一次能够出几十道乃至上百道试题，题型较多，对应聘者知识、技能和能力的考核具有一定的深度和广度，成绩评定比较客观。笔试的缺点主要表现在不能全面地考核应聘者的工作态度、品德修养以及组织管理能力、口头表达能力和操作技能等。因此，笔试虽然有效，但必须和其他测评方法结合使用。在企业人员招聘中，笔试成绩往往作为筛选依据，笔试合格者才能继续参加面试或下一轮的测试。

（2）面试

面试是指主考官通过与应聘者进行面对面的信息沟通，考核应聘者是否具备与职位相关的能力和个性品质的一种人员甄选技术。面试具有直观、深入、灵活、互动的特点，不仅可以评价出应聘者的学识水平，还能评价出应聘者的能力、才智及个性心理特征等。

面试的程序如下：

①面试准备。主考官应当提前做好面试准备，尤其要审查应聘者的申请表和履历表，还要设计面试问题，安排合适的面试地点。

②营造轻松的面试氛围。在面试开始时，主考官应营造一个轻松的面试氛围，以缓解应聘者的紧张情绪。

③提问。面试的下一步是提问。要提问那些需要应聘者更详尽地做出回答的问题。一定要问开放性的问题，并倾听应聘者的回答，鼓励他们充分表达自己的想法。

④结束面试。在面试即将结束之际，应留有时间回答应聘者的问题，然后以尽可能诚实礼貌的方式结束面试。如果认为应聘者可以被录用，就告诉他大概什么时间可以得到录用通知；对于不准备录用的应聘者，也应告诉他如果录用，会发通知给他。

⑤回顾面试。应聘者离开后，主考官应当检查面试记录，回顾面试的情形，根据应聘者现有的技能和兴趣来评价应聘者是否适合应聘职位，并写出评语。

（3）心理测验

心理测验是根据一定的法则和心理学原理，使用一定的操作程序，对应聘者行为活动中的能力、个性、动机等心理特征进行分析推论的过程。在人员招聘中，较常用的心理测验有能力测验、人格测验、职业兴趣测验等。

①能力测验。能力测验旨在对被测试者的工作能力进行测验。我们通常所说的一个人解决问题的速度快、任务完成的质量高、活动效果好等，都是指这个人的能力强。

②人格测验。人格测验用于了解被测试者的情绪、性格、态度、工作动机、品德、价值观等。人格是一个人能否施展才能、有效完成工作的基础。一个人如果在人格方面存在缺陷，必然会使他的才能大打折扣。

③职业兴趣测验。一个人在工作中成功与否，不仅受到自身能力的制约，而且与其兴趣和爱好存在密切关系。了解一个人职业兴趣的主要途径就是进行职业兴趣测验。

（4）评价中心

评价中心是在西方企业中流行的选拔和评估管理人员，尤其是中层管理人员的一种人员素质测评体系。评价中心是一种综合性的人员测评方法，它包括前面所介绍的人格测验、能力测验、面试等方法，但评价中心最主要的组成部分也是它最突出的特点，在于它使用了情境性测验方法对被测评者的特定行为进行观察和评价。这种方法通常是将被测评者置于一个模拟的工作情境中，采取多种评价技术，由多个评价者观察被测评者在这种模拟工作情境中的行为表现，从而识别被测评者未来的工作潜能。评价中心采用的情境性测验包括多种形式，主要有公文处理（文件测验）、无领导小组讨论、角色扮演、管理游戏、演讲辩论、场景模拟、案例分析等。

7.3 培养优秀的人力资源

选拔结束以后，人员配备的主要目标是把雇员转化为优秀的劳动力，这就离不开员工培训与发展和绩效考评。

7.3.1 员工培训与发展

从本质上讲，培训比较偏重于操作技巧的培养，发展则侧重观念性的启发与解决问题的潜在能力的培养。

1）新员工培训

对新员工进行培训的目的在于向新进入人员提供企业的基本信息，协助他们成为企业的一分子。新员工培训的内容主要包括企业的历史与价值观、企业的组织结构与行政程序，以及与工作内容相关的部分，企业应该采取新员工感到舒适的方式进行讲授。培训期间，新员工应该由有经验的同事或基层主管来指导，同时循序渐进地将新员工介绍给未来可能合作的员工，而非在入职的第一天就将新员工草率介绍给所有人。此外，在增加工作要求之前，新员工应有足够的时间来适应新的工作环境。

2）在职培训

在职培训是指企业员工在工作场所以及在完成生产任务的过程中所接受的培训。对员工的在职培训是职前培训的继续和发展，是从培训的初级阶段迈向中级阶段的重要方法与步骤，是人力资源开发使用最多的方法。经过培训以后，员工将培训所学内容应用于实际工作时就不会有问题。由于员工所学的内容是工作中必需的知识，因此员工的学习动机很强。但是，有时企业会强调生产任务，这可能会使接受培训者感到兼顾生产任务和学习任务的压力太大，从而影响学习效果，对培训过程不利。

管理者和参加培训者必须认识到，在职培训是双方共同的事。此外，管理者有义务创造一种信任和开放的气氛，从而使在职培训更为有效。

3）案例研究

案例研究是让接受培训者解决模拟经营中存在的问题的一种培训方法。这种方法要求每个接受培训者研究案例提供的信息，并根据具体情况做出决策。案例研究一般在教室里进行，教师的作用是引导学生。

4）会议方法

会议方法也叫讨论方法，是将兴趣相同的人聚集在一起讨论并解决问题的一种教学方法。通常，讨论小组的负责人是管理人员。小组负责人的作用是使讨论正常进行并避免某些人的观点偏离主题。讨论问题时，小组负责人倾听并允许小组成员解决他们自己的问题。参与会议方法的员工虽然身处培训中，但是可以解决日常工作中面临的实际问题。

5）行为模仿

行为模仿早已成为成功的培训方法，它利用生动的演示来说明有效的人际交往技巧在各种情况下如何发挥作用，让接受培训者观察、模仿示范者的行为。

行为模仿的概念已存在很长时间了。例如，大多数语言学家认为语言学习是模仿性的；很多人学习开车、打乒乓球，也是通过观察其他人的行为学会的。

6）训练和辅导

训练是由经理进行的一对一教学的一种在职管理人才开发方法。为了实现这一目的，有些企业设立了岗位助理，被安排在这种岗位上的人会成为其上级的接替者。下属们除了有机会观察外，还会执行一些需要决策能力的重要任务。为了做好这些工作，管理者及其下属间的关系应建立在彼此信赖和信任的基础上，否则，将无法保证这一方法的有效性。

辅导是受训者向经验丰富的组织员工进行学习的一种在职管理人才开发方法。辅导者通常是年长及有经验的经理，他以主人、朋友、知己和顾问的身份对新员工进行辅导。辅导者可以是组织中任何职位的人。对于辅导工作来说，辅导者和被辅导者双方的兴趣必须一致，双方必须相互理解。将老师和学生聚在一起的优点是很明显的，在辅导关系中，这种结合将会产生积极的效果。

7）工作轮换

工作轮换是将员工由一个岗位调到另一个岗位以丰富其工作经验的培训方法。

工作轮换可以帮助新员工理解他们工作领域内的各种工作，但是这种方法也有一些潜在的问题。由于新员工从事每项工作的时间很短，因此他们觉得自己更像是某个部门的参观者而不是该部门的一员。此外，由于新员工的工作效率往往不高，因此可能会降低整个工作小组的生产效率。

7.3.2　绩效考评

员工工作绩效的高低直接影响着企业的整体效率和效益，因此，提高员工的工作绩效是企业管理的一个重要目标，而员工绩效考评就是实现这一目标的重要方法。绩效考评，也称考绩，是指通过运用科学的考核标准和方法，对员工的工作绩效进行定期考评，从而全面了解员工完成工作的情况，发现员工的不足，并提出相应的改进措施。在人力资源开发与管理体系中，绩效考评是一项基础性的工作。符合客观事实的考评结果可以广泛应用于被考核员工的晋升、调配、薪资调整、奖惩、培训设计中。

1）绩效考评的原则

首先，绩效考评应有明确、统一、固定的评价标准，同时针对客观的考评资料进行科学评价，尽量减少主观性和感情色彩，从而使考评结果具有可靠性、客观性、公平性。

其次，绩效考评必须以被考评人的具体业务工作为基础，考评标准和考评程序必须科学化、明确化和公开化，这样才能使员工对考评工作产生信任和采取合作的态度，才能使员工理解和接受考评结果。

再次，绩效考评应有连续性，并将考评结果与必要的奖惩挂钩，考评不能产生较鲜明的差别界限，否则考评就不会产生激励作用。

最后，企业应建立反馈制度，允许被考评人进行自我评价和申诉，这是保证考评民主的重要手段。这样一方面有利于避免考评中可能出现的偏见以及种种误差，保证考评的公平性与合理性，另一方面可以使被考评者了解自己的缺点和优点，使绩优者再接再厉，使考评成绩不好者心悦诚服、奋起上进。

2）绩效考评的内容

与人员素质评价不同，员工绩效考评的内容侧重于工作实绩和行为表现两个方面：

（1）工作实绩

工作实绩是指员工在各自的岗位上对企业的实际贡献，即员工完成工作的数量和质量。工作实绩的内容包括：员工是否按时、按质、按量完成本职工作和规定的任务，在工作中有无创造性成果等。

（2）行为表现

行为表现是指员工在执行岗位职责和任务时表现出来的行为。行为表现的内容包括职业道德、积极性、纪律性、责任性、事业性、协作性、出勤率等。

3）绩效考评的方式

（1）按考评时间的不同，可分为日常考评与定期考评

日常考评是对被考评者的出勤情况、产量和工作质量、平时的工作行为所做的经常性考评；定期考评则是按照一定的周期进行的考评，如年度考评、季度考评等。

（2）按考评主体的不同，可分为主管考评、自我考评、同事考评和下属考评

主管考评，就是上级主管对下属员工的考评。这种由上而下的考评，由于考评者是主管领导，因此能较准确地反映被考评者的实际状况，也能减轻被考评者心理上的压力，但有时也会受主管领导的疏忽、偏见、感情等主观因素的影响而产生考评偏差。

自我考评，就是被考评者本人对自己的工作实绩和行为表现所做的评价。这种考评方式透明度较高，有利于被考评者在平时自觉地按考评标准约束自己，但最大的问题是存在“倾高”现象。

同事考评，就是同事之间互相考评。这种考评方式体现了考评的民主性，但考评结果往往受被考评者人际关系的影响。

下属考评，就是下属员工对直接主管领导的考评。这种考评方式往往由一些有代表性的员工用比较直接的方法，如直接打分法等进行，考评结果可以公开或不公开。

（3）按考评结果表现形式的不同，可分为定性考评与定量考评

定性考评的结果表现为对某人工作评价的文字描述，或者用优、良、中、可、差等形式表示；定量考评的结果则以分值或系数等数量形式表示。

4）绩效考评的方法

（1）关键绩效指标（key performance indicator，KPI）

KPI考核是通过对工作绩效特征的分析，提炼出最能代表绩效的若干关键指标体系，并以此为基础进行绩效考核的方法。KPI考核的目的是建立一种机制，将企业战略转化为企业的内部过程和活动，以不断增强企业的核心竞争力，进而取得高效益。

有一句重要的管理名言：“如果你不能度量它，就不能管理它。”所以，进行KPI考核时，一定要抓住那些能够有效量化的指标或者将之有效量化，不能使指标片面与空泛。当然，并不是说KPI越少越好，而是应该抓住绩效特征的根本。

（2）目标管理（management by objective，MBO）

MBO作为一种成熟的绩效考核模式，始于管理大师彼得·德鲁克的目标管理模式，迄今已有几十年的历史了，并且广泛应用于各个行业。为了保证目标管理的成功，企业进行目标管理时应做到：确立目标的程序必须准确、严谨，以保证目标管理项目的成功推行；目标管理应该与预算计划、绩效考核、工资、人力资源计划和发展系统结合起来；要弄清绩效与报酬之间的关系；要将明确的管理方式和程序与频繁的反馈相联系；绩效考核的效果取决于上层管理者在这方面努力的程度，以及上层管理者的沟通水平与人际关系；下一步目标管理计划的准备工作应在目前目标管理实施的末期之前完成，并将年度绩效考评结果作为最后参数输入预算之中。

（3）平衡记分卡（balanced score card，BSC）

平衡记分卡从财务、顾客、内部业务流程、学习与成长四个方面来衡量企业的绩效。运用平衡记分卡一方面可以考核企业的产出（上期的结果），另一方面可以考核企业未来成长的潜力（下期的预测）。此外，从顾客和内部业务流程两个方面考核企业的运营状况，能够把企业的长期战略与短期行动联系起来，从而把远景目标转化为一套系统的绩效考核指标。

（4）360度反馈（360° feedback）

360度反馈也称全视角反馈，是指被考核人的上级、同级、下级和服务的客户等都对被考核人进行评价，通过分析各方面的意见，清楚自己的长处和短处，以此达到提高自己的目的。

（5）述职评价

述职评价是指由岗位人员做述职报告，把自己的工作完成情况和知识、技能等反映在报告内的一种考核方法。这种考核方法主要针对企业的中、高层管理岗位（在部门内部考核实践中，也可应用于员工）。述职报告可以在总结本企业、本部门工作的基础上进行，但重点是报告本人履行岗位职责的情况，即该管理岗位人员在管理本企业、本部门完成各项任务中的个人行为及所发挥的作用。

7.4 留住优秀的人力资源

管理者如何留住已经招聘和培养出来的优秀的人力资源呢？这涉及薪酬管理的问题。薪酬管理是在人员配备活动中，人们最关切、议论最多的部分，因此也常常是最受重视的部分。在传统的计划经济条件下，人们对薪酬的理解常常过于偏颇，从而忽视了薪酬的激励功能。随着企业改革的深入及全球经济一体化进程的加速，人们也开始在薪酬管理上探索新的方法，以求真正调动起员工的积极性，促进企业的发展。

7.4.1 薪酬的构成

薪酬就是企业针对它的员工（包括干部）为企业做出的贡献，包括他们实现的绩效、付出的努力、时间等，所付给的相应的回报或答谢，这实质上是一种公平的交换或交易。

一个完整薪酬方案的构成如图7-3所示。

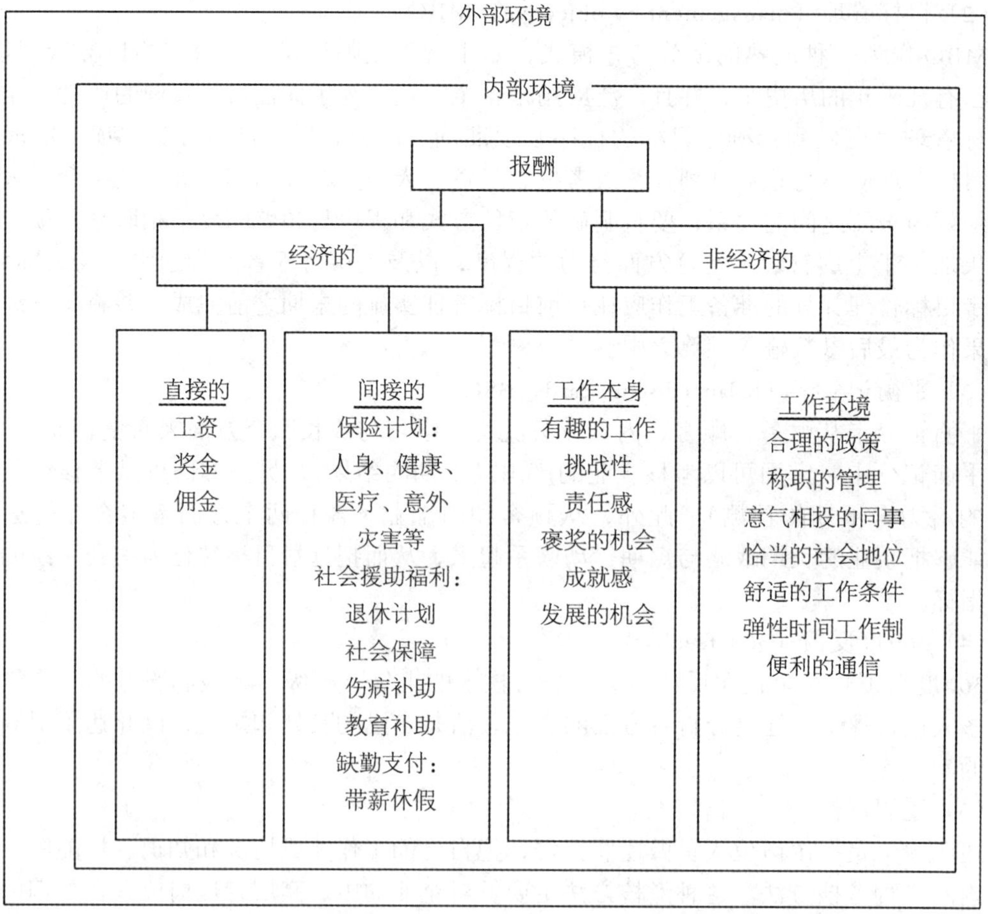

图 7-3　完整薪酬方案构成

直接的经济报酬是指个人获得的工资、奖金及佣金等形式的经济报酬。间接的经济报酬即福利，是指所有直接的经济报酬以外的其他各种经济报酬。非经济报酬是指个人对工作本身或者对工作在心理与物质环境上的满足感。非经济的报酬包含着通过完成有意义的、与工作相关的任务而获得的满足感。例如，某位员工的工作使其可以接触到与其非常亲密的朋友，这就属于非经济报酬的范畴。

所有这些酬劳共同构成了完整的薪酬方案。为了保持竞争性，企业必须对那些为达到企业的主要目标所必需的行为结果支付酬劳。企业在支付酬劳时，必须考虑员工的特点。人们工作的理由多种多样，当一个人正在竭尽全力地为其家庭提供衣、食、住、行时，金钱对他来说则可能是最重要的奖赏。从一定意义上来说，合理的报酬取决于接受人的理解，而不仅仅是金钱形式的经济报偿。

7.4.2　制定薪酬制度应遵循的原则

企业制定薪酬制度的目的是能吸引来、保留住和激励起企业所需的人力资源。其实，吸引、保留、激励三者是一致的，即调动起员工的工作积极性，使员工愿意在本企业努力工作。然而，要做到这样，企业薪酬制度的制定就必须具有公平性、竞争性、激励性、经济性与合法性。

1）公平性

员工对薪酬分配的公平感，也就是对薪酬发放是否公正的判断与认识，是企业设计薪酬制度和进行薪酬管理时应首先考虑的问题。薪酬制度的公平性可以从外部公平性、内部公平性、个人公平性三个层次来理解。

外部公平性，是指同一行业或同一地区或同等规模的不同企业中类似职务的薪酬应当基本相同，因为企业对这些员工的知识、技能与经验的要求相似，他们对企业的贡献也差不多。

内部公平性，是指同一企业中不同职务所获薪酬应与各自的贡献成正比。只要比值相当，便是公平。

个人公平性，是指同一企业中相同岗位的人所获薪酬应当基本相同。

2）竞争性

竞争性是指在社会上和人才市场中，企业的薪酬制度要有吸引力，这样才能战胜其他企业，招到所需人才。究竟如何定位本企业的薪酬水平，取决于本企业的财力、所需人才的可获得性等具体条件，但是要想具备竞争力，工资水平应不低于市场平均水准。

3）激励性

激励性是指在内部各类、各级职务的薪酬水平上，应当适当拉开差距，真正体现按贡献大小进行分配的原则。

4）经济性

提高企业的薪酬水平，固然可以提高企业的竞争性与激励性，但也会导致人力成本的上升，所以薪酬制度不能不受经济水平的制约。不过企业领导在对人力成本进行分析时，不能仅看薪酬水平的高低，还要看员工的绩效水平。此外，人力成本的影响还与行业性质及成本构成有关。在劳动力密集型行业中，有时人力成本在总成本中的比重可高达70%。这时人力成本确有“牵一发而动全身”之效，需要精打细算；但在技术密集型行业中，人力成本只占总成本的8%～10%，企业中科技人员的工作热情与革新性对企业的生存与发展起着关键作用，此时若对他们的薪酬锱铢必较，就会因小失大。

5）合法性

企业的薪酬制度必须符合党和国家的政策与法律。由于我国的法制建设起步较迟，很多法律法规现在仍在充实完善中，因此有关劳动工资的正式立法还较少，立法的正规性、完备性、成熟性及执行的严格性方面与一些发达国家相比，还有不小的差距，有待进一步提高。

7.4.3　影响薪酬制度制定的因素

影响薪酬制度制定的因素比较复杂，一般来说主要有以下几个方面：

1）劳动力市场的供需关系与竞争状况

薪酬的多少，不可否认是吸引和争夺人才的一项关键因素。高级管理人员与技术专业骨干这两类人才对于企业的成败至关重要，而且他们的需要往往是多方面的，不仅局限于金钱与物质方面。然而，由于货币是充当一般等价物的特殊商品，以货币来支付的薪酬在满足人们各层次的需要方面具有多功能性，因此本国、本地区、本行业的其他企业，尤其是竞争对手制定的薪酬政策，对企业薪酬制度制定的影响很大，又被称为“比较规范”。在财力允许的条件下，一般企业总希望使自己员工的工资水平不低于“比较规范”中的平均水准，以便在人才争夺战中不会落于下风。

2）地区及行业的惯例与特点

这里的惯例包括基本观点、道德观与价值观。例如，传统的“平均至上”与“稳定至上”的观点如果仍处于主宰地位，那么拉开收入差距的措施便多半不易被接受。此外，沿海与内地、基础产业与高科技新兴产业、国有大中型企业密集地区与三资企业集中地区之间的差异，也必然会反映到其薪酬制度上来。

3）当地生活水平

这种因素从两层意义上影响企业薪酬制度的制定：一方面，生活水平提高了，员工对个人生活的期望也就提高了，这在无形中给企业造成了一种制定偏高薪酬标准的压力；另一方面，生活水平提高也可能意味着物价指数要持续上涨，为了保证员工的正常生活，企业往往也不得不考虑定期向上适当调整工资。需要说明的是，这种因素对基本工资的制定并无关键作用，只需要在调整时稍做考虑。

4）国家的有关法令和法规

企业的薪酬制度必须遵守国家的法令和法规，因此企业薪酬制度的制定必然会受到国家法令和法规的影响。

5）本单位的业务性质与内容

如果企业属于传统的劳动力密集型企业，员工从事的主要是简单的体力劳动，则劳动力成本占总成本的比重可能很大；如果企业属于高技术的资本密集型企业，高级专业人员比重很大，他们从事的主要是复杂的、技术含量很高的脑力劳动，则相对于先进的技术设备，劳动力成本占总成本的比重可能不大。显然，这两种情况对企业薪酬制度的制定具有不同的影响。

6）企业的经营状况与资金实力

一般说来，资金雄厚的企业和盈利丰厚的企业，对员工付酬也较慷慨；反之，规模较小或不景气的企业，则不得不量入为出。然而，经营状况是不断变换的，员工们一般不愿以此来评价企业付酬的合理性。所以，经营状况对薪酬制度的影响只是间接的和远期的。

7）企业的管理哲学和企业文化

一种领导认为，员工要的就是钱，只有经济刺激，才能让他们好好干活；另一种领导认为，员工有多方面的追求，他们喜欢有趣的、有挑战性的工作，他们是有自觉性的，钱并不是激励他们工作的唯一动力。这两种领导风格在薪酬制度上反映出来，会显得大相径庭。

事实上，企业在制定薪酬制度时，会综合权衡上述所有因素。

思考题

1.人员配备的任务与原则有哪些？

2.简述人力资源计划的制订程序。

3.外部招聘的优劣势是什么?

4.简述企业人员招聘与录用工作的一般程序。

5.内部招聘有哪些方法?

6.员工培训有哪些方式?

7.简述绩效考评的原则及内容。

8.简述薪酬的构成。

9.影响薪酬制度制定的因素有哪些?

案例分析

兴顺公司的奖金分配

兴顺公司是国内一家航空公司的全资子公司，主营机票销售，员工有200人，其中总经理1人，副总经理3人。兴顺公司实行总经理负责制，总经理负责全面工作，3个副总经理分别负责销售、财务和人事后勤等工作。

兴顺公司总经理张翔曾担任过航空公司的部门经理，非常了解民航的经营运作，工作作风严谨，深知总公司体制的弊端。在兴顺公司成立之初，张总就提出了“管理创新，体制创新，技能创新”的指导思想，并进行了一系列改革和创新：

第一，在原有网络的基础上，加快公司规模的扩张，计划用两年的时间使公司的销售网络遍布全省，提高总公司航班客座率，减少对其他代理销售的依赖。

第二，打破原有的分配制度，实行全员绩效考核工资方案，做到“千斤重担人人挑，人人肩上有指标”。

第三，构建以服务为核心、以职能为导向的组织结构，分别组建销售部、财务部和综合业务部三大职能部门。

第四，建立员工竞聘上岗、定期考核的竞争机制，实行优胜劣汰，同时引进社会上的优秀人才，为公司注入新鲜血液，以利于长远发展。

总公司董事会对兴顺公司采取经营目标责任制，明确了兴顺公司的全年销售净收入、利润指标、费用指标。若完不成任务，经营班子发50%工资，总经理下台，员工发70%工资；若完成任务，发100%工资和奖金；若超额完成任务，董事会同意按一定比例提取奖金，由兴顺公司自主分配。

兴顺公司在创新原则的指导思想下，将指标按网点按月层层分解，全面落实“千斤重担人人挑，人人肩上有指标”的精神，并制定了明确的奖惩措施。

经过全体员工的共同努力，兴顺公司在年中就完成了董事会下达的全年利润指标的80%。为此，兴顺公司决定给全体员工发奖金，标准为每人1 000元，各部门遵照部门考核原则进行二次分配，另外给销售部15万元额外奖励，同时又将年利润指标增加了1.5倍。

销售部员工共175人，其中管理人员35名，占20%，由副总经理魏仁分管。魏副总对民航业的了解较多，曾担任过几家私企的总经理，办事果断，但工作风格比较简单粗暴。

魏副总提出，销售部的这次奖金分配一定要拉开档次：

（1）客票销售的80%是网点销售，因此销售中负责网点管理的员工的贡献是比较大的。

（2）销售部的工资、奖金都应比其他部门高。

因此，此次奖金分配的实际方案为：销售部经理8 000元，网点主任4 000元，业务骨干2 000元，以上人员占销售部人数的25%；销售部机关员工1 500元，一线员工800元，占总人数的75%。

而兴顺公司其他部门经理的奖金都在3 000元以下。销售部的方案执行后，在公司和部门内引起了强烈反响。其他部门（特别是部门经理）认为："我们还不如销售部员工的奖金多，我们的工作得不到认可。"销售部内部的一线员工则认为："我们担负着任务指标，辛辛苦苦地干，最后还不如机关一般员工的奖金多。"结果，此后销售部与相关部门协调时，工作变得困难重重。兴顺公司订票和送票的服务质量明显下降，销售量不断下滑。

到了9月底，销售部累计完成公司新的利润指标的98%。此次公司发奖金，迫于各方压力，张总将分配权收回，并亲自参与分配，结果销售部经理的奖金只比其他部门经理的奖金略高少许，机关员工的奖金同一线员工的奖金相差也不大。从表面上看，这次奖金分配很顺利，但是那些完成或超额完成任务的员工的积极性受到了严重打击。现在，员工不愿提奖金的事，对年终的超额奖金兑现也不抱希望了。

资料来源：佚名. 薪酬管理案例　奖金分配风波［EB/OL］.［2012-11-10］. http：//wenku.baidu.com/link ? url=m7hiu2FX6amyutqwq8WzHqNfEibjCgglPL5VgdAx8o4OBSSR6RWOeVkCg0vgqPzGAHubno4JrtlCK0MWX6pQp0Etp06OnCZ_2j7B0-OcwVS.

问题：

（1）薪酬制度的制定要考虑哪些因素？

（2）如果你是张总，你将如何处理奖金分配的问题？

第8章/ 领导与领导者

学习目标：掌握领导的含义与作用，理解领导与管理的区别与联系，掌握领导者权力的来源；掌握领导方式的基本类型，理解领导特质理论、领导行为理论、权变理论等几种重要理论的基本观点，体会领导的艺术。

8.1 领导与领导权力

8.1.1 领导的含义与作用

1）领导的含义

“领导”有两种词性含义。一种是名词属性的“领导”，即“领导者”的简称，是指组织中确定和实现组织目标的首领；二是动词属性的“领导”，即“领导行为”的简称，是指领导者所从事的活动，把领导作为一项管理工作、管理职能，通过该项职能的行使，领导者能促成被领导者努力实现既定的组织目标。

领导者必须具备三个要素：

（1）领导者必须有下属或追随者，没有下属就不能称为领导者。

（2）领导者拥有影响追随者的能力或力量。这些能力或力量既包括组织赋予领导者的职位和权力，也包括领导者个人所具有的影响力。

（3）领导行为具有明确的目的，是通过影响下属来实现组织目标的。

综上所述，本书认为，领导的实质是影响他人，领导既是一种影响过程，也是一种人与人之间的交往过程，领导者通过该过程来激励和引导人们执行某项任务，以达到特定的目标。

2）领导的作用

领导者在带领、引导和鼓舞部下为实现组织目标而努力的过程中，体现出了指挥、协调和激励三个方面的作用。

（1）指挥作用。在组织活动中，领导者要头脑清醒、胸怀全局，能高瞻远瞩、运筹帷幄，帮助组织成员认清所处的环境和形势，指明活动的目标和达到目标的路径。

（2）协调作用。由于组织是多人协同工作的集体，加之内外因素的干扰，因此即使规定了明确的目标，也可能会出现矛盾和冲突。这时，领导者要协调组织成员之间的关系和活动，使组织成员朝着共同的目标前进。

（3）激励作用。领导者要运用一定的行为和方法激发和鼓舞组织成员，保持组织成员工作的积极性和热情，从而更好地达成组织的目标。

8.1.2 领导与管理

领导与管理是两个既有联系又有区别的概念，但两者对组织的成功都是必需的。

1）领导与管理的联系

（1）领导行为是管理行为之一。管理活动包括计划、组织、领导和控制等许多活动，而领导是从管理中分化出来的，领导活动只是组织中诸多管理活动的一个方面。

（2）领导活动和管理活动的开展都是以组织为基础的。领导活动需要有领导者与被领导者的参与，而管理活动也需要有管理者和被管理者的参与。如果没有组织，只是单独的一个人，就不存在领导者与被领导者、管理者和被管理者之分，也就不存在所谓的领导活动或管理活动了。

（3）领导者和管理者在开展职能活动时，都要有一定的权力。管理者在履行管理职能时，需要以组织赋予的权力为基础。例如，质量管理人员在检验产品的质量时，要运用组织赋予他的对质量进行检查和判定的权力。同样，领导者在实施领导职能时也要有一定的权力，这种权力可能来自组织，也可能来自领导者个人，如个人魅力。

（4）领导活动和管理活动在实践中，具有较强的复合性和相容性。领导和管理的界限并不总是十分清晰的。在组织中，一个人可能既是领导者，又是管理者。例如，公司的首席执行官（CEO）在从事管理工作的时候，也担负着领导工作；在发挥管理职能的同时，也起到领导的作用。当然，管理者和领导者分离的情况也是有的。

2）领导与管理的区别

（1）领导活动与管理活动的侧重点不同。领导主要是一种变革的力量，而管理一般是一种程序化的控制工作。领导活动注重对组织内部各个组成部分进行协调、激励和沟通，主要通过无形的影响力发挥作用；管理则主要表现为一些具体的、技术性较强的工作，其目的在于提高某项工作的效率。

（2）领导者与管理者的权力来源不完全一样。管理者是被任命的，他们拥有进行奖励和处罚的合法权力，其影响力来自他们所在的职位赋予他们的正式权力。领导者则可以是任命的，也可以是从一个群体中产生的。领导者也可以不运用正式权力来影响他人的活动。例如，对于非正式组织中的领导者，组织并没有赋予他们正式的管理职位和职权，他们也没有义务负责组织的计划和组织工作，但他们能引导、激励甚至命令自己的追随者。

（3）领导者与管理者在组织中的角色不一样。领导者与被领导者之间是上级与下级的关系，管理者与被管理者之间是组织中分工不同的劳动协作关系。需要注意的是，领导者除了以其在组织中的地位和所拥有的权力从事领导活动之外，还应以个人的能力和素质为基础从事领导活动，所以领导者与被领导者之间并不只是简单地存在着上级与下级的关系。

（4）对领导者与管理者的素质要求不尽相同。从本质上说，管理是在合法的职务权力的基础上对下属的行为进行指挥的过程，下属必须服从管理者的命令，这就要求管理者通过周密的计划、严密的组织、严格的控制来取得工作中的成效。领导则是一种影响力或者说是对下属施加影响力的过程，领导者可能更多地通过其个人魅力与专长来影响追随者的行为，并使下属自觉地为实现组织的目标而努力。因此，领导者应具备的一个重要素质就是个人影响力。

由此可见，领导的本质就是被领导者自愿追随和服从，而不是由组织赋予的职位和权力所决定的。所以在组织中，有些握有职权的管理者可能并不能使部下发自内心地服从，从而也就谈不上是真正意义上的领导者。一个成功的管理者应该是两种角色和职能的融合。

8.1.3　领导权力

领导的核心在于权力。权力是指改变个人或团体行为的能力，是引起他人或团体采取与原来不同的行为的力量。

1）权力的构成

权力的来源主要有正式的职位、个人的特质、专业的技能、可利用的资源、社会的影响力五个方面。从正式职位上产生的权力，也可理解为一种法定的权力，组织中的员工一般会认可这一权力。个人的特质通常被理解为人格魅力，并由人格魅力产生出积极的感召力、影响力。拥有专业技能的人员或部门具有较大的权力，这是因为：一方面，其他人员或部门对这些专业人员或部门具有依赖性；另一方面，这些专业人员或部门有能力处理不确定的问题。对各种资源的控制，是权力的一个重要来源。在组织中，那些具有很大社会影响力的部门或人员，在无形中会形成一个权力区域。基于此，我们可以对权力进行如下分类：

（1）职位权力

职位权力是由上级和组织赋予的，并且由法律、制度文明规定，因此又称为制度权力。职位权力不依任职者的变动而变动。职位权力包括以下几个方面：

①法定权力。这种权力来自领导者在组织机构中的地位，是组织赋予领导者在相应领导层次或岗位上的合法性权力。其下属必须按照下级服从上级的原则行事。领导者拥有了此权力，可通过决策、指挥、用人等活动的开展来影响组织及其成员的行为。

②强制权。强制权也称惩罚权或处罚权，这是建立在惧怕基础上的权力，领导者有对其违规下属处罚的权力。这种权力建立在这样一种认识的基础上：违背上司指示的结果是惩罚，下属基于惧怕而服从。

③奖励权。这是强制权的对立面。领导者拥有对下属进行物质与精神奖励的权力。下属基于对物质利益与荣誉等方面的追求而服从。

（2）非职位权力

非职位权力不是由领导者在组织中的职位所产生的，而是由领导者的能力、知识、品德、作风等个人因素所产生的。领导者的非职位权力表现为以下几个方面：

①专长权。领导者的专业知识水平高，其同事与下属基于敬佩而服从，这是来自知识的权力。

②表率权。领导者思想境界高，事事身先士卒，一切为公，严于律己，能够起到榜样与表率作用，其同事与下属基于尊敬而服从。

③亲和权。领导者与同事、下属建立并保持非常融洽的关系，其同事与下属基于情感因素而追随与服从。

2）正确对待权力

（1）正确对待职位权力

法定权力是领导者影响下属的一种重要手段。然而，这种权力必须正确运用才能产生积极的效果。法定权力的正确运用要注意以下几个问题：

①慎重用权。组织的领导者在人事、财务、奖惩等方面拥有较大的权力，如果用权不适当，自觉或不自觉地夸耀手中的权力，试图以此树立自己的权威，甚至滥用权力，只能导致同事和下属的反感与厌恶，进而损害自己的形象，降低自己的权威。所以，领导者应当十分珍惜职位所赋予的权力，珍惜自己经过长期工作努力在同事、下属中树立起的威信，谨慎用权。在工作需要时，为了组织的持续发展，为了维护组织整体或大多数人的利益，领导者要及时、合理用权。当然，为了防止出现滥用权力的现象，在进行组织结构设计时，企业应当建立好权力的制衡机制、监督机制，完善各种管理制度。

②公正用权。组织的领导者运用权力的一个最重要原则是公正。领导者必须以自己的行动使其同事、下属相信，他在运用权力时一定能做到不分亲疏、不徇私情、不谋私利，只有这样才能服众。

③艺术用权。领导是一门科学，更是一门艺术。领导者应当根据自己所领导的组织类型、下属情况艺术用权，讲究用权的方式和方法，提高领导水平。

④例外处理。任何管理有序的组织都有一套行之有效的规章制度，领导者在管理活动中，既要维护组织规章制度的严肃性，又要进行例外处理。凡是对组织发展有利的特殊事件，都可打破常规，进行特殊处理。

（2）正确对待非职位权力

非职位权力是领导职能有效发挥的一个重要方面。如果领导者只注重法定权力，而不注重非职位权力的影响力，就会使权力的运用失去民心基础。有关非职位权力的正确运用，领导者要做到以下几点：

①专长与业绩相结合。非职位权力建立的一个基础是专长权，而专长权受领导者的知识、经验、能力等诸多因素的影响。一个领导者必须具备与其所领导的组织所从事的专业相关的专长，而其专长的发挥最终必然体现在其业绩上。领导者必须把自己的专长与其领导的组织的实际结合起来，不断提高自身素质和领导艺术水平，带领组织全体成员去实现组织的目标，以实际效果服众。

②廉洁公正。领导者必须树立服务意识，廉洁公正、以身作则、一身正气，通过榜样的无形力量去影响同事与下属的行为。

③平易民主。领导者必须树立以人为本的经营理念，事事处处信任下属、关心下属，平易近人，实行全员式、参与式管理，最大限度地调动全体成员的积极性。

一个优秀的、成功的领导者在权力方面必须做到两点：一是职位权力和非职位权力兼具；二是重视培养和发挥自己的个人影响力和专长权。虽然我们通常把层级机构中担任各级职位的官员都称为领导，但是这些官员有的可能是有效的领导，有的可能不是。如果没有自愿的追随者，只是凭借手中权力的强制和威势进行领导，那么这样的人并不是真正的领导者。

8.2 领导方式及理论

8.2.1 领导方式

领导方式是指领导者管理被领导者时所展示出的习惯化的行为模式，是领导过程中领导者、被领导者及其作用对象相结合的具体形式。组织管理的成效如何，取决于领导者的领导方式是否得当，领导方式是直接影响领导效能的重要因素。了解和认识领导方式，并且善于随着时代的变化转变领导方式，是实现领导目标、做好领导工作的重要条件。按照不同的标准，领导方式可分为不同的类型，以下介绍几种主要的分类。

1）按权力运用方式划分

（1）集权式领导

集权式领导是指将管理的制度权力相对牢固地进行控制的领导方式。在整个组织内部，资源的流动及其效率主要取决于领导者对管理制度的理解和运用。领导者将权力的获取和利用看成自己的人生价值。集权式领导的优势在于：通过完全的行政命令，使任务得到严格、准确的执行；当组织规模较小、处于发展初期或者遇到突如其来的重大问题时，这种领导方式较为有效。集权式领导的缺点在于：领导者长期将下属视为某种可控制的工具，会使下属对工作失去积极性、热情和责任感，也不利于员工职业生涯的良性发展。

（2）民主式领导

民主式领导是指领导者向被领导者授权，鼓励下属参与，并且主要依赖领导者的专长权和表率权影响下属的领导方式。民主式领导的优势在于：充分发挥了群体的智慧与能力，提高了员工的工作满意度；权力相对分散，能够较灵活地应对环境的变化。民主式领导的缺点在于：权力的分散会降低决策速度，从而增加组织的协调成本和内部资源的配置成本。

（3）放任型领导

放任型领导是指领导者撒手不管，下属完全自由的领导方式。在这种领导方式下，领导者的指挥性行为较少，支持性行为较少，决策过程也委托下属去完成。一般而言，这种领导者往往不是自愿放任，而是既无能力或权力指挥，又无能力或资源支持。在这种情况下，往往会造成所领导的群体绩效低下，内部混乱，不良的亚文化盛行。当然，放任型领导在特定的情境下也有一定的优点，如员工工作主动性、积极性、创造性高，企业有活力等。放任型领导适用于角色分工明确、战略目标清晰、有共同的价值观、员工工作主动性强的团队。

2）按思维方式划分

（1）事务型领导

事务型领导又称思维维持型领导，是指领导者通过明确角色和任务要求，激励下属向着既定的目标活动，并且尽量考虑和满足下属的社会需要，通过协作活动提高下属的劳动生产率的领导方式。这种领导者以把事情理顺、工作有条不紊地进行为傲，重视非人格的绩效内容，如计划、日程和预算，对组织有使命感，并且严格遵守组织的规范和价值观。

（2）战略型领导

战略型领导是指领导者致力于全面调动组织的内部资源，致力于实现组织长远目标的领导方式。这种领导者精于授权，将日常的管理事务委派给他人，自己则专注于制定组织的总体战略，并指导战略实施；精于目标管理的方法，为员工制定目标，而不是规定任务，鼓励员工用自己的方法解决问题，使员工知道自己的需要，从而最大限度地发挥员工的主动性。具有广阔的视野、敏锐的洞察力、良好的预见性、很强的计划能力是这种领导者获得成功的原因。

3）两种引领变革的领导方式

（1）魅力型领导

根据德国著名社会学家马克斯·韦伯的定义，魅力型领导（charismatic leadership）就是“基于对一个个人的超凡神圣、英雄主义或者模范性品质的热爱以及由他揭示或者颁布的规范性形态或者命令”的权威。他将这种魅力（charisma）定义为“存在于个体身上的一种品质，超出了普通人的品质标准，因此被认为是超自然所赐、超凡的力量，或者至少是一种与众不同的力量与品质”。这些品质普通人难以企及，往往被视为超凡神圣和具有模范性质。这种领导者的影响力来自：有能力陈述一种下属可以识别的、富有想象力的未来远景；有能力提炼出一种每个人都坚定不移认同的组织价值观系统；激励下属为了部门利益或组织利益而超越自身的利益。

这种领导者往往具有强烈的反理性、反传统色彩，善于创造一种变革的氛围，热衷于提出新奇的、富有洞察力的想法，把未来描绘成诱人的蓝图，并且能用这样的想法去刺激、激励和推动其他人勤奋工作。此外，这种领导者对下属有某种感召力，有未来眼光。

（2）变革型领导

变革型领导（transformational leadership）是20世纪80年代美国政治社会学家詹姆斯·麦格雷戈·伯恩斯在他的经典著作《领袖论》中提出的一种领导方式。伯恩斯将领导者描述为能够激发追随者的积极性从而更好地实现领导者和追随者目标的个体，进而将变革型领导定义为领导者通过让员工意识到所承担任务的重要意义和责任，激发下属的高层次需要或扩展下属的需要和愿望，使下属为团队利益、组织利益和更大的政治利益而超越个人利益的领导方式。这种领导者的行为方式可以概括为四个方面：理想化影响力（idealized influence）、鼓舞性激励（inspirational motivation）、智力激发（intellectual stimulation）、个性化关怀（individualized consideration）。

具备这些因素的领导者通常具有鲜明的价值观和远大的理想，他们能成功激励员工超越个人利益，并能对下属产生深远且不同寻常的影响；他们通过自身的行为表率、对下属需求的关心来优化组织内的成员互动；他们通过对组织愿景的共同创造和宣扬，在组织内营造变革的氛围，在富有效率地完成组织目标的过程中推动组织的适应性变革。

除了上述领导方式以外，学者们还提出了很多领导方式，如诚信领导、共享领导、仆人领导等。在实践中，这些不同的领导方式都有所体现。

8.2.2 领导理论

领导理论是研究领导有效性的理论。影响领导有效性的因素以及如何提高领导的有效性是领导理论研究的核心。领导理论的发展大体可以分为三个阶段，即领导特质理论、领导行为理论和情境（权变）领导理论。

1）领导特质理论

领导特质理论主要是把领导者与非领导者不同的个性特征分离出来，研究领导者应该具备的品质特征。在早期的研究假设中，学者们认为伟大的领导者都具有某些共同的特性，个性的差异形成了领导者各自不同的领导风格。例如，林肯、斯大林、毛泽东等伟大的领导者，他们天生都具有一些共同的特性，并且都有自己独特的领导风格。领导者的特质是与生俱来的，不是后天塑造的，研究人员试图寻找社会中不同领域的领导者在体型、外貌、精神、个性、社交等方面的共同特征，但是这些伟大的领导者在体貌、个性方面存在许多差异。大量的研究表明，不可能有这样一些特质，能简单地把领导者与非领导者区分开来。随着行为学派的发展，这种天赋特质研究逐渐被放弃。

20世纪90年代，领导特质理论出现了一些新的观点。学者们认为，领导者确实具有某些共同特征，但这些特征不完全是先天具有的，也可以是后天形成的。这些特征包括：①努力进取，渴望成功；②强烈的权力欲望；③正直诚信，言行一致；④充满自信；⑤追求知识和信息。虽然这些并不是领导者特征的全部，但还是在很大程度上决定了一个人能否成为一个领导者。

从实践的角度来看，领导特质理论主要与领导者表现出哪些特质有关，与拥有这些特质的人有关。组织可以使用个性测量工具来确定一个人是否符合组织的需要。领导特质理论也可用于自我认识和发展，帮助领导者分析自己的优势和不足，使领导者对于应该如何改变自己以提高自己的领导水平有一个更加清晰的理解。

领导特质理论有以下优点：第一，这种理论具有直观吸引力，符合一般人的观念，即认为领导者是社会的精英；第二，大量研究可以作为证实这种观点的基础；第三，这种理论把注意力集中在领导者身上，因此对领导者应该具有的特质有一个相对深入的理解；第四，这种理论可以成为组织成员评估自己领导特质的基点。

领导特质理论的缺点如下：第一，在分析领导者的特质时，这种理论常常不能把情境因素考虑进去；第二，这种理论对于判断最重要的领导特质具有主观性；第三，领导特质理论认为个人的特质是相对稳定的，是不能轻易改变的，所以从培训和教育的角度来讲，这种理论没有多大用处。

2）领导行为理论

领导特质理论忽视了领导者与下属的相互作用以及情境因素，其实，具备恰当的特质只能使个体更有可能成为有效的领导者。因此，从20世纪40年代末至60年代中叶，有关领导的研究集中在探讨领导者的行为风格上。研究者想知道，有效的领导者在行为方面有哪些独特之处。

（1）密歇根大学的研究

伦西斯·利克特（Rensis Likert）和他的同事们从1947年开始对领导类型和领导行为进行了长期的研究，试图比较群体效率如何随领导者行为的变化而变化。这项研究的目的是探讨实现预期的绩效和满意水平的基本原理，以及有效的领导方式类型，结果发现了两种不同的领导方式：一是生产导向的领导方式，即重视组织目标的完成和良好绩效的实现，强调进行严密监督，要求员工按照详尽的规定行事，很少考虑员工的感受与需要，甚至把员工看作完成工作的工具；二是员工导向的领导方式，即重视人际关系，承认人与人之间的不同，关心员工的需要、晋级和职业生涯的发展。

研究结果表明，采用员工导向的领导方式时，员工的满意度高，员工的离职率和缺勤率都较低，组织的生产率高；采用生产导向的领导方式时，员工的满意度低，员工的离职率和缺勤率普遍偏高。因此，研究人员认为，员工导向的领导方式与高群体生产率和高工作满意度联系在一起，生产导向的领导方式则与低群体生产率和低工作满意度联系在一起。

（2）俄亥俄州立大学的研究

大约在密歇根大学对领导方式进行研究的同一时期，俄亥俄州立大学的研究人员弗莱希曼（E.A.Fleishman）和他的同事们也对领导方式进行了比较研究，他们以国际收割公司的一家卡车生产厂为研究样本，将十种领导方式分为关怀维度和定规维度两类。

关怀维度：领导者信任和尊重下属的观念程度。

定规维度：为了达到组织目标，领导者界定和构造自己与下属的角色的倾向程度。

根据他们的研究，这两个维度不是相互对立的两个端点，领导者的行为可以是这两个维度的任意结合，由此可以形成四种领导行为，如图8-1所示。在管理思想史上，这是以二维空间表示领导行为的首次尝试，也为以后人们对领导行为的研究开辟了一条新的途径。

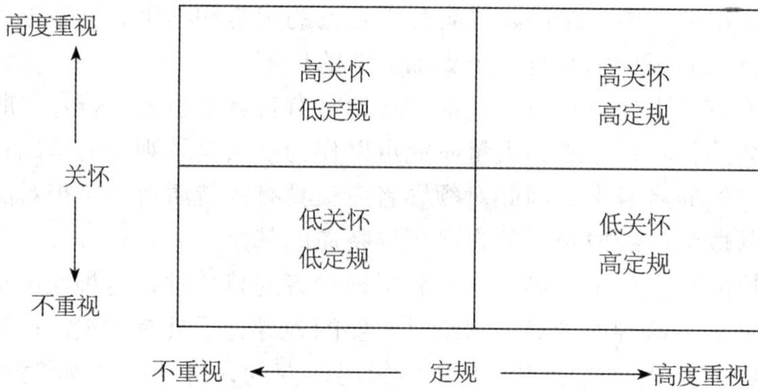

图8-1　领导行为四分图

人们对于在特定情境下哪一种领导行为最有效的问题进行了大量探讨。结果发现，在一些情境下高关怀最有效，但在另一种情境下高定规最有效，而定规方面和关怀方面均高的行为是最好的领导方式。探讨一个领导者如何最理想地将任务行为与关系行为综合在一起，是领导行为理论研究人员的中心任务。

（3）管理方格理论

1964年，得克萨斯大学的罗伯特·布莱克（Robert Blake）和简·莫顿（Jane S. Mouton）在《管理方格》一书中提出了“管理方格理论”。这是人们最熟悉的领导行为理论，后来经过多次加工和修改被广泛运用于组织的培训和发展中。管理方格也称“领导方格”，用于解释领导者如何通过两种因素——“关心生产”和“关心人”——来帮助组织达到目标。这两种因素在模型中被描述成领导维度，它们和前面所说的关系行为与任务行为相似。

关心生产是指领导者关心组织任务的完成，包括关心决策、新产品开发、工作负担、销售数量和质量等，还可以指关心组织想要完成的任何目标。关心人是指领导者关心为完成组织目标而努力的组织成员，包括提供好的工作条件、履行组织承诺并与员工建立信任关系、提高员工的自身价值、维持公平的薪酬结构以及保持良好的人际关系等。

如图8-2所示，管理方格把“关心生产”和“关心人”分别放在两个坐标轴上。横坐标代表“关心生产”，纵坐标代表“关心人”。两个坐标分别有9个等级，其中1代表最小关心，9代表最大关心。管理方格中描绘出了五种最主要的领导行为：任务型管理（9.1）、乡村俱乐部型管理（1.9）、贫乏型管理（1.1）、团队型管理（9.9）、中庸之道型管理（5.5）。

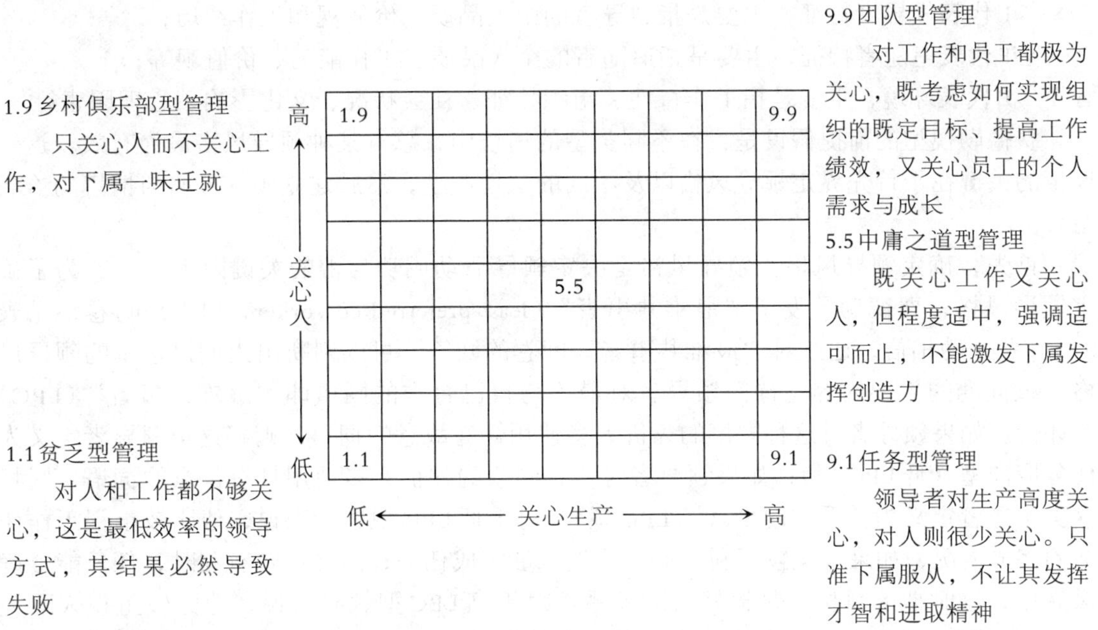

图8-2　管理方格图

五种类型中的前四种，相当于管理方格图中的四个极端方式。研究者认为团队型管理的工作效果最佳，其次是任务型管理，再次是中庸之道型管理、乡村俱乐部型管理，贫乏型管理的工作效果最差。遗憾的是，管理方格理论对于“领导行为”这一概念仅提供了框架，并未回答如何使管理者成为有效的领导者这一问题，也没有足够的研究证据支持团队型管理在所有情境下都是最有效的。

领导行为理论的优点如下：第一，基于领导特质理论，进一步研究领导者的行为，扩大了领导理论的研究范围；第二，因为有大量的实证研究，所以可信度较高；第三，强调了领导过程的两个核心（任务和关系）的重要性；第四，具有启发价值，因为它有利于理解领导行为。领导行为理论的缺点是：第一，没能把领导行为（任务和关系）与结果（如士气、工作满意度及生产力）相联系；第二，仍不能确定一套导致有效领导的具有普遍适用性的领导行为。

3）情境（权变）领导理论

情境领导理论认为，并不存在具有普遍适用性的领导特质和领导行为，有效的领导者能够根据自己所处情境的不同而采用不同的领导行为和领导方式。

情境领导理论代表了领导学研究的一种变革，将研究视角从仅仅集中在领导者身上，转移到领导者与其所处工作情境的匹配上，强调领导风格与情境需求相匹配的重要性。

（1）费德勒权变领导理论

该理论认为，不存在一种“普遍存在”的领导方式或领导风格，领导工作会受到领导者所处客观环境的影响。因此存在以下模型：

S=f（L，F，E）

其中：S代表领导风格，它是领导者特征、追随者特征和环境的函数；

L代表领导者特征，主要是指领导者的个人品质、价值观和工作经历；

F代表追随者特征，主要是指追随者的个人品质、工作能力、价值观等；

E代表环境，主要是指工作特性、组织特征、社会状况、文化影响、心理因素等。

费德勒模型的前提假设是：在不同类型的情境中，总有某种领导风格最为有效。这一理论的关键在于首先界定领导风格以及不同的情境类型，然后建立领导风格与情境的恰当组合。

首先，确定领导风格。领导风格是决定领导活动成功与否的关键因素之一。为了确定领导风格，费德勒开发了“最难共事者”（least preferred coworker，LPC）问卷，见表8-1。费德勒相信，通过对“最难共事者”问卷的回答，可以判断出人们最基本的领导风格。该问卷的主要内容是询问领导者对最不与自己合作的同事即“最难共事者”（LPC）的评价。如果领导者对这种同事的评价大多使用怀有敌意的词语，则将这类领导者定义为任务取向型（低LPC型）；如果领导者对这种同事的评价大多使用具有善意的词语，则将这类领导者定义为关系取向型（高LPC型）。对于低LPC型领导来说，他比较重视工作任务的完成情况，如果环境较不利，他将首先保证完成任务；当环境较有利时，任务能够确保完成，这时他的目标才是搞好人际关系。对于高LPC型领导来说，他比较重视人际关系，如果环境较不利，他会将人际关系放在首位；当环境较有利时，人际关系也比较融洽，这时他才会追求完成工作任务。费德勒认为，还有一小部分人是介于二者之间（LPC问卷中等得分者）的，并把这部分人称为社会独立性强的人。此外，费德勒相信领导风格是固定不变的，如果是关系型领导者，永远如此。

其次，确定情境因素。情境因素包括：①上下级关系：领导者对下级信任、信赖和尊重的程度。下级对上级越尊重，越乐于追随，说明上下级的关系越好，越有利于发挥领导者的作用。②任务结构：工作任务规范化和程序化的程度。工作任务越明确、越具体，越易于有效领导。③职位权力：领导者运用组织所赋予的正式权力对组织成员的影响程度，如雇用、奖惩、晋升等活动。领导者的职位越高，权力越大，对领导活动的影响越大。费德勒根据这三个情境因素对每一种领导情境进行评估，经过分析得到八种可能的情境，每个领导者都可以从中找到自己所在的情境（见图8-3的下半部分）。其中，Ⅰ、Ⅱ和Ⅲ类情境对领导者非常有利；Ⅳ、Ⅴ和Ⅵ类情境在一定程度上对领导者有利；Ⅶ、Ⅷ类情境对领导者十分不利。

表8-1　**费德勒的LPC问卷**

快乐	8 7 6 5 4 3 2 1	不快乐
友善	8 7 6 5 4 3 2 1	不友善
拒绝	1 2 3 4 5 6 7 8	接纳
有益	8 7 6 5 4 3 2 1	无益
不热情	1 2 3 4 5 6 7 8	热情
紧张	1 2 3 4 5 6 7 8	轻松
疏远	1 2 3 4 5 6 7 8	亲密
冷漠	1 2 3 4 5 6 7 8	热心
合作	8 7 6 5 4 3 2 1	不合作
助人	8 7 6 5 4 3 2 1	敌意
无聊	1 2 3 4 5 6 7 8	有趣
好争	1 2 3 4 5 6 7 8	融洽
自信	8 7 6 5 4 3 2 1	犹豫
高效	8 7 6 5 4 3 2 1	低效
郁闷	1 2 3 4 5 6 7 8	开朗
开放	8 7 6 5 4 3 2 1	防备

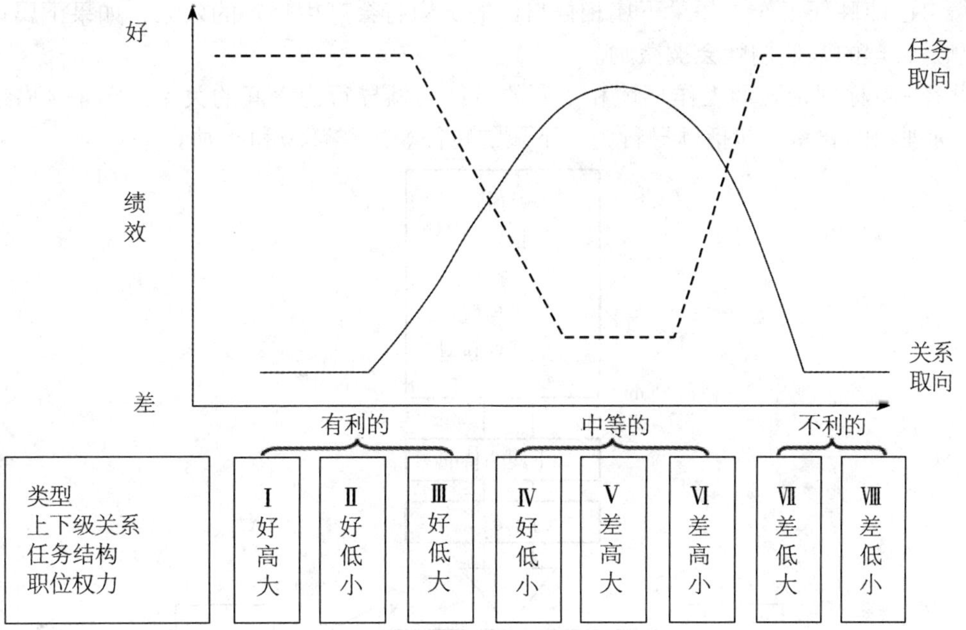

图8-3　费德勒模型

最后，实现领导风格与情境的匹配。费德勒得出结论：任务取向型的领导者在非常有利的情境下和非常不利的情境下工作效果更好（见图8-3的上半部分），关系取向型的领导者则在中等情境下工作效果更好。

费德勒认为，个体的领导风格是稳定不变的，因此根据领导风格与情境匹配的规律，要提高领导的有效性实际上只有两条途径：第一，选择适应情境要求的领导者类型，例如，如果群体所处的情境被评估为十分不利，则任务取向型的领导者能够提高工作绩效；第二，改变情境，以适应领导者。

领导权变理论的优点包括：有大量的研究证据支持，是第一个强调情境对领导者影响的领导理论；能够对领导行为的有效性进行预测，允许领导者不必在所有情境中都是有效的；能够提供有关领导形象的有用资料。领导权变理论的缺点包括：没有充分解释领导风格与情境之间的关系，很大程度上依赖于LPC问卷，而LPC问卷本身因缺乏表面效度和可行性而受到质疑；没有完全解释清楚组织在情境构建中应如何使用该理论的结论。

（2）路径-目标理论

20世纪70年代，加拿大多伦多大学的教授罗伯特·豪斯（Robert J.House）提出了路径-目标理论。路径-目标理论吸收了期望理论和领导四分图理论的内容，研究的是领导者如何激励下属完成指定目标。

①基本假设。

路径-目标理论基于这样一种信念：明确指明下属的工作目标，指明实现工作目标的途径，为下属清理各种障碍和危险，并通过奖酬提高下属完成任务的内在动力，可以有效实现组织目标，提高领导的效能。

路径-目标理论中的假设来自期望理论（expectancy theory）。期望理论认为，如果下属觉得自己能胜任工作，如果下属相信自己的努力将会产生一定的效果，如果下属认为工作报酬是合理的，他们就会被激励。

路径-目标理论强调工作环境和下属的特征与领导行为之间的关系。图8-4描绘了路径-目标理论的要素，包括领导行为、下属的特征、工作环境和激励。

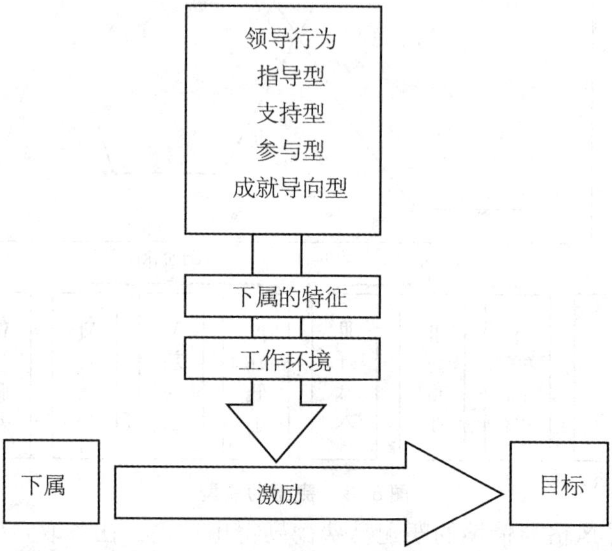

图8-4　路径-目标理论的要素

②领导行为。

豪斯确定了四种领导行为：

指导型领导（directive leadership）：领导者非常明确地告诉下属他们希望下属做什

么，以及下属完成工作的时间安排，并对如何完成任务给予具体指导。这种领导行为与俄亥俄州立大学的研究者提出的定规维度相似，内容包括制订计划、指定工作进度表、建立绩效目标和作业标准、严肃规章制度。

支持型领导（supportive leadership）：领导者对员工福利和员工的个人需求极为关心。领导行为是开放的、友善的和平易近人的，领导者能够创造一种团队氛围，尊重下属，能够对下属表现出充分的关心和理解，在下属有需要时能够真诚帮助。这种领导行为与俄亥俄州立大学的研究者提出的关怀维度相似。

参与型领导（participative leadership）：领导者能够与下属一起进行决策。领导者能够同下属一起进行工作探讨，征求下属的想法和意见，将下属的建议融入团体或组织将要执行的决策中去。这种领导行为的内容包括向下属征询意见和建议、鼓励下属参与决策、鼓励集体决策和书面建议。

成就导向型领导（achievement-oriented leadership）：领导者能够为下属确立清晰明确的、具有挑战性的目标，并期望下属发挥出自己的最佳水平。这种领导行为的特点是强调超越目前水平的、高质量的绩效和成就。领导者同样也对下属充满信任，并帮助下属了解如何实现目标。

在路径–目标理论中，豪斯认为领导者是灵活的，同一个领导者可以根据不同的情境选择合适的领导风格。

③环境变量。

在路径–目标理论中，有两个重要的环境变量：一是下属的特征；二是工作环境。

a.下属的特征。这包括下属的控制点、经验和知觉能力。控制点是指个体对环境变化影响自身行为的认识程度。根据这种认识程度的大小，控制点可分为内向控制点和外向控制点两种。内向控制点是说明个体充分相信自我行为主导未来而不是环境控制未来的观念，外向控制点是说明个体把自我行为的结果归于环境影响的观念。据此，下属可以分为内向控制点（internal locus of control）和外向控制点（external locus of control）两种类型。

b.工作环境。这包括三个维度：第一，任务结构的优良程度，包括任务的确定性和复杂性；第二，正式权力系统的特征，包括领导者拥有的法定权力的大小，以及对下属行为的政治和法律约束（制度化）程度；第三，工作群体的特征，包括下属的受教育程度，以及人际关系的质量。

④激励的运用。

不同的领导行为对下属的激励会产生不同的影响。在一些情况下，领导者需要接近下属，以帮助他们掌握完成任务和获得奖酬所必要的技能；在其他情况下，领导者则需要提供奖酬，以满足下属特殊的需求。

⑤具体情境下领导行为的运用。

工作环境和下属的特征决定了领导行为类型的选择。以下是由路径–目标理论引申出的一些情境运用范例：

情境1：如果下属是教条的和服从的、任务是不明确的、组织的规章和程序是不清晰的，则指导型领导行为最适合。

情境2：如果工作是令人不满意的或者是令人感到灰心的，则应该使用支持型领导行为。当下属从事重复性的和没有挑战性的工作时，这种领导行为能够为下属提供工作本身所缺少的“人性感觉”。

情境3：当任务不明确时，参与型领导行为被认为是较好的选择，因为参与活动能够帮助下属掌握达到某些目标的路径。此外，当下属具有独立性和强烈的控制欲时，参与型领导行为也具有积极的效果。

情境4：当下属被要求执行模棱两可的任务时，成就导向型领导行为是最有效的。这种领导行为能够提高下属达到目标的自信心，能够使下属感到他们的努力会取得丰厚的回报。

情境5：内向控制点的下属比较喜欢指导型领导。

⑥对路径-目标理论的评价。

路径-目标理论的优点如下：第一，有利于理解指导型领导、支持型领导、参与型领导和成就导向型领导是如何影响下属的生产效率和满意度的；第二，将期望理论融入了领导理论；第三，提供了一个强调领导者帮助下属的实用模型。

路径-目标理论的缺点如下：第一，该理论包含了太多相互联系的假设，所以在特定的组织环境中实用性不强；第二，迄今为止的研究结果没有对该理论提供一致的支持，而且该理论没有清楚地描述领导行为如何直接影响下属的积极性；第三，该理论没有认识到领导之间相互作用的本质，没有重视下属对领导行为的反作用。

（3）领导生命周期理论

领导生命周期理论由科曼首先提出，后由赫西和布兰查德予以发展。该理论的主要观点是：领导的有效性在于把组织内的工作行为、关系行为和下属成熟度（即被领导者掌握知识和经验的多少、独立工作能力的高低、承担责任的愿望以及对成就感的向往等）结合起来考虑。随着被领导者从不成熟走向成熟，领导者要不断调整工作型和人际关系型领导方式的比例，这样领导行为才能有效。领导生命周期理论如图8-5所示。

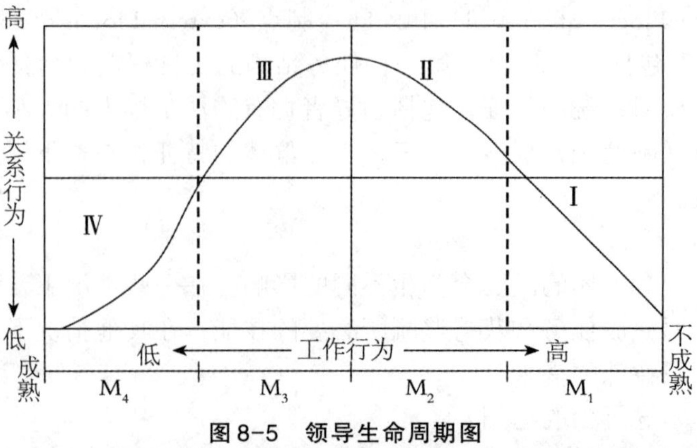

图8-5　领导生命周期图

在图8-5中，工作行为是指领导者对下属发布指示、命令的强度，从左到右逐渐提高，越靠右越趋向严格的监督控制；关系行为是指领导者与下属信息沟通的强弱，从下到上逐渐提高，越向上越趋向双向传递信息，充分信任和支持下属；下属成熟度是指下级管理自己行为的意愿和能力，从M_1至M_4，成熟度逐渐提高。

图8-5中的曲线表示四种不同的领导方式：

曲线Ⅰ段：高工作，低关系（命令式领导方式）；

曲线Ⅱ段：高工作，高关系（说明式领导方式）；

曲线Ⅲ段：低工作，高关系（参与式领导方式）；

曲线Ⅳ段：低工作，低关系（授权式领导方式）。

对于低成熟度（M_1）的下属，他们通常缺少工作经验，不能自觉承担责任，因此应使用曲线Ⅰ段的领导方式，明确规定其工作目标和工作规程，要求上级怎么说下属就怎么做，一切行动听指挥。

对于较不成熟（M_2）的下属，虽然他们已开始熟悉工作，也愿意担负工作责任，但他们尚缺乏工作技能，不能完全胜任工作，因此使用曲线Ⅱ的领导方式更为有效。领导者既要明确地下达任务，又要教会下属完成任务的方法，然后听取下属对这些问题的看法和意见，最后达成共识。

曲线Ⅲ段对应着比较成熟的下属（M_3），最适合采用参与式领导方式。领导把任务简要交代下去，让下属拿出实施方案，对方案进行修改、补充、商讨、确认后，让下属去执行。领导者对下属不要有过多的控制和约束，而应加强沟通，鼓励下属参与决策。

授权式领导方式（曲线Ⅳ段）则适用于高度成熟的下属（M_4）。由于下属不仅具备了独立工作的能力，而且能主动完成任务并承担责任，领导者只需要明确布置工作目标和完成任务的期限，具体怎么干、谁去干、何时干，则由下属自己决定。

总之，领导生命周期理论告诉我们，对不同的对象应采取不同的领导方式。该理论再次说明了，并不存在一种万能的领导方式，从而为情境领导理论提供了又一个有用的模型。

8.3　领导艺术

一个组织事业的成败，也就是能否实现既定目标，关键在于领导，而领导者的工作效率和效果在很大程度上取决于他们的领导艺术。领导是一种对人施加影响的艺术过程，它使人心甘情愿地为实现群体或组织的目标而努力。真正的领导者是能够影响别人、使别人追随自己的人，真正的领导者能鼓舞周围的人，使周围的人协助他朝着他的理想、目标和成就迈进。提升领导者的领导艺术水平对于增强领导者的能力具有核心作用。

8.3.1　做领导者的本职工作

领导人们有条不紊地办事是一种艺术。领导者在发现自己忙不过来的时候，就应该考虑自己是否已经侵犯了下属的职权，做了本来应当由下属去做的事。领导者必须明白，凡是下属可以做的事，都应该授权让下属去做，领导者只应做领导者应做的事。

领导者应做的事包括决策、用人、指挥、协调、激励。领导者对于这些事应该分清轻重缓急、主次先后，并分别授权。例如，企业的最高领导者应该只抓重中之重、急中之急，主要处理“例外”。凡是已经授权给下属去做的事，领导者就要克制自己，不要再去插手。有些领导者太看重自己的地位与作用，事无巨细，无所不包，结果不仅浪费了自己宝贵的时间和精力，还挫伤了下属的工作积极性和责任感。

8.3.2 善于同下属交谈，倾听下属的意见

没有信息交流，就不可能有领导。领导者在实施指挥和协调的职能时，必须把自己的想法、感受和决策等信息传递给被领导者，这样才能影响被领导者的行为。同时，为了进行有效的领导，领导者还需要了解被领导者的反应、感受和困难。这种双向的信息交流十分重要。

交流信息可以采取多种形式，其中，面对面的个别交谈是深入了解下属的较好方式。所以，领导者必须善于同下属交谈，倾听下属的意见。例如，领导者要做到尊重对方、悉心倾听，仔细观察、洞察内心，多听少说、避免说服教育，抓住要领、真诚相对，控制情绪、避免感情用事等。

8.3.3 争取众人的友谊和合作

领导者不能只依靠自己手中的权力做事，还必须取得同事和下属的信任和合作。领导者和被领导者之间不应当只是一种刻板的和冷漠的上下级关系，而应当建立起如同战争年代那样的真诚合作的战友关系。要建立起这种关系，除了要求领导者品德高尚、作风正派以外，还要求领导者精通领导艺术，做到平易近人、信任对方、关心他人，尤其是对持不同意见的人，要做到一视同仁。

8.3.4 做自己时间的主人

领导者要养成记录自己时间消耗情况的习惯，对自己的时间消耗情况进行分析，找到和学会合理利用时间的方法，努力做一个完美的人，而不是“工作狂”。另外，领导者要特别注意提高开会的效率。

只有充分了解、娴熟运用上述领导艺术，领导者才可能充分发挥自身的良好素质，取得比较理想的领导效果。

思考题

1.理解领导的含义需要把握的要点是什么？

2.简述管理与领导之间的联系和区别。

3.领导者权力的来源有哪些？

4.领导风格有哪几种类型？

5.领导理论经过了几个发展阶段？每个阶段有何特点？

6.简述几种情境领导理论的主要内容。

7.结合实际论述领导在企业管理中的重要作用。

8.结合实践谈谈你对魅力型领导的认识。

案例分析

领导的不同风格

案例A：某汽车公司装配厂的任厂长从一上任开始，就不同意公司裁员的做法，他给厂里每个人充分证明自己价值的机会。在任厂长的任期内，全厂5 000名职工中只有极少

数人被解雇。任厂长首先建造了供职工使用的餐厅和卫生间。午餐时，他还到餐厅就餐，与职工打成一片。任厂长不仅坚持每天2小时在现场走动办公，而且为管理人员和一线工人安排了不断解决问题的对话。通过对话，他希望管理人员知道他们为一线工人提供的服务是多么“不到位”，从而激发职工对企业的忠诚。任厂长倾听职工的抱怨，征求职工的意见和合理化建议，鼓励班组定期开会来解决问题。通过“一日厂长制”等活动，创造一切可能的机会，让职工参与全厂的长远规划。任厂长对下属关怀备至，下属无论遇到什么难处都愿意和他说，只要是厂里该办的，他总是很痛快地予以解决。职工们私下说任厂长特别会笼络人。当然，任厂长也承认装配厂的生产率暂时不如其他同类企业，但他坚信，只要他的职工有高昂的士气，就一定会取得高绩效。

案例B：某钢厂严厂长认为，对下属采取敬而远之的态度是最好的领导方式，所谓的“亲密无间”只会松懈纪律。严厂长一天到晚紧绷着脸，从未和下属谈过任何工作以外的事情，更不用说和下属人员开玩笑了。严厂长到下属部门谈工作，他一进门，下属的表情就会变得严肃起来，犹如“一鸟入林，百鸟压音”，大家都不愿和他接近。严厂长把全厂的工作任务始终放在首位，在他看来，一个好的领导者无暇去握紧每一个职工的手。所以，严厂长总是强调对生产过程、产量进行控制的重要性，要求下级必须很好地理解生产任务目标，并且保质保量地完成。严厂长经常直接找下属布置工作，中层管理人员常常抱怨严厂长越级指挥，使他们无所适从。严厂长手下的几员大将被“架空”已成家常便饭。职工有困难想找厂里解决时，严厂长一般不会过问，职工们都说他“缺少人情味”。久而久之，严厂长感到在管理中最大的问题是下级不愿意承担责任，职工在工作中不是很努力，全厂的工作只是维持现有局面而已。

案例C：赵大伟是一位经验丰富的企业家，当某市齿轮厂严重亏损、濒临倒闭时，他出任了该厂的厂长。赵大伟的管理哲学是：“管理既是无情的，又是有情的。对工人既要把‘螺丝’拧得紧紧的，又要给予其温暖。”赵厂长对下属完全信任，倾听下情并酌情采用，通过职工参与制，让下属参与生产与决策，并给予物质奖赏。对于全厂长远规划，他请职工们“评头论足”，因此厂里上下级的信息沟通顺畅。赵厂长认为，生产率的提高，主要在于职工与领导人之间的那种充满人情味的关系。赵厂长在工作中也为员工做出了表率，他颇有感触地说：“走得正，行得端，领导才有威信，说话才有影响，群众才能信服。”赵厂长上任后不久，就采取了一系列措施，如树立以人为本的观念；推行融效率与人于一体的目标管理法，想方设法提高工厂的生产效率；遵循系统管理和专业化分工的原则，综合考虑管理幅度和管理层次的合理划分，建立了责权明确、分工合理的组织结构体系；突出提高产品质量和降低成本两个重点。赵厂长上任后一年，齿轮厂的生产绩效有了显著提高。

资料来源：佚名．管理学案例分析［EB/OL］．［2016-11-17］．http：//3y.uu456.com/bp_19bg84kcty667gj1z1os_7.html.

问题：分析三个工厂厂长的领导风格。

第9章/激　励

学习目标：了解激励的概念、过程和作用；掌握激励的类型；理解激励中对人的不同假设；掌握几种重要的激励理论的基本观点和运用，例如需求层次论、双因素理论、期望理论、公平理论、强化理论等。

9.1 激励概述

9.1.1 激励的概念、类型、过程和作用

1）激励的概念

激励是指持续地激发人的动机和内在动力，使其心理过程始终保持在激奋的状态中，鼓励人朝着所期望的目标采取行动的心理过程。在管理工作中，可把激励定义为调动人们积极性的过程，即为了特定目的而去影响人们的内在需要或动机，从而强化、引导或改变人们行为的反复过程。

在一般情况下，激励表现为外界所施加的吸引力或推动力，通过个体自身的消化和吸收，激发成为自身的自动力，使个体由消极的“要我做”转化为积极的“我要做”。自动力越大，行为就越积极，就越能取得好的绩效，如图9-1所示。

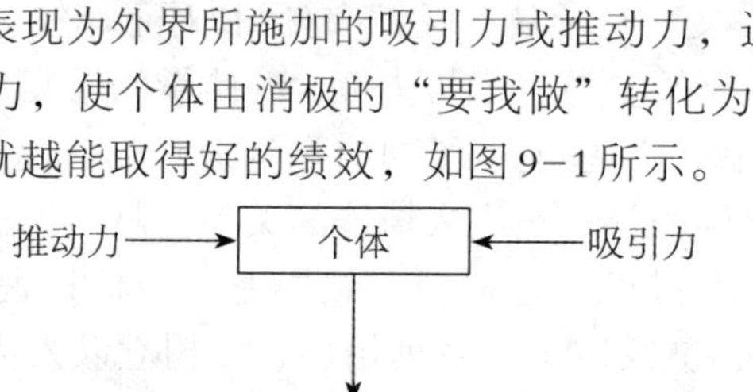

图9-1　激励机理

理解这个定义应该注意以下几点：

（1）激励有鲜明的目的性；

（2）激励是对人的需要或动机施加影响，从而强化、引导或改变人们的行为；

（3）激励是一个持续反复的过程；

（4）激励受环境的影响。

2）激励的类型

激励可以按照不同的依据进行分类。

（1）依照激励的具体形式的不同，可以将其分为物质激励与精神激励。所谓物质激励，就是从满足人的物质需要出发，对物质利益关系进行调节，从而激发人的向上动机并控制其行为的趋向。物质激励多以加薪、减薪、奖金、罚款等形式出现。所谓精神激励，就是从满足人的精神需要出发，对人的心理施加必要的影响，从而产生激发力，影响人的行为。精神激励多以表扬和批评、记功和处分等形式出现，它作为激励的一种重要手段，有着激发作用大、持续时间长等特点。

（2）依照激励的作用方向的不同，可以将其分为正激励和负激励。正激励就是当一个人的行为符合社会的需要时，通过奖赏的方式来鼓励这种行为，以达到持续和发扬这种行为的目的。负激励就是当一个人的行为不符合社会的需要时，通过制裁的方式来抑制这种行为，以达到减少或消除这种行为的目的。

（3）依照激励的作用方式的不同，可以将其分为内激励和外激励。内激励是指由内酬引发的、源自工作人员内心的激励。例如，通过工作本身的趣味性、价值、挑战性，以及完成工作的成就感等激发员工的积极性，它与工作任务是同步的。内酬所引发的内激励，会产生一种持久性的作用。外激励是指由外酬引发的、与工作任务本身无直接关系的激励。外酬是指工作任务完成之后或在工作场所以外所获得的满足感。例如，通过物质奖励、表扬、晋升等引发员工的积极行为，它与工作任务不是同步的。由外酬引发的外激励往往是难以持久的。

不同的激励类型对行为过程会产生程度不同的影响，所以激励类型的选择是做好激励工作的一项先决条件。

3）激励的过程

在各种管理手段与环境刺激（诱因）下，被管理者产生了未被满足的需要（驱力），从而造成心理和生理紧张，于是寻找能满足需要的目标，并产生要实现这种目标的动机；由动机驱使，被管理者采取努力实现上述目标的行为；目标实现，需要满足，紧张心理消除，激励过程结束。当一种需要得到满足后，人们会随之产生新的需要，作为未被满足的需要，又开始了新的激励过程，如图9-2所示。

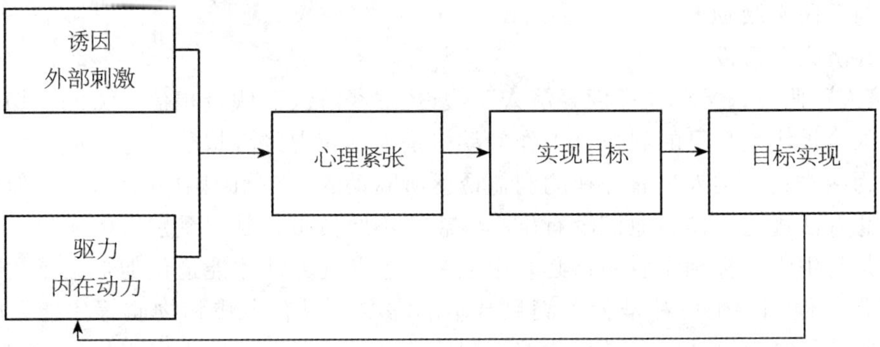

图9-2　激励的过程模式

4）激励的作用

（1）需要的强化

人的需要不仅复杂，有时还互相矛盾。不仅不同种类的需要之间存在着矛盾，例如是把钱用来学习业务还是去旅游；即使是同类需要之间也存在着矛盾，例如是先买一台空调还是先配置一套音响。而激励工作要强化的正是那些有利于组织目标实现的需要。例如，一个销售人员可能既想好好地去干一番事业，也想多花点时间享受家庭生活，对于处在矛盾中的销售人员，销售经理通过制定奖励措施和说服等手段来激发其事业心，强化前一种需要，从而使其产生有利于组织目标实现的行为。事实上，人们所作的选择最后并不是完全偏向一种需要，而是多种需要的调和与相互妥协。如何能在这种调和与妥协中去强化最有利于组织目标实现的需要，这就体现为激励的艺术。

（2）动机的引导

强化了需要不一定就能得到预期的行为，因为可能有多种行为都能提供同一满足。如一名销售人员想要得到更多的报酬，他可以更加努力地工作以获得更多的提成或奖励，也可以考虑保持现状而业余再兼一份销售工作，甚至干脆就跳槽到另一家收入更高的公司，甚至有更糟的情况，他会违反公司的纪律，以不正当的手段谋取更高的收入。这时管理者可以通过说服教育以及相应的激励措施来杜绝其不良动机，从而引导其动机向对组织目标有利的方向发展。

（3）提供行动条件

要鼓励人行动就应该为他们的行动提供条件，帮助他们实现目标。例如，要让一名销售人员提高其销售业绩，就应该为他提供各种产品和客户信息，通过激励措施，让有关部门配合他的工作，这样为其实现目标提供了良好条件，从而提高他的工作积极性，获取工作业绩。可见，为人们提供行动条件也是激励工作的重要内容。

在激励过程中，行动结果提供的反馈又会反过来影响人的需要，也就是说，当人的需要得到很好的满足时，这种需要就会得到强化，其行为的动机就会更强烈，或产生进一步的需要；相反，如果这种需要没有得到很好的满足，那么就会影响下一次的激励效果。

9.1.2 激励中的人性假设

正如操作员在操纵一台机器之前首先要了解它的工作原理一样，管理者要想实现有效的激励，首先必须对人有一个正确的认识。管理者持有什么样的人性假设，就会采用什么样的方法与手段来激励人。

1）“经济人”假设

“经济人”假设，又称“理性经济人”假设。“经济人”假设相信，人的一切行为都是为了最大限度地满足自己的利益，工作的动机是为了获得经济报酬。这一假设认为，人大致可以分为两类：一类人是靠外在的利益诱惑所驱动的，在组织中占大多数，他们十分懒惰，总是想办法逃避工作；他们没有雄心壮志，不愿负责，甘愿受别人的领导；他们的个人目标都是与组织目标相矛盾的，必须用强制、惩罚的方法才能迫使他们为了实现组织的目标而工作；他们干工作都是为了满足基本的需要，只有金钱和物质等才能鼓励他们工作。另一类是能够自己鼓励自己，能够克制感情冲动的人，这些人应当担任管理人员。基于这种假设所得出的管理方式是，组织应以经济报酬来使人们服从和做出绩效，应以权力与控制体系来保护组织本身，管理的重点在于提高效率、完成任务。其管理特征是订立各种严格的工作规范，加强各种法规和管制。为了提高士气可用金钱刺激，同时对消极怠工者严厉惩罚，采取“胡萝卜加大棒”政策。

这种假设实质上是早已被驳斥为遗传决定论的人性观。把人划分为多数的被管理者和少数的管理者，代表了资本主义向垄断资本主义过渡早期阶段的管理思想。这种假设对管理活动具有一定的价值，但是，某些管理人员受这一理论的影响，认为只要多花钱，就能调动积极性的做法是错误的。

2）“社会人”假设

“社会人”假设相信，社会性需求的满足往往比经济上的报酬更能激励人们工作，所以组织应更加注意从事工作的人们的社会性需求，重视员工之间的关系，培养和形成员工的归属感，提倡集体奖励。这种假设认为：（1）从根本上说，人是由社会需求而引起工作动机的，并且通过与同事的关系而获得认同感；（2）工业革命和工作合理化的结果，使工作本身失去了意义，因此只能从工作上的社会关系获得认同感；（3）员工对同事们的社会影响力，要比管理者所给予的经济诱因及控制更受重视；（4）员工的工作效率随着上司能满足他们社会需求的程度而改变。

依据此假设得出的管理方式与根据“经济人”假设得出的管理方式完全不同。其强调除了应注意工作目标的实现外，更应注意从事此项工作的人们的社会性需求；不能仅注意指挥、监督，更应重视员工之间的关系，培养和形成员工的归属感和认同感；不应只注意对个人的奖励，还应提倡集体奖励制度。这种假设无疑比前一个假设前进了一步。

3）“自我实现人”假设

“自我实现人”假设相信，人们除了物质和社会需求之外，还有一种想充分运用自己的各种能力，发挥自身潜力，实现自我价值的欲望。因此，组织应创造条件，在让人们的自我实现欲望得到满足的同时，也让组织的目标得以实现。这种假设认为：（1）一般人都是勤奋的，如果环境有利，工作就如同游戏或休息一样自然；（2）控制和惩罚不是实现组织目标的唯一手段，人们在执行任务时能够自我指导和自我控制；（3）在适当的条件下，一般人不仅会接受某种职责，还会主动寻求责任；（4）大多数人而不是少数人，在解决组织的问题时，都能发挥出高度的想象力、聪明才智和创造性；（5）有自我满足和自我实现需求的人往往以达到组织目标作为工作的最大报酬；（6）在现代社会条件下，一般人的智能潜力只得到了部分发挥。

基于“自我实现人”假设，如果依然对他们采取严格的命令约束，不给他们自由的空间，那么这些人就会不满，认为这样的环境无法发挥他们的才能。因此，管理措施也应该有相应的改变：

（1）管理重点的改变。“自我实现人”假设把关注的重点从人的身上转移到工作环境上，主张创造一种适宜的工作环境、工作条件，使人们能够在这种条件下充分挖掘自己的潜力，充分发挥自己的才能，也就是说，能够充分地实现自我。

（2）管理人员职能的改变。从“自我实现人”假设出发，管理者的主要职能不是生产的指导者，也不是人际关系的调节者，他们的主要任务在于如何发挥人的才智，创造适宜的条件，减少和消除职工自我实现过程中所遇到的障碍。

（3）奖励方式的改变。“自我实现人”假设认为，对人的奖励应该使人们在工作中能获得知识，增长才干，充分发挥自己的潜力。

（4）管理制度的改变。从“自我实现人”假设来看，管理制度也要做相应的改变。总的来说，管理制度应该保障职工能充分地发挥自己的才能，获得自己所追求的成就。

4）“复杂人”假设

“复杂人”假设相信，任何假设都不能适用于一切人。由于人是复杂的，人的需求是随着各种变化而变化的，所以管理者要因人、因事、因时而异，灵活采取的管理措施，即用“权变理论”作指导来达到激励人的目的。

事实上，实际生活中人的需要是千差万别、千变万化的，绝对不是用几种类型就能简单归纳的。实践证明，单纯偏信某种“人性”假设可能会陷入误区。然而也应该看到，这些“人性”假设对管理工作还是具有很大启示和帮助作用的，至少每种假设都给管理者提供了一种识别人们需求的重要标准。综合这些假设，可以把以下两点认识作为激励工作的依据：第一，人的需求是复杂的。人既有经济的需求，也有社会的需求，不能单纯地将某人当作经济人、社会人或是自我实现人来对待，人在不同时期，这些特性可能都有不同程度的呈现，所以，如何全面综合地识别人的需求，成为激励工作中的重要问题。第二，人的需求是变化的。人的需求是因人而异、因时而异、因事而异的，是处在变化中的，正因如此，通过激励来引导和改变人的需求是可能的。

9.2 激励理论

9.2.1 内容型激励理论

内容型激励理论是指针对激励的起因与起激励作用的因素的具体内容进行研究的理论。这种理论着眼于满足人们需要的内容，即：人们需要什么就满足什么，从而激起人们的动机。内容型激励理论主要包括马斯洛的需要层次理论、赫茨伯格的双因素理论、麦克利兰的成就需要理论以及麦格雷戈的X理论和Y理论等。

1）需要层次理论

这一理论是由亚伯拉罕·哈罗德·马斯洛（Abraham Harold Maslow）于1943年初次提出的，它主要试图回答这样的问题：决定人行为的尚未得到满足的需要有哪些内容？他把人类纷繁复杂的需要分为生理需要、安全需要、社交需要、尊重需要和自我实现需要五个层次，如图9-3所示。

（1）生理需要（Physiological Needs）：包括食物、水、居所、性以及其他方面的身体需要。

（2）安全需要（Safety Needs）：在保证生理需要得到持续满足的同时，保护自己免受身体和情感的伤害。

（3）社交需要（Social Needs）：包括爱情、归属感、接纳、友谊的需要。

（4）尊重需要（Esteem Needs）：内部尊重因素包括自尊、自主和成就感等；外部尊重因素包括地位、认可和关注等。

（5）自我实现需要（Self-actualization Needs）：包括成长与发展、发挥自身潜能、实现理想的需要。

马斯洛指出，当一个层次的需要得到满足后，下一个层次的需要会成为主导需要。个体的需要是逐级上升的。只要一种需要大体上得到满足，它就不再具有激励作用。如果你

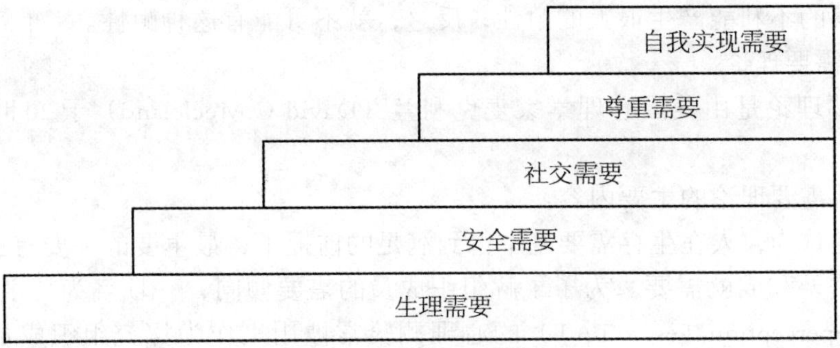

图9-3　马斯洛的需要层次

想激励某人，就必须首先了解这个人目前处于哪个需要层次上，并重点满足其这一层次或这一层次之上的需要。

此外，马斯洛还将五种需要划分为高和低两级。生理需要与安全需要为较低级的需要，而社交需要、尊重需要与自我实现需要为较高级的需要。两级的划分建立在这一前提条件下：高级需要主要通过内部条件使人得到满足，低级需要则主要通过外部条件使人得到满足。

马斯洛的理论得到了普遍认可，特别是20世纪六七十年代很受管理者的青睐，主要原因是该理论简单明了、易于理解、具有内在的逻辑性。不过从总体上说，这一理论尚未得到实证研究的检验。

2）双因素理论

双因素理论是由美国心理学家弗雷德里克·赫茨伯格（Frederick Herzberg）于1959年提出的。20世纪50年代后期，赫茨伯格为了研究人的工作动机，对匹兹堡地区的200名工程师、会计师进行了深入的访问调查，提出许多问题，如在什么情况下你对工作特别满意，在什么情况下对工作特别厌恶，原因是什么，等等。调查发现，使他们感到满意的因素都是工作的性质和内容方面的，使他们感到不满意的因素都是工作环境或者工作关系方面的。赫茨伯格把前者称作激励因素，后者称作保健因素。1959年，赫茨伯格在广泛调查的基础上写作出版了《工作与激励》一书，正式提出了激励的双因素理论。

（1）保健因素。这类因素对职工行为的影响类似于卫生保健对人们身体的影响。当卫生保健工作达到一定的水平时，可以预防疾病，但不能治病。同理，当保健因素低于一定水平时，会引起职工的不满；当这类因素得到改善时，职工的不满就会被消除。但是，保健因素对职工起不到激励的积极作用。保健因素可以归纳为十项：企业的政策与行政管理、监督、与上级的关系、与同事的关系、与下级的关系、工资、工作安全、个人生活、工作条件、地位等。

（2）激励因素。这类因素具备时，可以起到明显的激励的作用；当这类因素不具备时，也不会造成职工的极大不满。这类因素归纳起来有六种：工作上的成就感、受到重视、提升、工作本身的性质、个人发展的可能性、责任等。

分析上述两类因素可以看到，激励因素主要是以工作为中心的，即以对工作本身是否满意，工作中个人是否有成就感，是否已得到重用和提升为中心；保健因素则主要与工作的外部环境有关，属于保证工作完成的基本条件。研究还发现，当职工受到很大激励时，他对外部环境的不利能产生很大的耐性；反之，就不可能有这种耐性。

3）成就需要理论

成就需要理论是由美国心理学家麦克利兰（David C.Mecleland）于20世纪50年代提出的。

（1）成就需要理论的主要内容。

麦克利兰认为，人在生存需要基本得到满足的前提下，最主要的需要有三种，即权力需要、友谊需要和成就需要。为了了解组织成员的需要倾向，一项名为“主题统觉测试”（Thematic Apperception Test，TAT）的心理测验常被用来作为探究组织成员内心世界的工具。接受此项测试时，员工会看到若干含义模糊的图片，继而被要求针对这些图片撰写自己认为可表达图意的故事。从个人的故事中，可测出这位员工最强烈的需要是什么。具有不同需要的人会有不同的表现：

①权力需要的特征。对周围的环境有加以控制的欲望；希望拥有可以影响他人的力量；喜欢参与竞争，但会尽量设法免于失败；如有必要，不惜与人发生冲突；喜欢教训别人，并乐于讲演。

②友谊需要的特征。愿意花时间与精力维持与他人的友善关系；热衷于参与各项社交活动以及加入可与他人密切互动的团体；渴望受到他人的喜爱与接纳；随时准备安慰和帮助危难中的伙伴。

③成就需要的特征。愿意接受挑战，也愿意对成败负责，但所希望接受的挑战须在自己能力可承受的范围之内，而非以冒险为乐；做事喜欢有明确的目标可依，讲求做事的方法以及提高绩效的策略；希望他人就自己的表现做出具体的反应；乐于全力以赴工作，把做好工作取得成就看作人生最大的乐趣。

（2）成就需要理论的应用。

对于“成就需要”强烈的员工，组织管理者应给予他们非例行性并且具有合理挑战性的任务，规划出明显可达到的目标。在任务执行的过程中，随时给予有关员工表现方面的回馈，并视情况增加他们新的责任。至于“友谊需要”强烈的员工，可尽量安排他们在团队中工作，或从事必须面对众人的工作，让他们享受与人相处的乐趣。在面对“权力需要”强烈的组织成员时，管理者应考虑如何创造一个让他们能够控制的工作环境，并允许他们对与之相关的决策表示意见，使他们觉得具有影响力而愿意为决策付出。

麦克利兰认为，在三项需要中以成就需要最为重要，一个人成就需要的高低，直接影响着他的进步和发展。一个组织或国家拥有高成就需要的人的多少，直接决定着其繁荣和兴旺。因此，组织可通过成就需要训练的方式，提高员工的意识，加强对成就的追求，从而形成增进组织发展的动力。不过，通过训练而获得的“成就需要” 能维持多久，仍为一个颇受争议的问题。

4）X理论和Y理论

X理论和Y理论是由美国管理心理学家道格拉斯·麦格雷戈（Douglas McGregor）在1957年11月号《哈佛管理评论》上发表的《企业中的人性面》一文中首先提出的。他认为管理者关于人性的观点是建立在一些假设基础上的，管理者正是基于这些假设形成激励下属的行为方式。管理者对人性的假设有两种对立的基本观点：一种是消极的人性观念，称为X理论（Theory X）；另一种是积极的人性观点，称为Y理论（Theory Y）。

X理论的主要观点包括：人天性就好逸恶劳，不喜欢工作；以自我为中心，漠视组织要求；员工只要有可能就会尽量逃避责任，缺乏创造性；为了保证实现组织目标，需要对他们采取强制措施或惩罚办法。与之相对的Y理论的主要观点包括：员工能够自觉勤奋，喜欢工作；员工有很强的自我控制能力，在工作中能积极执行并完成任务；一般而言，人们不仅能够被动地承担责任，还主动寻求责任承担；绝大多数人都有做出正确决策的能力；管理者要创造一个能多方面满足员工需要的环境，使人们的智慧、能力得以充分发挥。

如果结合马斯洛的理论框架，我们可以看到：X理论假定较低层次的需要支配着个人行为，而Y理论则假定较高层级的需要支配着个人行为。麦格雷戈相信Y理论的假设比X理论更有实际效用。所以，他提倡组织成员参与决策，管理层为组织成员提供挑战性的工作，建立良好的群体关系，并且认为这些手段能在很大程度上调动员工的工作积极性。然而，并无实证研究证明哪一种假设更为有效，也无实证证据表明接受Y理论假设并指导或改变行为的做法能更有效地调动员工积极性。

9.2.2 过程型激励理论

过程型激励理论是指着重研究人从动机产生到采取行动的心理过程。它的主要任务是找出对行为起决定作用的某些关键因素，弄清它们之间的相互关系，以预测和控制人的行为。这类理论表明，要使员工出现企业期望的行为，须在员工的行为与员工需要的满足之间建立起必要的联系。这一方面的理论主要包括期望理论、公平理论等。

1）期望理论

期望理论是由美国心理学家弗鲁姆（Victor Vroom）于1964年提出的。其基本论点是：人们在预期他们的行动将会有助于实现某个目标的情况下，才会被激励起来去做某些事情，以实现这个目标。有效的激励取决于个体对完成工作任务以及接受预期奖赏能力的期望。

根据这一理论的研究，组织成员对待工作的态度依赖于对下列三种联系的判断：

（1）努力-绩效的联系。组织成员感觉到通过一定程度的努力可以达到工作绩效的可能性。

（2）绩效-奖赏的联系。组织成员对于达到一定工作绩效后即可获得理想的奖赏结果的相信程度。

（3）奖赏（或效价）-个人目标的联系。如果工作完成，员工对所获得的潜在结果或奖赏对他的重要程度进行评价：奖赏能否满足个人的目标，吸引力有多大等。

基于这三种联系，组织成员在工作中的积极性或努力程度（激励力）是效价和期望值的乘积，即：

$$M=V\cdot E$$

式中：M——努力程度（激励力）；

V——效价；

E——期望值。

所谓期望值，是指人们对自己能够顺利完成任务的可能性的估计，即对工作目标能够实现的概率的估计；效价是指一个人对这项工作及其结果能够给自己带来满足程度的评价，即对工作目标有用性（价值）的评价。

为了收到预期的激励效果，组织要使激励手段的效价（能给激励对象带来的满足）和激励对象获得这种满足的期望值足够高。只要效价和期望值中有一项值较低，都难以使激励对象在工作岗位上表现出足够的积极性。

期望理论认为每一位组织成员都在寻求获得最大的自我满足感。它的核心是双向期望：管理者期望员工的行为，员工期望管理者的奖赏。期望理论的前提是管理者知道什么对员工最有吸引力。不管实际情况如何，只要员工以自己的知觉确认自己经过努力工作就能达到所要求的绩效，达到绩效后就能得到对他来说具有吸引力的奖赏，他就会努力工作。因此，期望理论的关键是：正确识别组织成员个人目标和判断三种联系，即努力与绩效的联系、绩效与奖励的联系、效价（或奖赏）与个人目标的联系。

期望理论对管理者的启示是：管理人员的责任是帮助员工满足需要，同时实现组织目标。管理者必须尽力发现员工在技能和能力方面与工作需求之间的对称性。为了提高员工积极性，管理者可以明确员工个体的需要，界定组织提供的结果，并确保每个员工有能力和条件（时间和设备）得到这些结果。企业管理实践中公司在组织内部设置的一些提高员工积极性的激励性条款或举措就是基于此种认识，如为员工提供担任多种任务角色的机会，激发他们完成工作和提高所得的主观能动性。通常，要达到使工作的分配出现所希望的激励效果，根据期望理论，应使工作的能力要求略高于执行者的实际能力，即执行者的实际能力略低于（既不太低，又不太高）工作的能力要求。

2）公平理论

公平理论由美国心理学家斯达西·亚当斯（J.Stacey Adams）于1965年首先提出。这种理论的基础在于：组织员工总是把自己在工作中的所得与自己的付出进行比较，把自己工作“所得-付出”比与其他相关人员的“所得-付出”比进行比较，比较的结果对他们在工作中的努力程度有影响。公平理论主要讨论报酬的公平性对人们工作积极性的影响。这一理论指出，人们将通过横向和纵向两个方面的比较来判断其所获报酬的公平性。

在公平理论中，员工选择的与自己进行比较的参照类型有三种，分别是“他人”、“系统”和“自我”。“他人”包括同一组织中从事相似工作的其他组织成员以及别的组织中与自己工作背景相当的人员，包括同行、朋友等。“系统”特指组织中的薪酬政策与程序以及相关制度的运作。“自我”是指组织员工在工作中所得与付出的比率。

在工作所得与付出比率中，对工作的付出（Inputs）包括积累的经验、教育经历、做出的努力和具备的能力。而工作所得或报酬（Outcomes）包括绝对报酬和相对报酬，如工资、奖金、晋升、表彰等。

公平理论强调：一个人不仅关心自己的收入和支出，还关心自己的收入支出与别人的收入支出的关系。换言之，人们不仅关心个人努力所得报酬量的绝对值，还关心自己的报酬量与别人的报酬量之间的相对值。人们一方面把自己现在付出的劳动和所得的报酬进行历史比较，另一方面也把自己付出的劳动和所得的报酬与他人付出的劳动和所得的报酬进行社会比较。当发现比例相当时，人们会认为公平，心情舒畅；相反，当发现比例不当时，人们就会认为不公平从而导致内心不满。公平理论特别强调，员工的心中有一杆秤，估算他的收入支出是否平衡，作为他应增加、减少或维持其努力程度之判断依据。

亚当斯在1965年提出了关于公平关系的方程式：

$O_a/I_a=O_b/I_b$

式中：a——产生公平或不公平心理的个体；

b——与a有某种关系或a与之相比较的个体；

O——个人从某项工作中所得到的报酬，或所产生的结果，简称“所得”或“产出”，一般指工资、奖金、地位、提升或对工作的兴趣等，还包括待遇、表扬、赞赏等；

I——个人对某项工作所付出的努力或所投入的代价，简称“付出”或“投入”，一般包括年龄、性别、所受的教育和训练、所具有的知识经验、技能、资历、职务、社会地位、对组织的忠诚、做出努力的程度、过去和现在的工作绩效等。

比较的结果如下：

如果$O_a/I_a=O_b/I_b$，报酬相当，感到公平。进行比较的员工觉得报酬是公平的，他可能会为此而保持工作的积极性和努力程度。

如果$O_a/I_a<O_b/I_b$，报酬不足，感到不公平。进行比较的员工认为组织的激励措施不公平，此时他可能会要求增加报酬，或者自动地减少付出以便达到心理上的平衡，也可能离职。

如果$O_a/I_a>O_b/I_b$，报酬过高，感到不公平。进行比较的员工得到了过高的报酬或付出较少的努力，在这种情况下，一般来说，他不会要求减少报酬，而有可能会自觉地增加自我付出，但过一段时间他就会重新因过高估计自己的付出而对高报酬心安理得，于是其产出又会回到原先的水平。

组织员工还会进行纵向比较，即把自己目前的状况与过去的状况进行比较。结果仍然有三种情况。当员工目前的投入–所得比等于过去的投入–所得比时，员工认为激励措施基本公平，可能会保持积极性和努力程度；当员工目前的投入–所得比大于过去的投入–所得比时，组织成员不会觉得所获报酬过高，因为他可能会认为自己的能力和经验有了进一步的提高，其工作积极性并不会因此而提高很多；当员工目前的投入–所得比小于过去的投入–所得比时，他就会产生不公平感，工作积极性会下降，除非管理者增加报酬。

亚当斯的公平理论有一个重要观点：一个人所得报酬的绝对值与其积极性的高低并无直接的必然联系。只有其将付出劳动与所获报酬的比值与同等情况下的其他人相比较，主观上是否感到公平时，才会真正影响人的积极性的发挥。应当说，公平理论所阐明的原理及思想比较符合客观实际，在管理工作中有较高的参考价值。

公平理论也有缺陷。其不足之处在于员工怎样界定自己的付出与所得，又是怎样对与付出和所得相关的各个因素进行评估。当然，尽管仍然存在诸多问题，公平理论仍不失为一个颇具影响力且被众多研究证据所证实的理论，它为我们了解员工的激励问题提供了很多有益的帮助。

9.2.3　行为改造型激励理论

行为改造型激励理论是指研究如何改造和转化人的行为，如何使人的心理和行为由消极转变为积极，以有益于组织运作和发展的理论。属于行为改造型激励理论的主要有强化理论、挫折理论等。

1）强化理论

强化理论是由美国心理学家斯金纳（B.P.Skinner）首先提出的。这种理论主张进行针对性的刺激，只看员工的行为及其结果之间的关系，而不是突出激励的内容和过程。该理论认为人的行为是其所获刺激的函数，如果这种刺激对他有利，则这种行为就会重复出现；若对他不利，这种行为就会减弱直至消失。因此，管理要采取各种强化方式，以使人们的行为符合组织的目标。根据强化的性质和目的，强化可以分为两大类型。

（1）正强化

所谓正强化，就是奖励那些符合组织目标的行为，以便使这些行为得到进一步加强，从而有利于组织目标的实现。正强化的刺激物不仅包含奖金等物质奖励，还包含表扬、提升、改善工作关系等精神奖励。为了使强化达到预期的效果，还必须注意实施不同的强化方式。有的正强化是连续的、固定的正强化，譬如对每一次符合组织目标的行为都给予强化，或每隔一个固定的时间都给予一定数量的强化。尽管这种强化有及时刺激、立竿见影的效果，但久而久之，人们就会对这种正强化有越来越高的期望，或者认为这种正强化是理所应当的。管理者需要不断加强这种正强化，否则其作用会减弱甚至不再起到刺激行为的作用。另一种正强化的方式是间断的、时间和数量都不固定的正强化，管理者根据组织的需要和个人行为在工作中的反映，不定期、不定量地实施强化，使每次强化都能起到较明显的效果。实践证明，后一种正强化更有利于组织目标的实现。

（2）负强化

所谓负强化，就是惩罚那些不符合组织目标的行为，以使这些行为削弱甚至消失，从而保证组织目标的实现。实际上，不进行正强化也是一种负强化，譬如，过去对某种行为进行正强化，现在组织不再需要这种行为，但这种行为并不妨碍组织目标的实现，这时就可以取消正强化，使行为减少或者不再重复出现。同样，负强化也包含减少奖酬或者罚款、批评、降级等。实施负强化的方式与正强化有所差异，应以连续负强化为主，即对每一次不符合组织的行为都应及时予以负强化，消除人们的侥幸心理，减少这种行为不再重复出现的可能性。

总之，强化理论强调行为是其结果的函数，通过适当运用及时的奖惩手段，集中改变或修正员工的工作行为。强化理论的不足之处在于它忽略了人的内部状态，包括情感、态度、期望和其他已知的会对人的行为产生影响的认知变量，而仅仅注重当人们采取某种行动时会带来什么样的后果。应该说，强化并不是员工工作积极性存在差异的唯一解释。

2）挫折理论

挫折理论来源于社会心理学中对攻击（侵略）行为的研究。美国耶鲁大学心理学家多拉德、杜博、米勒等人在《挫折与攻击》一书中首次提出了“挫折-攻击假说”。后来，经过一些学者的研究和修正，并将这一理论引入到人的管理中来，从而成为行为科学中的挫折理论。

挫折理论认为，不同个体在遭受挫折时，由挫折感所导致的心理上的焦虑、痛苦、沮丧、失望等，会导致种种挫折性行为。任何人的任何行动并不总是一帆风顺的，人的行为并不总是成功的。在实现目标的过程中，由于受到主观因素和客观因素的限制，常常会受阻，乃至失败，这种受阻就叫挫折。挫折既可能消磨人们的斗志，使人们萎靡不振、灰心丧气，但也可能磨练人们的意志，激发人们奋发向上的精神。挫折对人们的行为会产出何种影响，不仅取决于人们自己的心理素质和心理承受能力，还在很大程度上取决于所在组织的有关主管人员的反应。管理者必须分析挫折的起因，研究员工受挫后的表现，通过关心，采取相应的行动，提高员工的挫折承受力和有效地帮助员工实现目标，从而消除挫折感，激励员工在受挫后不断进取。

对挫折的态度不同，会使人们产生不同的受挫后的行为表现：(1) 攻击。按照挫折-攻击假说，挫折是产生攻击行为的主要原因。攻击又表现为两种形式：一是直接攻击；二是转向攻击。直接攻击是对构成挫折直接成因的人或事物进行攻击，如争吵、谩骂等。但是，由于遭受挫折的直接原因不总是明确的，或虽明确但不敢或无法攻击直接对象（如领导），人们往往倾向于通过替换的方式，寻找替代者来作为发泄对象。(2) 固执，或称坚持行为，是指不由自主地重复某种无效的动作。虽然这种重复不能带来任何结果，但仍要继续。如企业某些员工由于没有掌握新技术，往往会抵制新技术，执拗地认为老一套的技术方法是最好的，并找出各种理由为他们的抵制行为辩解。(3) 冷漠。冷漠者对一切都心灰意冷，要燃起他心中的希望之火，激发其工作热情是很困难的。(4) 幻想。当一个人受挫折后，不能面对现实，做白日梦，企图以幻想来代替实际问题的解决，那是不正常行为。(5) 退化，即表现出与其应有行为不相称的幼稚行为，如又哭又闹、骂人、耍赖、蒙头大睡、装病不起等。(6) 焦虑。挫折给人们的情绪造成打击和威胁，从而形成紧张、焦虑、忧虑、恐惧等心态，如心神不宁、坐立不安、出汗、神经系统紊乱等反应。焦虑不仅影响身心健康，也使人无法正常工作和学习。

按照挫折理论，管理者如何对待受挫折的员工？管理者在了解产生挫折的原因及其影响因素、受挫后的情绪反应和防卫性行为表现以后，首先应该具有一定的宽容度，否则会使受挫者产生不当行为，以至于矛盾激化，造成不良后果。其次，管理者应设法帮助受挫者摆脱困境。最后，应防患于未然，这是管理者的重要职责之一。

思考题

1.什么叫激励？在管理过程中，它发挥哪些作用？

2.简述期望理论对管理者的启示。

3.激励理论包括哪三大类？试简要说明其不同的侧重点。

4.马斯洛需要层次理论的主要内容是什么？在管理中有哪些应用？

5.双因素理论的主要内容是什么？如何应用双因素理论？

6.简述麦克利兰的成就需要理论。

7.期望理论的基本内容是什么？根据期望理论应如何激励员工？

8.公平理论的内容是什么？如何应用公平理论？

9.强化的基本方式有哪些？如何应用强化理论？

案例分析

为何高薪不高效？

F公司是一家生产电信产品的公司。在创业初期，依靠一批志同道合的朋友，大家不怕苦不怕累，从早到晚拼命干。公司发展迅速，几年之后，员工由原来的十几人发展到几百人，业务收入由原来的每月十几万元发展到每月上千万元。企业大了，人也多了，但公司领导明显感觉到，大家的工作积极性越来越低，个别人也越来越计较。

F公司的老总一贯注重思考和学习，为此特别到书店买了一些有关企业经营管理方面的书籍来研究，他在介绍松下幸之助的用人之道一文中看到这样一段话："经营的原则自然是希望能做到'高效率、高薪资'。效率提高了，公司才可能支付高薪资。但松下先生在提倡'高薪资、高效率'时，却不把高效率作为首要目标，而是借助提高薪资来提高员工的工作意愿，然后再达到高效率。"

老总想，公司发展了，确实应该考虑提高员工的待遇，一方面是对老员工为公司辛勤工作的回报，另一方面是吸引高素质人才加盟公司的需要。为此，F公司重新制定了报酬制度，大幅度提高了员工的工资，并且对办公场所进行了重新装修。

高薪的效果立竿见影，F公司很快就聚集了一大批有才华、有能力的人。所有的员工都很满意，大家的热情高涨，工作十分卖力，公司员工的精神面貌也焕然一新。但这种好势头不到两个月，大家又慢慢回到懒洋洋、慢吞吞的状态。

资料来源：佚名. 为何高薪不高效［EB/OL］.［2016-11-20］. http://3y.uu456.com/bp_1oirl88iu71x2cx44e8l_1.html.

问题：为什么高薪没有带来持久的高效？

第10章/ 沟　通

学习目标：了解沟通的含义、作用及过程；掌握沟通网络不同形态的特点、沟通的类型及各自的特点；理解沟通的原则；了解沟通障碍的来源；掌握克服沟通障碍的方法。

10.1 组织中的沟通

10.1.1 沟通的含义及作用

沟通是借助一定手段把可理解的信息、思想和情感在两个或两个以上的个人或群体之间传递或交换的过程，目的是通过相互间的理解与认同来使个人或群体间的认知及行为相互适应。可以看出，对沟通的理解至少包括以下三个基本条件：

（1）信息被传递，沟通是传达思想和信息的过程，如果在传达和交流的过程中没有相应的内容，则沟通是无效的；

（2）所传递的信息被对方所理解；

（3）沟通必须有传递信息的途径和手段，如语言、书信等。

沟通在管理中具有以下几方面的重要作用：首先，沟通是协调各个体、各要素使企业成为一个整体的凝聚剂；其次，沟通是领导者激励下属、实现领导职能的基本途径；第三，沟通是企业与外部环境之间建立联系的桥梁。企业的组织特征决定了内部沟通的重要性，而企业的客观社会存在性使企业不得不和外部环境进行有效的沟通。

10.1.2 沟通的过程

从表面上看，沟通就是传递信息的过程，但是实际上，管理学意义上的沟通是一个复杂的过程。这种复杂过程可以通过图10-1反映出来。

在这个过程中至少存在一个信息发送者和一个信息接受者，即信息发送方和信息接受方。其中，沟通的载体称为沟通渠道，编码和解码分别是沟通双方对信息进行的信号加工形式。信息在两者之间的传递是通过下述几个方面进行的：

（1）发送者需要向接受者传送信息或者需要接受者提供信息。这里所说的信息包括的范围很广，诸如想法、观点、资料等。

（2）发送者将这些信息译成接受者能够理解的一系列符号。为了有效地进行沟通，这些符号必须能够适应特定的媒体。例如，如果媒体是书面报告，符号的形式应选择文字、图表或者照片。

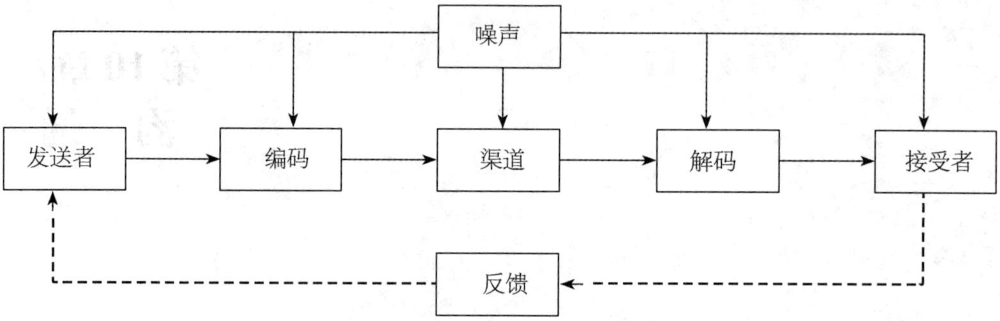

图 10-1　沟通过程

（3）将上述符号传递给接受者。由于选择的符号种类不同，传递的方式也不同。传递的方式可以是书面的，也可以是口头的，甚至还可以通过形体动作来表示。

（4）接受者接受这些符号。接受者根据这些符号传递的方式，选择相对应的接受方式。

（5）接受者将这些符号译为具有特定含义的信息。由于发送者翻译和传递能力的差异，以及接受者接受和翻译水平的不同，信息的内容和含义经常被曲解。

（6）接受者理解信息的内容。

（7）发送者通过反馈来了解他想传递的信息是否被对方准确无误地接受。图 10-1 中的反馈构成了信息的双向沟通。

10.1.3　沟通网络

沟通网络是指组织中沟通渠道的结构和类型。不同的沟通网络，其渠道的数量、分布以及沟通的方向不同。以五个人（A、B、C、D、E）为一个群体，其具体沟通形式基本上有五种形态，即链式（Chain）、环式（Circle）、Y 式（Y）、轮式（Wheel）和全通道式（All Channels），如图 10-2 所示。

1）链式沟通

这是一个平行网络，其中居于两端的人只能与内侧的一个成员联系，居中间的人则可以分别与两个人沟通信息。在一个组织系统中，它相当于一个纵向沟通网络，代表一个五级层次，逐渐传递，信息可自上而下或自下而上进行传递。在这个网络中，信息经层层传递、筛选，容易失真，各个信息传递者所接收的信息差异很大，平均满意程度有较大差距。此外，这种网络还可表示组织中主管人员和下级部属之间存在若干管理者，属控制型结构。在管理中，如果某一组织系统过于庞大，需要实行分权管理，那么，链式沟通网络是一种行之有效的方法。

2）环式沟通

此形态可以看成是链式形态的一种封闭式控制结构，表示五个人之间依次联络和沟通。其中，每个人都可同时与两侧的人沟通信息。在这个网络中，组织的集中化程度和领导人的预测程度都较低；畅通渠道不多，组织中成员具有比较一致的满意度，组织士气高昂。如果在组织中需要创造出一种高昂的士气来实现组织目标，环式沟通是一种行之有效的措施。

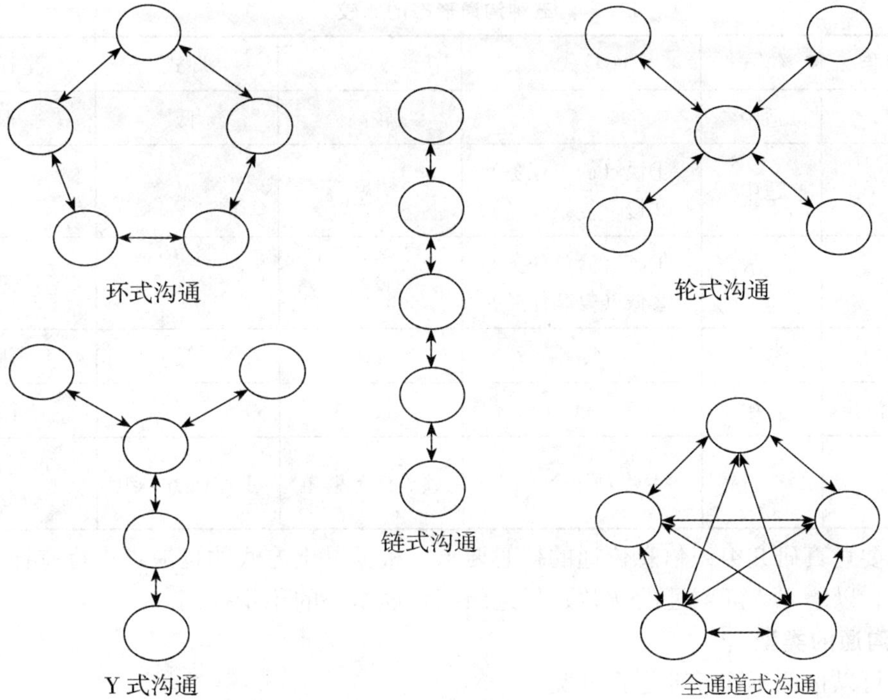

图10-2　沟通网络示意图

3）Y式沟通

这是一个纵向沟通网络，其中只有一个成员位于网络的中心，成为沟通的媒介。在组织中，这一网络大体相当于从参谋、咨询机构到组织领导，再到下级主管人员或一般成员之间的纵向关系。这种网络集中化程度高，解决问题速度快，组织中领导人的预测程度高。此网络适用于主管人员的工作任务十分繁重，需要有人选择信息、提供决策依据，而同时又要对组织实行有效的控制的情况。此网络容易导致信息曲解或失真，影响组织中成员的士气，阻碍组织提高工作效率。

4）轮式沟通

其属于控制型网络，其中只有一个成员是各种信息的汇集点与传递中心。在组织中，大体相当于一个主管领导直接管理几个部门的权威控制系统。此网络集中化程度高，解决问题的速度快。主管人的预测程度很高，而沟通的渠道很少，组织成员的满意程度低，士气低落。轮式网络是加强组织控制，争时间、抢速度的一个有效办法。如果组织接受紧急攻关任务，要求进行严密控制，则可采取这种沟通网络。

5）全通道式沟通

这是一个开放式的网络系统，成员之间都有一定的联系，彼此了解。此网络中组织的集中化程度及主管人的预测程度均很低。由于沟通渠道很多，组织成员的平均满意程度高且差异小，所以士气高昂，合作气氛浓厚。这对于解决复杂问题、增强组织合作精神、提高士气均有很大作用。但是，由于这种网络沟通渠道太多，易造成混乱，且又费时间，影响工作效率。

以上各种沟通形态和网络各有优缺点（见表10-1）。作为一名主管人员，在管理工作

表10-1　　五种沟通形态的比较

评价标准	链式	轮式	Y式	环式	全通道式
集中性	适中	高	较高	低	很低
速度	适中	①快（简单任务） ②慢（复杂任务）	快	慢	快
正确性	高	①高（简单任务） ②低（复杂任务）	较高	低	适中
领导能力	适中	很高	高	低	适中
全体成员满足	适中	低	较低	高	很高
示例	命令链锁	主管对四个下属	领导任务繁重	工作任务小组	非正式沟通（秘密消息）

实践中，要认真研究组织信息传递的核心要求，根据以上方式的优缺点进行有针对性的选择与组合，以增强人际沟通的实效，促进组织管理水平的稳步提高。

10.1.4　沟通的类型

沟通可以按照不同标准进行分类。

按照沟通的方法来划分，可以分为口头沟通、书面沟通、非语言沟通与电子媒介沟通。口头沟通是指通过口头语言进行信息交流；书面沟通是指通过书面语言进行信息交流；非语言沟通是指通过语调、语气、肢体语言等非语言媒介进行交流反馈；电子沟通则是指通过互联网络、电子邮件及各种信息网络传递、交流信息。这些沟通方式各有其优缺点，见表10-2。

表10-2　　沟通方式比较

沟通方式	举例	优点	缺点
口头沟通	交谈、座谈、讨论会、电话	快速传递、快速反馈、信息量大	传递中经过层次越多，信息失真越严重、核实越困难
书面沟通	报告、备忘录、信件、文件、内部期刊、布告	持久、有形、可以核实	效率低，缺乏反馈
非语言沟通	声音、光信号、体态、语调	信息意义明确、内涵丰富、含义灵活	传递距离有限，界限模糊，只能意会而不能言传
电子媒介沟通	传真、闭路电视、计算机网络、电子邮件	快速传递、信息容量大、远程传递、多人传递、廉价	单向传递，电子邮件可以交流，但看不见表情

按照组织管理系统和沟通体制的规范程度划分，可以分为正式沟通和非正式沟通。正式沟通是通过组织管理渠道进行的信息交流，传递和分享组织中的“官方”工作信息；非正式沟通是在正式渠道之外进行的信息交流。常见的非正式沟通如小道消息、员工私下抱怨他们的上司、议论同事的隐私等。一个企业里如果非正式渠道管理不力，造成谣言四

起，就会影响员工的士气。

按照沟通信息的流动方向来划分，可以分为上向沟通、下向沟通、横向沟通、斜向沟通。上向沟通是指下级对上级的信息传递；下向沟通是指上级对下级的信息传递；横向沟通是指同级之间的信息传递；斜向沟通是指处于不同层次的、没有直接隶属关系的成员之间的信息传递。

10.1.5　沟通的原则

1）准确性原则

当信息沟通所用的语言和传递方式能被接受者所理解时，其才是准确的信息，这个沟通才是有意义的。沟通的目的是让接受者明确地理解发送者的信息，信息发送者的责任是对信息进行整理，无论是笔录还是口述，都要求用容易理解的方式表达。这看起来似乎很简单，但在实际工作中常会出现接受者对发送者发出的非常严谨的信息缺乏足够的理解。这就要求信息发送者有较高的语言或文字表达能力，熟悉下级、同级和上级所用的语言，对表达不当、解释错误、传递错误及时给予澄清。只有这样才能克服沟通过程中的各种障碍。当然，在注意了准确性原则之后，沟通并不一定能正常进行，这是由于要注意的信息太多，人的注意力有限，所以接受者必须集中精力，克服思想不集中、记忆力差等困难，才能够对信息有正确的理解。

2）完整性原则

当组织中的管理人员为了实现组织目标而要维护良好的合作关系时，他们之间就要进行沟通。沟通的完整性是指对沟通的内容有着比较完整的范围和概念的界定，使沟通双方对沟通内容能有明确的、共同的了解。在管理中，沟通只是手段而不是目的。完整性原则有一个特别需要注意的地方，即信息的完整性部分取决于管理人员对下级工作的支持。管理人员位于信息交流的中心，应鼓励他们运用这个信息交流中心的职位和权力，起到中心的作用。在实际工作中，有些上级管理人员忽视了这一点，往往越过下级管理人员而直接向有关人员发指令，使下级管理人员处于多头领导之下，这违反了统一指挥的原则。如果确实需要这样做，则上级主管应事先同下级主管进行沟通，只有在时间不允许的情况下，例如紧急动员完成某一任务时，采取这一方法才是必要的。

3）及时性原则

在沟通的过程中，不论是管理人员向下沟通信息，还是下级主管人员或员工向上沟通信息以及横向沟通信息，除注意到准确性和完整性原则外，还应注意及时性原则。这样可以使组织新近制定的政策、组织目标以及人员配备等情况尽快得到下级管理人员或员工的理解和支持，同时可以使管理人员及时掌握其下属的思想、情感和态度，从而提高管理水平。在实际工作中，信息沟通常因发送者不及时传递或接受者的理解、重视程度不够，而出现事后信息，或从其他渠道了解信息，使正式沟通渠道没有起到正常的作用。当然，信息发送者出于某种意图而对信息交流进行控制也是可行的，但在达到控制的目的后应及时进行信息的传递。

4）正式与非正式沟通渠道相结合的原则

非正式沟通是组织中的客观存在，它具有传播速度快、效率高、满足职工的某种心理情感需要的特征，它在组织中承担着重要的角色，但是又具有一定的片面性，可以说是一把双刃剑，只有当管理人员能够正确地看待和运用非正式沟通时，才会产生最佳的沟通效果。非正式组织传递信息的最初缘由，在于一些信息不适合由正式组织来传递。所以，在正式组织之外，应该鼓励非正式组织传达并接受信息，以辅助正式组织做好组织的协调工作，共同为实现组织目标做出努力。一般来说，非正式渠道的消息对实现组织目标有不利的一面，小道信息盛行反映了正式渠道的不畅通。加强和疏通正式渠道，在不违背组织原则的前提下，尽可能通过各种渠道把信息传递给员工，是防止那些不利于或有碍于组织目标实现的小道消息传播的有效措施。

10.2 沟通的障碍及其克服

10.2.1 沟通的障碍

所谓沟通障碍，是指信息在传递和交换过程中，由于信息意图受到干扰或误解而导致沟通失真的现象。在人们沟通信息的过程中，常常会受到各种因素的影响和干扰，使沟通受到阻碍。沟通障碍主要来自以下几个方面：

1）来自信息发送者的障碍

信息发送者出现的沟通障碍也称为原发性障碍。在沟通过程中，信息发送者的情绪、倾向、个人感受、表达能力、判断力等都会影响信息的完整传递。这些障碍主要表现为：信息表达不清、信息编码不适当、发送者的信度不够、信息传递不全、时间紧迫等。

（1）信息表达不清。在信息传递过程中，常存在一些措辞不当、语句结构不连贯等情况，导致语义表达的含混不清或隐晦难懂。这种表达不清、不准往往会导致理解上的歧义，纠正这种错误需要花费较高昂的代价。

（2）信息编码不适当。处于企业沟通中心的主管人员，起着接收和传递信息的作用，他要接收从上级、同级和下级发送来的各种信息，然后再把这些信息变成适合于他们的语言向他们传递。照本宣科地传递信息往往是行不通的，必须把文件变成适合接受者需要的形式，必须使接受者能够理解信息所传递的意义。这样做需要熟练的技巧，而这种技巧是很难把握的，因此在信息编码的过程中经常会存在引起歧义的因素。

（3）发送者的信度不够。一方面，信息之间的不一致、不协调，如令出多门、多头领导，使信息接受者不知所措、无所适从。这往往是由于判断不当或选用的术语不确切和决策错误所造成的。另一方面，由于信息发送者言行不一致，不能以身作则，自身先破坏了命令的执行，作为信息接收者的下级当然会对此命令是否需要严格执行产生怀疑。以上情况如果反复发生，下级就会逐渐失去对上级的信任，并对贯彻上级的指示热情不高或阳奉阴违，以至于影响信息沟通的顺利进行。

（4）信息传递不全。由于人们的惰性，管理人员会觉得“每个人都知道”或办事拖拉、喜欢保密及故意为难人等原因，不去积极沟通与交流；或者对信息进行有意无意的筛选、加工，从而导致信息传递不足或上下级人员对信息理解产生歧义。

（5）时间紧迫。这也是造成沟通障碍的一个重要因素。事务繁忙的上级没有时间同下属会面或进行充分的交谈，忙于工作的下级也没有时间和意愿去向上级详细地汇报每一个问题的具体细节，这些都会使沟通发生障碍。所以，上级要给下级充裕的时间来领会其真实的意图，在下级未真正领会上级的指示精神前，不要强制其执行，否则会使下级产生抵触情绪，影响工作。

2）来自信息接受者的障碍

在沟通的另一端，信息接受者的情绪、倾向、兴奋点、共鸣性、注意力、判断力、记忆力等因素，也影响着信息传递的效果。来自信息接受者的障碍主要表现为：缺乏注意力、理解力偏差、过早地评价等。

（1）缺乏注意力。不认真阅读、听取而造成差错是信息传递过程中常常发生的事情。不认真听取、传达的原因有很多，有的是为了向传达者表示自己已经知道了，有的则是表示反对或鄙视另一个人的观点。心理学家指出，当人们心里想着一些其他事情的时候，其听觉系统对外界几乎是关闭的。无论哪种情况，向一个不注意听的人传达信息是注定要失败的。

（2）理解力偏差。理解力影响着人对事物的接受程度。每个人的价值观、所受的教育、经历和兴趣的不同，都会影响到个人的理解力。结果是，对同一情况，由于理解力的不同，实际上产生了不同的理解。

（3）过早地评价。在尚未完整地接受一项信息之前就对信息做出评价，将有碍于信息的完整接受。评价就是对一项信息总体价值进行判断，价值判断是以信息的来源、可靠性或预期的意义为基础的。过于匆忙地做出价值评价，就会使接受者只能听到他们所希望听到的那部分内容。在许多情况下，真正的信息不是通过传递者所用的词语，而是通过传递者传送信息时所表现出来的感情和情绪传达的。对传递信息中所附着的感情性内容（往往通过传递者说话的独特方式和声调反映出来）缺乏敏感性，也会导致沟通过程中的障碍。

3）来自组织自身的障碍

在管理中，合理的组织结构有利于信息沟通。但是，如果组织机构过于庞大，中间层次太多，那么，信息从最高决策层传递到下属单位不仅容易产生信息的失真，还会浪费大量时间，影响信息的及时性。有学者统计，如果一个信息在高层管理者那里的正确性是100%，到了信息的接受者手里可能只剩下20%的正确性。这是因为，在进行信息沟通时，各级主管部门都会花时间把接收到的信息进行甄选，一层一层地过滤，然后将断章取义的信息上报。此外，在甄选过程中，还掺杂了大量的主观因素，尤其是当发送的信息涉及传递者本身时，往往会由于心理方面的原因，造成信息失真。这种情况也会使信息的提供者畏而怯步，不愿提供关键的信息。因此，如果组织机构臃肿，机构设置不合理，各部门之间职责不清、分工不明，形成多头领导，或因人设事，人浮于事，就会对沟通双方造成一定的心理压力，影响沟通的进行。除此之外，在沟通的过程中，还会出现来自以下原因的障碍：

（1）地位差异。这种障碍是由于上下级在组织机构中所处的相对地位不同而引起的。在正式组织机构里，管理者经常用地位象征标志来显示自己的地位。所谓地位象征标志，就是只有在组织中有地位的人才能使用和拥有的代表性物品。在不同的组织中，地位象征标志是不同的，它可以是办公室里比较高级的陈设，也可以是只有高级管理者才可使用的办公室。由于这些外在的地位象征标志是下属所不熟悉或不常使用的，如果组织中过分强调地位象征标志，就会使下级明显地感到差距，在这种场合下进行沟通会使他们产生强烈的紧张感，从而加深上下级相互交往中的鸿沟。

（2）组织中小团体的存在。几乎所有的组织中都存在某种非正式团体，为了某种利益而存在的结盟关系，会把组织分成若干块。小团体为了维护自身的利益而扭曲信息、掩盖信息，甚至伪造信息，使信息变得混乱而不真实，导致信息可信度下降、组织涣散。在这种情况下，高层发出的信息并不一定受到重视，而圈子内的管理人员发出的信息反而很有影响力，这就是“县官不如现管”的道理。

4）来自外界环境的障碍

来自外界环境的障碍主要是指来自沟通渠道本身的问题以及环境的噪音和干扰，具体有以下几个方面：

（1）选择沟通媒介不当。媒介选择与信息信号选择不匹配会导致无法有效传递、及时传递或者传递失误等。比如，对于重要的事情而言，口头传达效果较差，因为接受者会认为“口说无凭”“随便说说”而不加重视。

（2）几种媒介相互冲突。当信息用几种形式传送时，如果相互之间不协调，会使接受者难以理解传递的信息内容。如领导表扬下属时面部表情很严肃甚至皱着眉头，就会让下属感到迷惑。

（3）沟通渠道过长。沟通渠道过长会导致信息传递低效及扭曲。例如，组织机构庞大，内部层次多，从最高层传递信息到最底层，从最底层汇总情况到最高层，中间环节太多，容易使信息损失较大。

（4）环境噪音和干扰。信息沟通过程中经常会受到外界各种物理噪音、机器故障的影响或受另外事物干扰，也会因双方距离太远而沟通不便，影响沟通效果。

沟通过程中如果出现了这些障碍，那么信息沟通就会有问题，有时甚至会出现“失之毫厘，谬以千里”的重大问题，这将给组织带来巨大的损失。

5）来自反馈过程的障碍

反馈在沟通的有效性中扮演着极为重要的角色，因为沟通过程中不可能完全没有障碍，因此在沟通双方或诸方之间建立一个信息反馈渠道，以修正大家的行为从而使沟通向更有效的方向演化，是非常必要的。一般而言，不设反馈的沟通称为单项沟通，设有反馈的沟通是双向沟通。有研究表明，单向沟通速度较快、较有规律，对发送者威胁不大。双向沟通则更准确、有效，也更具挑战性。反馈过程中出现的障碍常表现在反馈渠道设置和运作上，如有的企业设置了领导信箱，但从来不打开，这样的反馈渠道还不如不设；反馈过程中还可能出现信息失真、传递技术和编译码存在问题等，如有人利用反馈渠道将虚假信息放入，个别人“打小报告”等，都会造成许多沟通上的麻烦。

10.2.2 沟通障碍的克服

1）增强自信，用“心”沟通

自信就是“对自己感到满意”，通常对自己有信心的人都会表现得有毅力、能干、善于表达而且易于与人合作，他们更乐意去解决问题，研究各种可行的方法，勇于面对挑战。

心灵沟通可以化解人们彼此之间的隔膜，可增强管理者与同事或上下级之间的工作关系，从而打开沟通之门。德鲁克说：“人无法只靠一句话来沟通，总是得靠整个人来沟通。”

2）清晰、简洁地发送信息

在信息发送过程中，信息包括以下方面的内容：信息、思想和情感等。在沟通中，发送的不仅仅是信息，还有思想和情感。由于语言不当可能成为沟通的障碍，因此，管理者应选择好措辞，并注意表达的逻辑，使发送的信息清楚明确，易于接受者理解。管理者不仅需要简化语言，还要考虑到信息所指向的听众，以确保所用的语言能适合于该类信息的接受者。

3）积极倾听

倾听不仅是耳朵听到相应的声音的过程，而且是一种情感活动，需要通过面部表情、肢体语言和话语的回应，向对方传递一种信息——我很想听你说话，我尊重和关心你。在别人说话时，我们是听者，但往往在很多情况下，我们并不是在倾听。倾听是对含义的一种积极主动的搜寻，而单纯的听则是被动的。在倾听时，听者和说者双方都在进行着思索。

沟通高手在尝试让人倾听和了解之前，会把倾听别人和了解别人列为第一目标。如果你能做到认真倾听，对方便会向你袒露心迹。掌握别人内心世界的第一步就是认真倾听。例如，传奇人物约翰·洛克菲勒曾经说过："我们的政策一直都是：耐心地倾听和开诚布公地讨论，直到最后一点证据都摊在桌上才尝试得出结论。"洛克菲勒以谨慎著称，而且似乎经常很慢才作决定，他拒绝仓促下决定，他的座右铭是："让别人说。"

以下四个倾听技巧可以提高沟通效果：

（1）少言多听，尊重对方。

同时说和听并不容易。为了避免说得太多反而丧失解决问题的机会，有些训练者建议利用"火柴燃烧法"：假想你的手上拿着一支燃烧的火柴，当你认为火焰即将烧到手指时停止说话，寻求其他人的回应。

（2）全神贯注，表示兴趣。

聆听时，必须看着对方的眼睛。人们判断你是否在聆听和吸收说话的内容，是根据你是否看着对方来作出的。没有比真心对人感兴趣更使人受宠若惊了。点头或者微笑就可以表示赞同对方正在说的内容，表明你与说话人意见相合。人们需要有这种感觉，即你在专心地听着。

（3）听清听懂，再作论断。

听听别人怎么说，应该在确定知道别人完整的意见后再做出反应，别人停下来并不表示他已经说完想说的话。让人把话说完整并且不插话，这表明你很看重沟通的内容。人们总是把打断别人说话解释为对自己思想的尊重，但这是对对方的不尊重。

（4）暗中回顾，整理思路。

在倾听时要保持心理的高度警觉性，随时注意对方说话的重点。当我们和人谈话的时候，我们通常都会有几秒钟的时间，可以在心里回顾一下对方的话，整理出其中的重点所在。我们必须删去无关紧要的细节，把注意力集中在对方想说的重点和对方主要的想法上，并且在心中熟记这些重点和想法，并在适当的情形下给对方以清晰的反馈。

4）积极反馈

很多沟通问题是直接由于误解或理解不准确造成的。如果管理者在沟通过程中使用反馈回路，则会减少这些问题的发生。这里的反馈可以是言语的，也可以是非言语的。

一个完整的沟通过程是这样的：首先是信息的发出者通过“表达”发出信息，其次是信息的接受者通过“倾听”接收信息。对于一个完整的、有效的沟通来说，仅仅这两个环节是不够的，还必须有反馈，即信息的接受者在接收信息的过程中或过后，及时地回应对方，以便澄清“表达”和“倾听”过程中可能的误解和失真。

反馈要站在对方的立场和角度上，针对对方最为需要的方面给予反馈。反馈的内容应该具体、明确，有建设性，对事不对人。积极的反馈就事论事，忌讳涉及别人的面子和人格尊严，带有侮辱别人的话语千万不要说。同时，接受反馈也是反馈过程中一个十分重要的环节，在接受反馈时，一定要抱着谦虚的态度，以真诚的姿态倾听他人的反馈意见。

总之，沟通失败的根本原因在于，缺乏对沟通的实质和目的的了解。沟通的关键还是人的因素。

思考题

1.什么是沟通？沟通的基本条件包括什么？

2.沟通可以起到哪些方面的作用？

3.按照不同标准，沟通可以分为哪几种类型？

4.沟通的障碍主要源于哪些方面的原因？管理者如何进行有效的沟通？

5.与正式沟通相比，非正式沟通具有哪些特点？

6.作为管理者应如何倾听下属的反馈？

案例分析

沟通的艺术

情景A：

下属：嗨，老板，我刚听说又要更换颜色，那么我们刚刚持续生产了30分钟，又要把设备拆洗一遍，我和伙计们都不情愿。

老板：Bubba，你和你的伙计们最好别忘了谁在这儿说了算。该做什么就做什么，别再抱怨了！

下属：我们不会忘掉这事儿的！

情景B：

下属：嗨，老板，我刚听说又要更换颜色，那么我们刚刚持续生产了30分钟，又要把设备拆洗一遍，我和伙计们都不情愿。

老板：你们真的为此感到不安吗，Bubba?

下属：是的，这样我们得多做许多不必要的工作。

老板：你们是觉得这类事情实在没必要经常做，是吗？

下属：也许像我们这种一线部门没法儿避免临时性变动，有时我们不得不为某个特别顾客加班赶订单。

老板：对了。在现在的竞争形势下，我们不得不尽一切努力为顾客服务，这就是为何我们都有饭碗的原因。

下属：我想你是对的，老板。我们会照办的。

老板：谢谢，Bubba。

资料来源：佚名. 倾听作用和意义［EB/OL］.［2016－11－22］. http://www.doc88.com/p-407189041663.html.

问题：比较两种情境中沟通的差别。

第11章/控　制

学习目标：了解控制的概念、控制的必要性、控制的基本原理、控制的类型及控制方法；掌握控制的过程及有效控制的实现方式，有一定的运用控制理论和方法解决现实生活中遇到的管理问题的能力。

控制是为了保证企业计划与实际作业动态适应的管理职能。控制工作是包括从高层管理人员到基层管理人员在内的每一位管理人员的职能。尽管各个层次的管理人员所控制的范围不同，但他们都负有执行计划的职责，因而控制是企业各级管理人员的一项重要工作内容。

11.1 控制概述

11.1.1 控制的概念

当确定了组织的目标，并明确了为实现目标要进行的活动后，就要进行任务的分配、人员的组织与配备，并采取措施进行人员的协调和激励，但这样也不能保证目标的实现。管理者还必须监控组织的绩效，将实际的表现与预先设定的目标进行比较，如果发现了任何显著的偏差，管理者的任务就是使组织回到正确的轨道上来。

简而言之，所谓控制，就是管理者监视组织的各项作业活动及环境变化，对活动进行检查分析或根据变化了的环境，对计划进行修改，纠正各种重要偏差，以保证实际作业动态与计划相适应的过程。

控制是管理的一项重要职能，它与计划、组织和领导相辅相成，共同构成管理的四个主要环节。

1）控制与计划的关系

计划和控制是一个问题的两个方面。计划是基础，是用来评定行动及其效果是否符合需要的标准；控制既是一个管理过程的终结，又是一个新的管理过程的开始，它使计划的执行结果与预定的计划目标相符合，并为计划提供信息。

2）控制与组织的关系

组织职能为控制职能的发挥提供了人员配备和组织结构，而且组织结构的确定实际上也规定了组织中信息联系的渠道，为组织的控制提供了信息基础。

3）控制与领导的关系

领导职能的发挥，影响着组织控制系统的建立和控制工作的质量，反过来，控制职能的发挥，又有利于改进领导者的领导工作，提高领导者的工作效率。

11.1.2　控制的必要性

亨利·西斯克指出，如果计划从来不需要修改，而且是在一个全能的领导人的指导之下，有一个完全均衡的组织来完美无缺地执行的，那就没有控制的必要了。然而，这种理想的状态是不可能成为企业管理的现实的。无论计划制订得如何周密，由于各种各样的原因，人们在执行计划的活动中总是会或多或少地出现与计划不一致的现象，所以任何组织、任何活动都需要进行控制，控制的必要性是由以下因素决定的：

1）管理权力的分散性

组织的领导者（管理者）不可能履行所有的管理职责。由于时间和精力有限，他需要授权给他的助手，以代管部分事务，而这些助手也会需要其他人的帮助，组织层次因此形成。随着权力和责任的下放，组织需要严格的控制系统，以防止出现权力滥用或渎职事件。

2）外部环境的不确定性

计划从构思、制订到执行一般都要经历较长的时间，在这段时间内，组织外部环境必然会发生变化，从而影响到计划和目标。为了适应变化的环境，组织需要一个有效的控制系统来根据变化的环境采取相应的对策，计划的时间跨度越大，控制就越显重要。

3）组织活动的复杂性

每一个组织目标的实现，都离不开组织内部各个部门的紧密配合，因此，组织不仅要制定明确的目标，还需要对总目标进行分解，而且在实施过程中，还要进行大量的组织协调工作，这是一系列艰巨的工作，为了保证各个部门的活动都紧紧围绕着组织目标来进行，组织必须对各个环节进行大量的控制工作。

4）工作能力的差异性

计划要靠人去执行，而组织成员的才能、动机和工作态度是非均质的、不断变化的，人们对计划的理解也不相同，因而人的素质对计划的执行也会产生影响，组织对于人员的有效控制显得更加重要。

5）失误的不可避免性

组织在发展过程中不可避免地会出现一些偏差和失误，及时地发现失误并有效地纠正偏差是管理的重要职能之一。

11.1.3　控制的内容

管理者控制什么？控制的内容主要表现在以下几个方面：人员、时间、财务、作业、信息和组织绩效。

1）人员控制

管理是一个协调工作活动的过程，以便能够有效率和有效果地同别人一起或通过别人实现组织的目标，所以说，控制工作从根本上来说是对人的控制。为了实现目标，管理者需要下属员工按照所期望的方式进行工作，因此管理者最常用的控制方法就是直接巡视和评估员工的表现。在日常工作中，管理者的任务是观察员工的工作，并将实际的工作同预先设定的目标进行比较，如果存在任何偏差，管理者需要及时指出并纠正。

2）时间控制

任何组织的活动都是在一定的时间内进行的，时间对组织来说是一种非常重要的资源。从某种意义上来说，时间往往比人、财、物等资源更加重要，对于时间的控制是为了有效率地实现组织的目标。

时间的控制关键在于确定各项活动是否依照预定的时间进度完成。例如，时间控制的工具——甘特图和网络图都是为了保证人力、物资、设备在指定的时间到达预定地点，以保证任务的顺利完成。

3）财务控制

企业的首要目标是获得利润。在追求这个目标时，管理者需要借助于财务控制来降低成本并使资源得到充分利用。管理者定期审阅相关的财务报表，以保证有足够的资金支付各种费用，保证债务负担不至于太重，保证所有的资产都得到有效的利用。预算是最常用的财务控制标准，也是一种比较有效的控制工具。

4）作业控制

作业控制方法是用来评价一个组织的资源转换过程是否有效率和有效果的。一个组织的成功，很大程度上取决于它在生产产品或提供服务方面的效率和效果。

组织中常用的作业控制包括：生产控制以保证其按计划进行；原材料购买控制以保证以尽可能低的价格购买原材料；质量控制以保证满足预定的目标；设备控制以保证所有的设备得到良好的维护；库存控制以保证产品的及时供给。

5）信息控制

随着信息社会的到来，信息控制在组织中的作用越来越重要。管理者需要及时、准确、完整的信息来帮助他们完成工作，因此需要开发一个信息管理系统，实现能在正确的时间，以正确的数量，为正确的人提供正确的数据。

6）组织绩效控制

组织绩效是指组织在某一时期内任务完成的数量、质量、效率及盈利情况。组织绩效实现应在个人绩效实现的基础上，但是个人绩效的实现并不一定保证组织是有绩效的。衡量组织的绩效，包括很多指标，如生产率、效率、利润、员工士气、产量等，组织的管理者当然非常关心这些指标，而除此之外，顾客、股东、潜在投资者、供应商也十分关注组织的绩效。

11.1.4 控制的类型

1）按纠正措施作用的环节不同划分

按纠正措施作用的环节不同，划分为前馈控制、同期控制和反馈控制。

（1）前馈控制。前馈控制无疑是一种最佳控制类型。它是一种预先控制，目的是防患于未然，它作用于计划执行过程的输入环节上，工作重点是防止所使用的各种资源在质和量上产生偏差，而非控制行动的结果。前馈控制需要及时和准确的信息，但这通常非常困难，所以管理者也需要同期控制和反馈控制。典型的前馈控制如控制原材料的质量。

（2）同期控制，顾名思义，是指在活动的进行过程中实施的控制，其纠正措施用于正在进行的计划执行过程。同期控制或现场控制，是一种主要为基层主管人员所采用的控制工作方法，通常主管人员通过深入现场来亲自监督检查，指导和控制下属活动。典型的现场控制如生产制造活动的生产进度控制、每日对住院病人进行临床检查等。

（3）反馈控制，又称事后控制，是指通过分析已完成工作的执行情况，将其与控制标准相比较，发现已经发生或即将出现的偏差，分析其原因和对未来的可能影响，及时拟定纠正措施并予以实施，以防止偏差继续发展，或防止其今后再度发生。典型的反馈控制如对生产成品进行质量检验。

2）按控制来源不同划分

按控制来源不同，划分为正式组织控制、群体控制（非正式组织控制）和自我控制。

控制可来源于正式组织，也可来源于非正式组织或成员自我。正式组织是为了实现某一共同的目标而明确规定成员之间职责范围的一种结构。非正式组织是相对于正式组织而存在的，是成员之间以共同的感情、爱好以及价值观为纽带而自发形成的个人和社会关系的网络。

（1）正式组织控制。正式组织控制是通过管理者设计和建立起来的机构或规定来进行控制。组织可以通过规划来指导组织成员的活动，通过预算来控制消费，通过审计来检查各部门或各成员是否按照规定进行活动，对违反规定或操作规程者予以处理等。正式组织控制相对于群体控制和自我控制而言具有刚性和强制性的特点。正式组织控制的内容通常包括实施标准化、质量标准化、保护组织的财产、防止滥用权力和指导与考核等。

（2）群体控制。群体控制是基于非正式组织成员之间不成文的价值观念和行为准则进行的控制。非正式组织没有明文规定的行为规范，但是其成员都十分清楚这些规范的内容，都知道如果自己遵守这些规范，就会得到其他成员的认可，可能会强化自己在非正式组织中的地位。群体控制在某种程度上左右着职工的行为，处理得好有利于组织目标的实现，处理不好将会给组织带来很大的危害。

（3）自我控制。自我控制是指个人有意识地去按某一规范进行活动。自我控制能力取决于个人本身的素质。具有良好修养的人一般具有较强的自我控制能力，顾全大局的人比看重个人局部利益的人具有较强的自我控制能力，具有较高层次需求的人比具有较低层次需求的人具有较强的自我控制能力。

正式组织控制、非正式组织控制和自我控制有时是相互一致的，有时又是相互抵触的。有效的管理控制系统应该综合利用这三种控制类型，并使它们尽可能和谐。

3）按控制的集中度不同划分

按控制的集中度不同，划分为集中控制、分散控制和分层控制。

（1）集中控制就是在组织中建立一个相对稳定的控制中心，由它对组织内外部的各种信息进行统一的加工处理，并发出指令，操纵所有的管理活动。在集中控制中，处理信息、检测偏差和拟定纠正措施都是由控制中心统一完成的。这种控制方式的结构简单，指标统一，便于整体协调。当组织规模不大，而且控制中心在信息的取得加工和处理方面能够保持较高的效率和良好的可靠性时，这种控制方式有利于实现整体的最优控制，能够收到较好的控制效果。但当组织规模较大、环境变化迅速，或信息量巨大时，集中控制就会暴露出其控制过程复杂、信息传输效率低、适应性差的缺陷。集中控制容易造成官僚主义、组织反应迟钝、下层管理人员缺乏积极性等问题，而且一旦控制中心决策失误，将对组织造成巨大损失。

（2）分散控制是与集中控制相对的一种控制形式，它将大规模组织分解为若干个相对独立的次级组织，然后各自建立相应的控制中心来实施内部直接控制，最终共同实现整个组织的目标。这种控制方式的特点是各种决策和控制质量通常都是由各个次级控制中心负责。一个次级控制中心根据各自的实际情况，按照局部最优的原则实施控制。分散控制适用于环境结构比较复杂、职能分化较细的组织。值得注意的是，分散控制可能会带来一个严重后果，即各次级组织之间的相互协调较困难，容易滋生本位主义，难以保证各次级组织的目标与总体目标的一致性，从而危及组织整体的优化，严重的甚至会导致失控。

（3）分层控制是一种将集中控制与分散控制结合起来的控制方式，它将整个组织系统按照一定的方式分解为若干个子系统，赋予其局部范围内的控制目标和功能，并考虑各个子系统之间的内在联系，通过协调和规定各子系统的目标任务和利益等，使它们相互配合、相互制约，在行为目标上和整个组织的总目标协调一致，以实现组织总体最优控制。它有两个特点：一是各子系统都具有各自独立的控制能力和控制条件，从而有可能对子系统的管理实施独立的处理。二是整个管理系统分为若干层次，上一层次的控制机构对下一层次各子系统的活动进行指导性、导向性的间接控制。在分层控制中，要特别注意，防止缺乏间接控制，自觉或不自觉地滥用直接控制，并多层次地向下重叠实施直接控制的弊病。

上述各种控制类型各有利弊和适用场合，作为管理者，不仅应当正确认识每一种控制类型的特点和作用，而且应当能够结合组织的特点，对各种控制类型进行有效的运用和协调。

11.2 控制过程

无论在什么地方，也无论控制的对象是什么，基本的控制过程都包括三个步骤，即建立控制标准、衡量工作绩效、纠正偏差。

11.2.1 建立控制标准

标准是组织检查和衡量工作及其结果的规范。只有制定明确科学的控制标准、控制过程，才有正确的依据。

1）控制标准的种类

管理控制中所用的标准主要有以下五种：

（1）时间标准，主要是反映工作时间进度的各种标准，如完工日期、时间定额。

（2）成本标准，主要是反映各种工作与活动所支出的费用的标准，如产品成本、质量成本等。

（3）质量标准，主要是规定工作的范围水平及质量要求等。

（4）数量标准，主要是从定量的方面规定工作和活动所应达到的水平和完成的时间等。

（5）无形标准，主要是为难以量化的工作所制定的标准，如员工的行为准则、组织的思想政治工作等。

2）控制标准的要求

（1）目标性，标准要紧密围绕着决策目标制定，不能背离组织目标。

（2）科学性，标准既要符合实际又要超越现状，高低适中。

（3）稳定性，标准要具有相对的稳定性，对已不适用的标准，需要在适当的时机予以调整。

（4）普遍适用性，标准要以多数人的平均水平为基础。

（5）公平性，在标准面前人人平等，奖罚分明。

（6）准确性，标准的表述要科学准确，不能产生歧义。

3）确定控制标准的方法

控制的对象不同，建立的标准方法也不一样。一般来说，企业可以使用的建立标准的方法有以下三种：

（1）利用统计的方法制定标准。这种方法主要是以分析和反映组织的各个历史时期状况的数据为基础来为未来活动建立标准。利用此种方法，建立控制标准具有简单易行的好处，但是据此制定的工作标准可能低于同行业的卓越水平，甚至低于平均水平。为了克服这种局限性，组织在根据历史统计数据制定控制标准时，应该充分考虑行业的平均水平，并研究竞争对手的经验，使标准更具客观性。

（2）根据评估建立标准。这种方法主要是依据管理人员的经验、判断和评估来建立标准，特别适用于那些缺乏统计资料的工作。利用这种方法来建立控制标准时，要注意利用各方面管理人员的知识和经验，综合多人的意见，确定出一个相对合理的标准。

（3）制定工程标准。严格地说，工程标准也是一种利用统计方法制定的控制标准，不过它不是对历史统计资料的分析，而是通过对工作情况进行客观的定量分析得到的。例如，机器的产出标准、工人操作标准、劳动时间定额等都是通过这种方法制定的。

11.2.2 衡量工作绩效

衡量工作绩效就是根据控制标准衡量和检查工作情况，并对计划执行的现状和阶段性成果进行如实反映和客观评价。从本质上说，衡量工作绩效实际上就是信息的收集、处理、传递的过程。

1）衡量工作绩效的方法

（1）亲自观察。

亲自观察是指由控制主体亲临工作现场，通过观察及与工作人员的现场交谈来了解进展及存在的问题。高层管理者在采用这种方法时，要注意采用低调的观察方式，尽量不要干预下属的工作。此外，管理者还要注意工作方法和控制艺术，不要夹带个人情感，以免员工产生抵触情绪。

（2）调查研究。

调查研究是控制主体为了系统地了解某个方面的执行情况，专门组织一定的人力、物力而进行的活动。一般来说，在调查研究之前都要根据控制目的事先设计调查提纲或调查表。根据调查的范围，调查研究可分为全面普查、抽样调查和典型调查三种类型。全面普查需要进行全面的市场调查，要求对调查对象的全体进行详细的、普遍的调查；抽样调查是指从全部调查研究对象中抽取一部分进行调查，并据此对全部调查研究对象做出估计和推断的一种调查方法；典型调查是指根据调查目的和要求，在对调查对象进行初步分析的基础上，有意识地选取少数具有代表性的单位进行深入细致的调查研究，借以认识同类事物的发展变化规律及本质的一种非全面调查。

（3）统计报表。

对原始信息进行加工整理，形成统计报表，逐级上报。这种方法节省时间，效率较高，但资料的真实性、全面性对所获信息的影响很大。

2）衡量工作绩效的要求

组织在衡量工作绩效时应注意以下要求：

（1）以系统化检查为主，综合运用各种衡量方法，全面确切地了解和反映实际的工作业绩。

（2）定期衡量工作绩效，使之成为经常性的工作。

（3）要有制度保证，建立统计制度、报告制度、报表制度、总结制度等必要的规章制度，以保证衡量工作的顺利进行。

（4）抓住重点，重点检查需要加强控制的关键环节，使控制工作更有针对性。

11.2.3 纠正偏差

组织通过衡量工作绩效，可以发现计划执行过程中出现的偏差。纠正偏差就是在此基础上分析偏差产生的原因，制定并实施必要的纠正措施。为了保证纠偏措施的针对性和有效性，组织在这一过程中需要采取以下步骤：

1）寻找偏差产生的主要原因

并非所有的偏差都会影响企业的最终成果，有些偏差可能反映了计划制订和执行工作中的严重问题，而另一些偏差则可能是由一些偶然的、暂时的、局部性的因素引起的，不一定会对组织活动的最终成果产生重要影响，因此，组织在采取纠偏措施以前，必须先对反映偏差的信息进行评估和分析，找出导致偏差的主要原因。

此外，组织在寻找产生偏差的原因时要考虑全面，同一偏差可能由不同的原因造成，如工作的偏差，既可能是因为执行者没有按照计划要求办事，也可能是由于管理者制定的目标和控制标准太高，也可能是组织成员的努力程度不够，还可能是由于外部环境条件变化所致。因此，组织要透过表面现象找出造成偏差的深层原因，在众多的深层原因中找出最重要者，从而为制定纠偏措施确定方向。

2）确定纠偏的方向和对象

在管理控制过程中，造成偏差的原因一般有以下三种：（1）原有的计划或标准制定得不科学，本身就存在偏差。（2）由于外在环境发生了难以预料的变化，这时原有的计划不再适应新形势的要求。（3）由于组织内部发生了变化，如员工的懈怠等。因此，纠偏的实施对象可能是组织所进行的活动，可能是衡量的标准，甚至是指导活动的计划或标准，组织只要找准纠偏的对象，就可制订出改进工作的方式或调整计划与标准的纠正方案。

3）选择恰当的纠偏措施

针对产生偏差的主要原因，需要制订改进工作的方式或调整计划与标准的纠正方案。一般来说，组织在选择和实施纠偏措施的过程中要注意以下几点：

（1）使纠偏方案双重优化。

第一重优化是要考虑采取纠偏措施所带来的效果是否大于不纠偏的损失。如果纠偏行动的费用超过偏差带来的损失，最好的方法也许是不采取任何行动。第二重优化是在此基础上，通过对各种可行性方案的比较，找出其中追加投入最少、纠偏效果最好的方案来组织实施。

（2）充分考虑历史因素的影响。

管理者在选择决策方案时，应充分考虑实施初始决策已经消耗的资源和这种消耗对客观环境造成的各种影响，以及人员思想观念的转变问题，结合企业的现状来优化企业的流程。

（3）治标与治本并重。

组织在选择纠偏措施的过程中，必须考虑对于所出现的问题是准备采取应急性纠偏措施，还是永久性纠偏措施。应急性纠偏可以及时将出现问题的环节拉回到正常轨道上来，但问题的根源可能得不到根除。永久性纠偏是找到彻底解决问题的突破口，然后针对此采取解决的行动。这种纠偏措施可以从根本上解决问题，但需要的资金、时间和其他条件往往都比较苛刻，有时难以满足。在实际工作中，治标与治本并重才是有效的方法。

（4）消除员工对纠偏措施的疑虑。

管理者在选择纠偏措施的过程中，应考虑到员工对纠偏措施所持的不同态度，特别要注意消除执行者的疑虑，争取更多人的理解、赞同和支持，以避免方案在付诸实施时可能出现的人为障碍。

综上所述，控制过程其实可以视为整个管理过程的组成部分，并且是与其他管理职能紧密相连的，控制的过程可用图11-1所示的模型来表示。

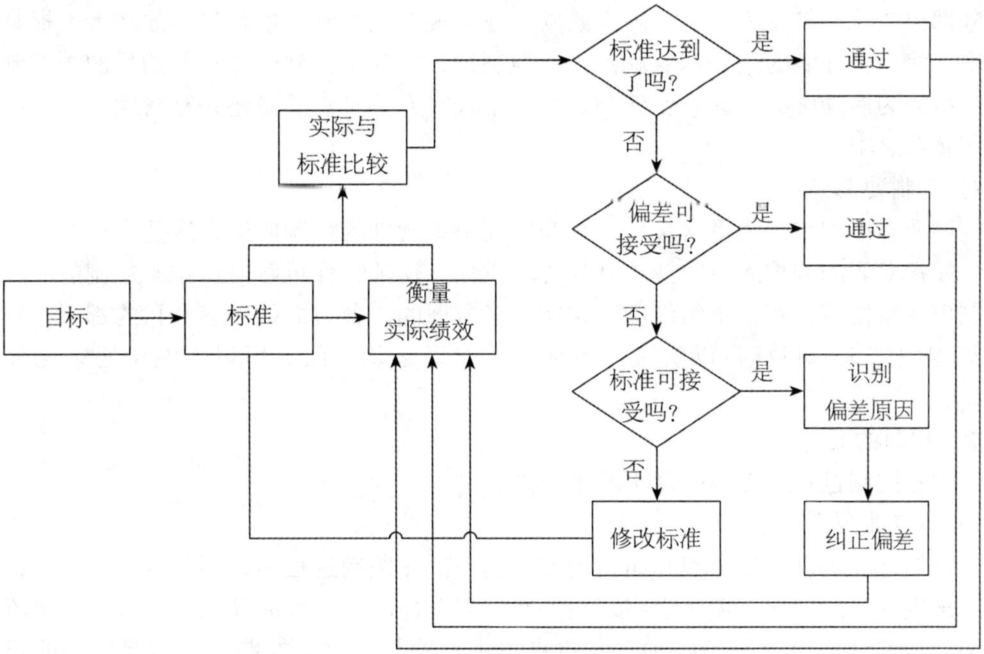

图11-1 控制的过程

11.3 控制效率

11.3.1 控制的基础与前提

1）控制要有计划

前面已经提出，控制与计划是同一问题的两个方面，计划在一定程度上讲也是一种控制，但从狭义的控制来说，控制仍要以计划为前提，这句话具有两重含义：一方面，计划是控制的标准。没有计划就谈不上控制，实现计划是控制的最终目的，计划制订得越详细、越明确、越可行，控制也就越容易，所以，要做好控制工作，前提之一就是要做好计划工作。另一方面，控制本身也需要有计划。对于施控者来说，不仅要建立控制标准、控制程序，还必须明确控制工作的重点、方法和目标。这都说明控制工作本身也需要计划，不然的话，眉毛胡子一把抓，全面撒网，动辄就会打乱仗，施控者就会像消防队员一样，哪里出问题，就急急忙忙地奔向哪里，这样的话，控制是很难取得成效的。

2）控制要依据有效的信息

信息是组织活动的要素，也是控制的基础和前提。控制必须依据有效的信息。控制过程实质上就是一个施控者向受控者传递指挥和决策信息，受控者向施控者反馈执行信息的过程。没有信息的传递，控制就不能进行，没有正确、全面、及时的信息，就难以达到控制的目的。

3）控制必须建立起明确的责任制

标准的确立为控制提供了一个衡量计划执行状况的尺度。这个标准只有得到贯彻落实才会起作用，所以控制必须建立起明确的责任制。通过建立责任制，每一个人都明白自己的职责和要达到的标准，以便在工作中自觉地履行职责，按标准要求完成任务。这样的话，外部控制就会转变为自觉的内部激励，或者说自我控制，使控制的效率大大提高。也可以说，建立责任制的过程本身就是一种控制行为。为了达到全面控制的目的，控制中的一切有目的的活动都必须建立责任制。每一个人，无论是管理者还是被管理者，都应纳入责任制体系之中。

4）控制要有组织

控制要有组织包含两重含义：一是为完成组织管理的控制职能，应建立起专门的施控机构，配备专职的施控人员，授予其权力和责任，这项工作可解决由谁来控制的问题。二是控制应注意协调。在一个组织中，控制是多方面的，各方面的内容和目的都不一样。为了保证组织的根本目标得以实现，各部门的步调必须一致，所以控制中必须充分注意协调。

11.3.2 控制的原则

组织在控制过程中应遵循以下基本原则：

1）重点性原则

控制的过程可以说是发现和纠正偏差的过程。在控制过程中，不仅要注意偏差，而且要注意出现偏差的具体事项。事实证明，要想完全控制工作或活动的全过程几乎是不可能的，因此应抓住活动过程中的关键和重点，进行局部和重点控制，这就是所谓的重点性原则。

2）及时性原则

控制主体要想迅速发现偏差，并及时采取措施纠正偏差，就必须做好以下工作：①要及时准确地收集所需的信息，避免时过境迁，使控制失去应有的效果。②要顾及可能发生的变化，使采取的措施与已变化了的情况相适应，即纠偏措施的安排应有一定的预见性。

3）灵活性原则

企业在生产经营过程中可能遇到某些突发的、无法抗拒的变化（如环境突变、计划疏忽、计划失败等），使企业计划与现实条件严重背离。因此，组织要制订多种应对变化的方案和留有一定的后备力量，并采用多种灵活的控制方式和方法来达到控制的目的。

4）经济性原则

控制是一项需要投入大量的人力、物力、财力等资源的活动，因此组织在进行控制时必须坚持经济性原则：一是要正确而精心地选择控制点，实行有选择的控制。二是要提高控制效率，改进控制方法和手段，以最少的资源投入取得理想的控制效果。

5）可操作性原则

控制的最后落实是纠偏措施的实际贯彻，并发挥出应有的效果。因此，控制过程中的纠偏措施必须具有可操作性，即这些措施必须是可以投入实际运作的，而且是在经济上合理的、在技术上可行的。

11.3.3　评价控制效率的标准

控制作为一项重要的管理职能，必须是有效的。那么如何来评价控制的效率呢？一般来说，应着重考虑如下几个标准：

1）计划的保障程度

控制的主要任务就是要保障计划完成。在正常情况下，如果一个组织未能如期完成计划，就表明这个组织的控制无效或效率很低。无论是建立控制系统还是实施控制系统，都应以保障计划完成作为基本准则。

2）促进人们创新的概率

控制系统应给予人们发挥创造力的空间和权力，促使人们创新。

3）解决问题的速度

控制的一个基本环节就是纠正偏差，俗称解决问题。控制越有效，解决问题的速度就越快。如果一个组织中问题成堆，管理者却仍然熟视无睹的话，就表明该组织已经失控了，问题久拖不决，则表明组织控制效率十分低下。

11.3.4　影响控制效率的因素

1）分权不当，权力失控

分权和控制之间存在着因果关系，分权是控制的原因之一，控制是分权的保障。如果分权不当，权力失控，就会影响控制效率。

2）信息沟通不畅

控制必须以有效的信息为前提，如果组织内的信息不能顺畅流动，缺乏信息传递和反馈，控制就无法进行，所以信息通畅与否直接影响着控制效率。

3）标准过严

标准是控制的依据，控制标准必须实事求是、科学可行。标准不能太低，太低的标准缺乏压力，不利于调动员工的积极性。值得注意的是，标准也不能过高、过严。若标准过高，下级员工经过努力之后仍然不能达到，就会产生抵触情绪。如果以过严的标准进行控制，施控者与受控者往往会产生对立情绪，控制也将失去作用。

4）控制制度不健全

控制制度决定控制工作本身的效率。控制制度规定着组织内施控人员的职责、权力、工作内容和程序等。若控制制度不完善，控制效率肯定低下。

5）各部门之间的目标冲突

控制的最终目的是要保证计划顺利完成，实现组织的目标。在一个较大规模的组织中，组织的目标和计划往往要进行分解，再落实到各个部门中去。在目标分解和执行过程中，稍不注意，就可能使各部门之间的工作不一致，甚至各自的目标相互冲突，这会给施控人员的控制带来困难，降低控制效率。

11.3.5 提高控制效率的措施

提高控制效率，最为主要的是做到如下几点：

1）树立现代控制观念

当前的控制所包含的内容已远不是早期控制职能所包含的内容了。所谓现代控制观念，简单地说就是：

（1）树立新的施控者与受控者关系的观念。传统的控制管理观念认为，施控者处于绝对支配地位，受控者处于被支配地位，二者之间只有命令和服从的关系；现代控制观念则认为，施控者与受控者是平等的，施控者的权威只有被受控者承认和接受才有意义，施控者只有靠权力和威望才能施行控制，控制才能发挥作用。

（2）重视反馈。反馈是现代控制的特征之一，没有反馈控制，不可能有高效率。施控者不是万能的，它必须依据受控者的反馈来判断和决策。建立反馈观念，重视反馈，不仅要建立制度化的反馈机制，更为重要的是要让下级畅所欲言，敢讲、愿讲真话，全面及时地反映真实情况。

2）合理分权

分权是控制中的问题，也是组织机构设置的中心问题。怎样才能做到合理分权？其实没有放之四海而皆准的标准。分权的合理与否只能根据实际情况来判定。一般来说，以下几条原则可保证分权的合理性：

（1）权力下放和责任落实相一致，保证权责对等。

（2）切忌越级授权，越级授权必然导致越级指挥，从而给中层管理人员的控制活动造成困难。

（3）分权是因人、因时、因地、因事而异的管理活动。管理者的分权必须从实际出发，不能盲目地照搬他人的做法；否则，分权不仅难以调动下层的积极性，反而会造成失控的局面。

3）做好控制制度建设工作

控制制度建设包含着广泛的内容。从某种意义上说，控制基本上与管理相等同。就狭义的控制制度建设而言，主要应做好如下几点：

（1）建立精简高效的控制机构，配备合格的施控人员。

（2）建立明确的控制责任制。

（3）完善组织内部的信息沟通体系，保证信息上下沟通顺畅、反馈及时，做好协调工作，形成有效的控制网络。

11.4 控制方法

11.4.1 预算控制

1）预算的概念

预算是数字化的计划，更具体一点说，预算是用财务数字来表明组织的预期成本或收入。我国的预算一般都与财务有关，是一个组织收入、支出方面的计划，任何一项预算都有这样几个特点：

（1）预算具有计划性。预算是一种特殊的计划，其主要构成内容是各种数字。作为一种特殊的计划，它要解决这样几个问题："多少"，即计划的目标，是数量目标；"为什么"，即对目标数字的说明，一项计划为什么应是这么多，而不是那么多；"什么时间"，即预算是什么期间的，从何时开始，到何时结束。

（2）计划具有预测性。预算从字面上来理解，就是预先测算，因而它也属于预测的内容，只不过是关于收入与支出方面的预测，具有相当的特殊性和专业性，所以预算控制少不了预测方面的应用。

（3）预算的控制性。预算就是对组织的收入与支出的活动所拟定的数量化标准，它构成预算控制工作的第一步。用预算作为控制标准，比起其他控制标准有更明确、更具体的特点，更具有可控性，于是预算控制就成为组织控制工作的重要内容。

2）预算的内容

作为一种控制手段，预算是一系列的报表，列示现金、资产、原材料、工资和其他经济资源的计划支出额与实际支出额。另外，预算报表常常还要列示每个科目预算值与实际发生值之间的差额。高层管理者负责整个公司的预算，中层管理者通常只关注本部门或者事业部的预算执行情况。预算管理者通常使用的预算类型有费用预算、收入预算、现金预算和资本预算。

（1）费用预算。

费用预算是每一个责任中心和整个组织预期和实际发生的费用支出。费用预算可能要列出所有的费用，或者仅集中在某一特定的费用类别，如原材料费用或者研究开发费用。如果实际费用超过预算费用，管理者就有必要分析经营中是否存在问题，并在必要时采取纠正措施。费用较高可能是因为企业销售增长速度比预期的要快，相反，实际费用低于预算则可能预示着效率提高，或者是某些方面没有达到标准规定，如销售水平或服务质量没有达到理想水平。无论如何，费用预算都能够帮助我们意识到进一步调查研究的必要性，但是预算不能取代调查研究本身。

（2）收入预算。

收入预算是指企业的预期收入和实际收入。一般来说，如果收入低于预算额，则有必要分析问题出在哪里，看看组织是否能够改善收入状况；相反，如果收入高于预算额，则有必要分析企业是否能够获得必要的资源，以满足消费者对其产品的超过企业预期的需求。管理者要制订行动计划来纠正预算偏差。

（3）现金预算。

现金预算用于评估每天或者每月的现金收支状况，以确保企业有充足的现金用于偿还其债务。现金预算反映了流入和流出企业的资金数量以及现金支付的性质。现金预算表明，若企业的现金拥有量超过清偿短期债务所需，那么企业就应该考虑把过剩的现金用于投资以赚取利息收入；相反，如果现金预算表明本周末会支出10万元的工资，但是银行账户余额到周末仅剩8万元时，那么企业就必须借入现金来发放员工工资。

（4）资本预算。

资本预算是指在主要资产项目（如建筑物、重型机械或者复杂的信息技术系统等）方面的计划投入量。在通常情况下，这些资本支出项目都是在1年以上的。资本支出不仅会影响未来的费用支出状况，同时也是为了增强企业的盈利能力而进行的投资。因此，为了预测资本投资对于现金流量和盈利能力的影响，资本预算是不可或缺的。控制不仅要监控资本投资金额，而且必须评估预期的投资回报率是否切实可行。管理人员还必须判断某一特定的项目是否值得公司持续投入资金以及资本投资的决策过程是否科学合理。一些公司，如波音、壳牌等通过分阶段评估资本投资方案来判断这些投资是否与公司战略相一致。

3）预算的普遍性

所有组织都有开展预算工作、做好预算控制的必要，因为：

（1）做好预算控制工作是少花钱、多办事、办好事的前提之一。在企业生产经营活动中，我们要强调经济效益观念。那么如何做到少花钱、多办事、办好事呢？预算是重要手段，通过预算，管理者对支出心中有数，才可能精打细算、厉行节约。

（2）做好预算控制工作是保证组织活动正常开展、目标得以实现的前提。组织的生存需要财力因素，组织的发展自然也要有相应增长的财力作保证，任何一个组织要想生存、发展，要想顺利地实现目标，就必须保证一定的财力供给，这同样需要有预算，做到“手中有粮，心中不慌”，这里的“粮”指的就是组织活动所必需的财力。

（3）做好预算控制工作是做好整个控制工作的关键之一。在市场经济中，一切要素都要通过一定的价值尺度来度量，从而计算投入产出效率，因此对财力要素的控制或者说预算就有很强的代表性与结合性，做好了预算工作，完成了财力控制工作，在很大程度上就实现了控制的目标。

4）预算的局限性

预算手段在组织管理中得到了广泛运用，但在预算的编制和执行中也有一些局限性：

（1）只能帮助企业控制那些可以计量的特别是可以用货币单位计量的业务活动，而不能促使企业对那些不能计量的企业文化、企业形象、企业活力的改善予以足够的重视。

（2）编制预算时通常参照上期的预算项目和标准，从而会忽视本期活动的实际需要，因此会导致这样的错误：上期有的而本期不需要的项目仍然沿用，本期必需的而上期没有的项目会因缺乏先例而不能增设。

（3）企业活动的外部环境是在不断变化的，这些变化会改变企业获取资源的支出或销售产品实现的收入，从而使预算变得不合时宜。因此，缺乏弹性、非常具体，特别是涉及较长时期的预算可能会束缚决策者的行动，使企业经营缺乏灵活性和适应性。

（4）预算，特别是项目预算和部门预算，不仅对有关负责人提出了希望他们实现的结果，而且也可能使得他们在活动中精打细算，小心翼翼地诺守不得超出支出预算的准则，而忽视了部门活动的本来目的。

5）预算的改进方法

（1）固定预算与弹性预算。

在传统的预算编制中，某一时期内编制财务预算所依据的成本费用和利润信息都只是在一个预计的产销业务量水平基础上确定的。这种百分之百地依赖一种业务量编制的预算，属于静态预算。显然，一旦预计业务量与实际水平相去甚远时，必然导致有关成本费用及利润的实际水平与预算水平因基础不同而失去可比性，从而不利于考核与控制。

弹性预算是为了克服固定预算的缺陷而设计的，它是在成本习性分析的基础上，分别按一系列可能达到的预计业务量水平编制的能适应多种情况的预算，由于它能规定不同业务量条件下的预算收支，适用面宽，机动性强，具有弹性，故称弹性预算。

一般而言，变动费用在一定的产量范围内基本保持不变。固定费用随产量的变化呈现出一种阶梯状的变化关系，所以在大多数情况下，弹性预算总是提出一个产量幅度，在这个幅度内，各种固定性的费用要素是不变的。如果产量低于该幅度的下限，就要考虑采用一个更适合于较低产量的固定费用，如压缩行政人员、处理闲置设备等；如果产量超过了该幅度的上限，那么就要按较大生产规模来考虑必需的固定费用，用于增加设备、扩大厂房面积等。

（2）增量预算与零基预算。

增量预算是指在基期成本费用水平的基础上，结合预算期业务量水平及有关降低成本的措施，通过调整有关原有成本费用项目而编制预算的方法，这是一种传统的预算方法。编制这种预算时往往不加分析地保留或接受原有成本项目，或按主观臆断平均增减，或只增不减，容易造成浪费，有可能使不必要的开支合理化。

针对传统预算编制方法存在的问题，美国的彼得·A.菲尔于1970年提出了零基预算，即在每个预算年度开始时，将所有还在进行的管理活动都视为重新开始，即以零为基础，根据组织目标，重新审查每项活动对现实组织目标的意义和效果，并在费用效果分析的基础上，重新排出各项管理活动的优先次序，并据此决定资金和其他资源的分配。由于零基预算每次预算均从零开始，所以实施起来费时又费力，它的成功应用需要有广泛而深入的分析。实际上，增量预算也需要进行广泛深入的考核，现实中折中的方法是，每3～5年编制一次零基预算，以减少浪费和提高效率。

11.4.2　非预算控制

非预算控制是指与预算无关的控制方法。一般来说，许多传统的控制方法都与预算无关，常用的一些方法如下：

1）视察

视察也许算得上是一种最古老、最直接的控制方法。它的基本作用就是获得第一手的信息。基层的主管人员通过视察，可以判断出产量、质量的完成情况，以及设备运转情况和劳动纪律的执行情况等。职能部门的主管人员通过视察，可以了解到工艺文件是否得到了认真的贯彻，生产计划是否按预定进度执行，劳动保护等规章制度是否被严格遵守，以及生产过程中存在哪些偏差和隐患等。上层主管人员通过视察，可以了解到组织方针、目标和政策是否深入人心，可以发现职能部门的情况报告是否属实及员工的合理化建议是否得到认真对待，还可以从与员工的交谈中了解他们的情绪和士气等。

2）报告

报告是用来向负责实施计划的主管人员全面系统地阐述计划的执行情况、存在的问题及原因、已经采取了哪些措施、收到了什么效果、预计会出现的问题等情况的一种重要方式。控制报告的主要目的是提供一种信息，即可用作纠正措施依据的信息。对控制报告的基本要求是突出重点，指出例外情况，尽量简明扼要。运用报告进行控制的效果通常取决于主管人员对报告的要求。随着组织规模及经营活动规模的日益扩大，管理也日益复杂，主管人员的精力和时间是有限的，从而定期的情况报告也就越发显得重要。

3）比率分析

对于组织经营活动中各种不同数量之间的比率分析，是一项非常有效的和必需的控制技术和方法，有比较才会有鉴别。一般来说，仅从有关组织经营管理工作成效的绝对数量的度量中是很难得出正确的结论的。例如，从一个企业年创利1 000万元这个数字上很难看出什么明确的概念，因为还不知道这个企业的销售额是多少，不知道它的资金总数是多少，不知道它所处的行业的平均利润水平是多少，也不知道企业上年和历年实现的利润是多少，所以在我们做出有关一个组织经营活动是否有显著成效的结论之前，必须首先明确比较的标准。

企业经营活动分析中常用的比率可以分为两大类，即财务比率和经营比率，前者主要用于说明企业的财务状况，后者主要用于说明企业经营活动状况。

（1）财务比率。

企业的财务状况综合地反映了企业的生产经营状况。通过对财务状况的分析，可以迅速地、全面地了解一个企业的资金来源和资金运用的情况，了解企业资金利用的效果，以及企业的支付能力和清偿债务的能力。常用的财务比率有反映短期偿债能力的流动比率和速动比率、反映财务杠杆的资产负债比率和利息收益比率、反映运营能力的存货周转率和总资产周转率、反映盈利能力的销售利润率和投资收益率等。

（2）经营比率。

前面已指出财务比率是衡量一个企业生产经营状况和财务状况的综合性指标。除此以外，还有更直接的比率可以用来进一步说明企业的经营情况，这些比率被称为经营比率。常用的经营比率有市场占有率、相对市场占有率、投入产出比率等。反映经营状况的这些比率通常也需要进行横向的（不同企业之间）或纵向的（不同时期之间）比较才更有意义。

比率分析用途很广，但也有局限性，突出表现在：比率分析属于静态分析，对于预测未来并非绝对合理可靠。比率分析所使用的数据为账面价值，难以反映物价水准的影响。可见，在运用比率分析时，一是要注意将各种比率有机联系起来进行全面分析，不可单独地看某种比率，否则便难以准确地判断公司的整体情况；二是要注意审查公司的性质和实际情况，而不光是着眼于财务报表；三是要注意结合差额分析，这样才能对公司的历史、现状和未来有一个详尽的分析和了解。

4）审计控制

审计是对反映企业资金运动过程及其结果的会计记录及财务报表进行审核、鉴定，以判断其真实性和可靠性，从而为控制和决策提供依据。根据审查主体的不同，可将审计划分为两种类型，即由外部审计机构的审计人员进行的外部审计，以及由内部专职人员对企业财务控制系统进行全面评估的内部审计。

（1）外部审计。

外部审计是由外部机构（如会计师事务所）选派的审计人员对企业财务报表及其反映的财务状况进行独立的评估。为了检查财务报表及其反映的资产与负债的账面情况与企业真实情况是否相符，外部审计人员需要抽查企业的基本财务记录，以验证其真实性和准确性，并分析这些记录是否符合公认的会计准则和记账程序。

外部审计的优点是审计人员与管理当局不存在行政上的依附关系，不需看企业经理的眼色行事，只需对国家、社会和法律负责，因而可以保证审计的独立性和公正性。但是，由于外来的审计人员不了解内部的组织结构、生产流程的经营特点，在对具体业务的审计过程中可能面临困难。此外，处于被审计地位的内部组织成员可能产生抵触情绪，不愿积极配合，这也可能增加审计工作的难度。

（2）内部审计。

内部审计提供了检查现有控制程序和方法能否有效地保证达成既定目标和执行既定政策的手段。例如，制造质量完善、性能全面的产品是企业孜孜以求的目标，这不仅要求企业利用先进的生产工艺、工人提供高质量的工作，而且对构成产品的基础——原材料提出了相应的质量要求。这样，内部审计人员在检查物资采购时，就不仅限于分析采购部门的账目是否齐全、准确，而且试图测定材料质量是否达到要求。根据对现有控制系统有效性的检查，内部审计人员可以提供有关改进公司政策、工作程序和方法的对策建议，以促使公司政策符合实际，工作程序更加合理，作业方法被正确掌握，从而更有效地实现组织目标。

虽然内部审计为经营控制提供了大量的有用信息，但在使用中也存在不少局限性：一是内部审计可能需要很多的费用，特别是如果进行深入、详细的审计的话。二是内部审计不仅要掌握事实，而且需要解释事实，并指出事实与计划的偏差所在。要能很好地完成这些工作，而又不引起被审计部门的不满，需要对审计人员进行充分的技能训练。三是即使审计人员具有必要的技能，仍然会有许多员工认为审计是一种“密探”或“侦查性”的工作，从而在心理上产生抵触情绪。如果审计过程中不能进行有效的信息和思想沟通，那么可能会对组织活动带来负激励效应。

5）作业控制

作业是指组织为了某种目的而进行的一系列消耗资源的活动的总称。所谓作业控制，是对组织的作业过程亦即资源转换过程进行的控制。通过作业控制，能及时有效地调节组织作业过程中内外部各种关系，使作业系统的运行符合既定作业计划的要求。常见的作业控制有进度控制、质量控制、库存控制和成本控制等。

（1）进度控制。

进度是指作业在时间上的排列，强调的是作业进展、先后顺序以及作业间的协调关系。进度控制是指对组织中生产经营各阶段的工作程序和持续时间进行规划，实施检查和调整等一系列活动的总称。进度控制的基本思想是，比较实际状况和计划之间的差异，并做出必要的调整，确保项目时间目标的实现。在实际工作中，假如不能按时交付产品、提供服务，或者项目不能按期完工，即使质量再高，也难以弥补超期所带来的损失。

（2）质量控制。

质量控制是为了保证本企业所生产的产品或服务达到一定的质量水平而进行的一系列监督检查和调节活动。要保证和提高产品质量，必须对影响质量的各种因素进行全面而系统的管理。全面质量管理就是目前在各领域应用较为广泛的一种方法，它是以优质的产品或服务为中心，实行全员工、全过程和全方位的管理。

（3）库存控制。

库存控制是对制造业或服务业生产经营全过程的各种物品、产成品以及其他资源进行管理和控制，使其储备保持在经济合理的水平上。一般来说，库存是为了满足未来需要而暂时闲置的资源。库存控制要求在保证企业生产经营需求的前提下，力求尽可能降低库存水平，提高物流系统的效率，以提高企业的市场竞争力。零库存管理是一种较为先进和理想的库存控制方法。所谓的零库存，是指物料在采购、生产、销售、配送等经营环节中，不以仓库存储的形式存在，而是均处于周转的状态。

（4）成本控制。

成本控制是作业系统设计的核心问题，是企业根据预先建立的成本管理目标，由主管人员在其职权范围内，在生产耗费发生以前和成本控制过程中，对各种影响成本的因素采取的一系列预防和调节措施，确保组织在预定成本下获得预期目标利润。换句话说，成本控制是在保证产品质量的前提下，对企业生产经营过程的各个环节进行科学合理的管理，力求以最少的生产耗费取得最大的生产成果。成本有两种类型：一种是直接成本，即与产出的产品和服务的数量成比例关系的成本，如劳动力成本、原材料成本等；另一种是间接成本，指不受产出量变化影响的成本，如管理成本。主管人员对其单位的所有直接成本负责，而间接成本则不必由他们控制。

11.4.3 综合控制方法

1）标杆管理

中国古代著名的军事家孙武在其《孙子兵法》中写道“知己知彼，百战不殆”。唐代李世民提出“以铜为镜，可正衣冠；以史为镜，可知兴替；以人为镜，可明得失”。对于企业而言，以领先企业为“镜”，则可以发现自己的不足，找到改进的方向和明确追赶的目标，进而改进自己的实践。标杆管理在企业层面作为一种理论化、系统化的管理工具或方法提出来，始创于美国施乐公司。1976年，一直保持着世界复印机市场垄断地位的施乐遇到了佳能等日本竞争者的全方位挑战，市场份额直线下降。面对竞争威胁，施乐公司最先开展了深入向日本企业学习的运动，后被称为标杆管理。标杆管理是一种有系统、持续性的评估过程，通过不断将组织流程与全球企业领导者相比较，以获得协助改善营运绩效的资讯。具体来说，标杆管理就是企业将自己的产品、服务、生产流程、管理模式等同行业内或行业外的企业进行比较，借鉴学习他人的先进经验，弥补自身不足，从而提高竞争力，追赶或超越标杆伙伴的一种良性循环的管理方法。

从20世纪70年代末以来，标杆管理已经为国内外优秀企业吸取学习，并把它作为一种重要的管理工具。因此，很多企业都在应用标杆管理活动中积累了丰富的经验。不同的企业的具体做法和步骤会有所不同，但是它们本质上都包含以下步骤：

（1）明确标杆管理目标和学习范畴；

（2）选择标杆对象；

（3）收集和分析资料，寻找与标杆对象的差距；

（4）制订对应的行动方案并严格实施；

（5）评估与重新选择标杆，并持续改进。

对一个企业而言，只有输入源源不断的动力和竞争力，才能始终走在队伍的最前端，使企业立于不败之地，而标杆管理正好起到了这种作用。首先，引入标杆管理的理念，可以协助企业确定标杆，制定长远的发展战略；同时，通过对比收集到的竞争对手的资料，可以帮助企业制定较有效的市场策略和措施。其次，标杆管理可以作为一种提升和评估企业业绩的工具。最后，通过实施标杆管理，有利于企业建立学习型组织。它能使企业的业绩处于不断上升变化中，无形地在企业中形成了一种持久且长远的学习文化。这种企业管理在战略制定、绩效评估、全面质量管理等方面起到了不可或缺的作用。

标杆管理也有它的局限性。标杆管理实践中遭遇的普遍困惑和主要问题是：在企业和组织效率提升的同时，利润或效益却在下降；学得越快，竞争优势越不明显。其主要原因有两个方面：一是忽视切合实际的创新。单纯的标杆管理往往只注重模仿、学习和超越，缺少符合自身实际和特色的创新，从而导致企业竞争战略趋同，使得单个企业或组织的运作效率大幅提升，但相互间的相对效率差距日益缩小，利润空间日趋单薄，最终陷入无休止的追赶游戏和恶性循环之中。二是踏入认识及操作误区。常见的误区有：混淆标杆管理和调查，前者着重探寻的是调查数据背后的内在机理；从众选择标杆对象，即未能有效辨别自己的标杆对象，盲目追随其他企业或组织选定的标杆；忽视客户需求和感受，使顾客逐渐流失。

标杆管理是持续渐进的过程，在实践中最好先选择某一系统的部分流程和任务，步步为营、逐步推进，不可好高骛远、一蹴而就。企业如果想拥有长久有效的竞争优势，就必须打破标杆管理的局限，将价值创造作为企业的根本战略决策，超越标杆，完善自我。

2）平衡计分卡

1992年，卡普兰和诺顿在《哈佛商业评论》上发表了题为“平衡计分卡：企业绩效的驱动”的文章，提出了一套新的、综合性的企业绩效评估方法。在随后的一系列文章和著作中，两位作者将平衡计分卡从普通的绩效评估工具扩展到企业战略管理和实施方法。事实上，平衡计分卡不仅可以用作企业绩效评估方法，而且可以用作战略管理方法，同时它还是一种企业控制工具。

卡普兰和诺顿认为，企业不仅要关注财务指标，而且要重视组织的运营能力，企业不仅要关心短期目标，而且要考虑长期战略发展。如图11-2所示，在平衡计分卡中，企业的战略处于核心位置，财务、顾客、内部经营过程、学习和成长环于四周，构成一个管理系统。

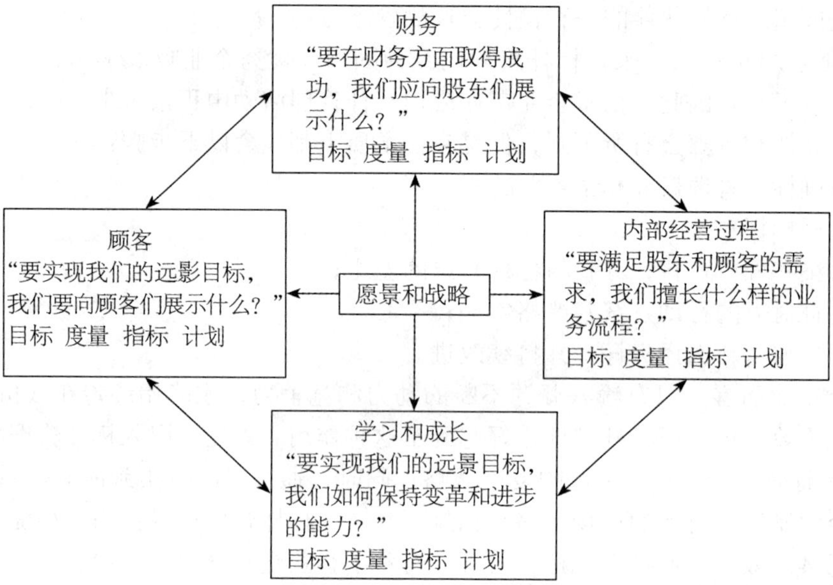

图11-2 平衡计分卡控制图

在财务方面，平衡计分卡包含了传统的财务指标，如现金流、投资回报率、客户满意度等指标。在顾客方面，平衡积分卡包含了市场份额、客户回头率、新客户获得率、客户满意度等指标。在内部经营过程方面，要根据客户的需求，按照“调查研究—寻找市场—设计和开发产品—生产制造—销售与售后服务”的顺序来设计流程。内部经营过程的指标主要有成品率、次品率、返工率、新产品销售额在总销售额中所占比例、开发新产品所用的时间、对产品故障反应的速度等。在学习和成长方面，最重要的因素是人才、信息系统和组织程序。企业可以通过改善企业内部的沟通渠道，强化员工的教育和培训，调动员工的积极性，提高他们的满意度等措施来促进企业的学习和成长。学习和成长方面的指标通常有培训支出、培训周期、雇员满意度、员工流失率、每个员工提出建议的数量、被采纳建议在总建议中所占的比重、被采纳建议所产生的效果等。

卡普兰和诺顿在2008年《哈佛商业评论》1月号发表了“掌握管理系统”一文，比较全面和详细地阐述了如何将战略目标和企业营运结合起来的闭环管理系统。整个系统分为五个阶段：

（1）在企业的使命、愿景、价值基础上，分析企业的外部环境和自身的优劣势，然后制定本企业的战略。

（2）管理人员用平衡计分卡和战略图等方法将战略转化为具体的目标和绩效评估体系。

（3）管理人员制订营运计划来实现上述目标。

（4）管理人员实施和监督该营运计划。

（5）管理人员评价战略、分析成本、检验效果，然后调整战略，并准备开始新一轮的循环。

与传统的业绩评价体系相比，平衡计分卡的优点突出表现在以下几个方面：

（1）实现了财务指标与非财务指标的平衡。财务指标与非财务指标的综合运用使得业绩评价更合理、科学。

（2）揭示了企业价值创造的动因。平衡计分卡所包含的财务、顾客、内部经营过程、学习和成长四个方面之间具有因果关系，同时，这四个方面又是环环相扣、紧密相连的。根据这一关系，企业在针对不良业绩进行事后分析时，就能够很容易地查找到产生问题的根本原因所在。

（3）有助于企业战略管理的实施。通过建立平衡计分卡，将企业的远景和战略转化为一系列相互联系的衡量指标，确保组织各个层面了解长期战略。

平衡计分卡虽然具有以上众多优点，但在实践中也暴露出了很多不足，主要表现在未给出业绩评价的各个方面在整个体系中的权重，因而导致在平衡计分卡实际操作中无法区分评价企业业绩指标的重要程度，使评价结果的客观性受到影响。另外，平衡计分卡考核的有些因素或指标虽然与某个部门有直接关系，直接影响这个部门的业绩，但该部门不能够控制或不能够完全控制，易导致部门之间的矛盾，影响企业整体绩效的实现。

思考题

1.控制的概念是什么？其与计划、组织及领导的关系是怎样的？

2.管理为什么要进行控制？

3.按不同角度，控制分为哪些类型？

4.阐述控制的过程。

5.阐述控制的原则。

6.有效控制的标准是什么？如何才能使控制有效率？

7.阐述预算控制的普遍性及局限性。

8.非预算控制有哪些方法？

案例分析

客户服务质量控制

美国某信用卡公司的卡片分部认识到高质量客户服务是多么重要。客户服务不仅影响公司信誉，也和公司利润息息相关。比如，一张信用卡早到客户手中一天，公司可获得33美分的额外销售收入，这样一年下来，公司将有140万美元的净利润。及时地将新办理的和更换的信用卡送到客户手中是客户服务质量的一个重要方面，但这还远远不够。

决定对客户服务质量进行控制来反映其重要性的想法，最初是由卡片分部的一个地区副总裁凯西·帕克提出来的。她说：“一段时间以来，我们对传统的评价客户服务的方法不大满意。向管理部门提交的报告有偏差，因为它们很少包括有问题但没有抱怨的客户，或那些只是勉强满意公司服务的客户。”她相信，真正衡量客户服务的标准必须基于和反映持卡人的见解。这就意味着要对公司控制程序进行彻底检查。第一项工作就是确定用户对公司的期望。对抱怨信件的分析指出了客户服务的三个重要特点：及时性、准确性和反应灵敏性。持卡者希望准时收到账单、快速处理地址变动、采取行动解决抱怨。

了解了客户期望，公司质量保证人员开始建立控制客户服务质量的标准。所建立的180多个标准反映了诸如申请处理、信用卡发行、账单查询反应及账户服务费代理等服务项目的可接受的服务质量。这些标准都基于用户所期望的服务的及时性、准确性和反应灵敏性，同时也考虑了其他一些因素。除了客户见解，服务质量标准还反映了公司竞争力、能力和一些经济因素。比如，一些标准因竞争而引入，一些标准受组织现行处理能力影响，另一些标准反映了经济上的能力。考虑了每一个因素后，适当的标准就成型了，公司开始实施控制服务质量的计划。

计划实施效果很好，比如处理信用卡申请的时间由35天降到15天，更换信用卡的时间从15天降到2天，这些改进给公司带来的潜在利润是巨大的。例如，办理新卡和更换旧卡节省的时间会给公司带来1 750万美元的额外收入。另外，如果用户能及时收到信用卡，他们就不会使用竞争者的卡片了。该计划还使整个公司都注重客户期望。各部门都以自己的客户服务记录为骄傲，而且每个雇员都对改进客户服务做出了贡献，使员工士气大增。每个雇员在为客户服务时，都认为自己是公司的一部分，是公司的代表。

资料来源　佚名．管理职能控制［EB/OL］．［2016-11-26］．http：//www.doc88.com/p-259206866619.html.

问题：

（1）该公司控制客户服务质量的计划是前馈控制、反馈控制还是现场控制？

（2）找出该公司对计划进行有效控制的三个因素。

（3）为什么该公司将标准设立在经济可行的水平上，而不是最高可能的水平上？

主要参考文献

［1］周三多，陈传明，贾良定．管理学——原理与方法［M］．6版．上海：复旦大学出版社，2014.

［2］邢以群．管理学［M］．4版．杭州：浙江大学出版社，2016.

［3］叶国灿，何晓媛．管理学［M］．杭州：浙江大学出版社，2012.

［4］罗宾斯，库尔特．管理学［M］．李原，孙健敏，黄小勇，译.11版.北京：中国人民大学出版社，2012.

［5］金武，朱庆宝，李贞．管理学［M］．北京：航空工业出版社，2011.

［6］彭新敏．管理学［M］．上海：复旦大学出版社，2010.

［7］赵惠芳，李沛强．管理学［M］．杭州：浙江大学出版社，2011.

［8］尤利群，等．管理学［M］．杭州：浙江大学出版社，2009.

［9］黄大勇．管理学［M］．重庆：重庆大学出版社，2010.

［10］黄梯云，李一军．管理信息系统［M］．6版．北京：高等教育出版社，2016.

［11］德鲁克．卓有成效的管理者［M］．许是祥，译．北京：机械工业出版社，2009.

［12］赫茨伯格，等．赫茨伯格的双因素理论［M］．张湛，译．北京：中国人民大学出版社，2009.

［13］焦叔斌，杨文士．管理学［M］．4版．北京：中国人民大学出版社，2014.

［14］于千千，卢启程．管理学基础［M］．北京：北京大学出版社，中国林业出版社，2007.

［15］蔡茂生，黄秋文．管理学基础［M］．广州：广东高等教育出版社，2004.

［16］张玉利．管理学［M］．北京：中国人民大学出版社，2004.

［17］科特．权力与影响［M］．孙琳，朱天昌，译．北京：华夏出版社，1998.